天然气产业科技创新体系研究与实践

——以西南天然气战略大气区建设为例

胡 勇　姜子昂　何春蕾
段 勇　陈京元　　　　等 著

科学出版社
北 京

内容简介

本书主要基于科技创新驱动发展背景下，从产业可持续发展战略的角度，对天然气产业科技创新体系构筑以及相关配套策略进行研究。围绕天然气产业科技发展的需求，以中国石油300亿立方米天然气战略大气区建设为例，探索天然气产业科技创新体系的理论与实践问题。本书共分8章：天然气产业科技创新理论与经验启示、天然气产业开放式科技创新体系构筑、天然气产业链研发组织体系建设与优化、天然气产业链关键技术体系开发与集成、天然气产业链科技创新平台建设与拓展、天然气产业科技成果推广应用与成效、天然气产业科技创新体系支撑与保障和天然气产业科技创新体系探索与展望。

本书所构建的天然气产业科技创新体系，具有长远战略眼光，不仅理论性较强，更结合了我国天然气产业的实际，可以为能源科技决策者、科技管理人员等人士提供参考，也可供相关专业及领域的高校师生和研究者参考。

图书在版编目(CIP)数据

天然气产业科技创新体系研究与实践 / 胡勇等著. —北京：科学出版社，2015.12

ISBN 978-7-03-046855-0

Ⅰ.①天… Ⅱ.①胡… Ⅲ.①天然气工业-技术革新-研究-中国 Ⅳ.①F426.22

中国版本图书馆 CIP 数据核字 (2016) 第 001421 号

责任编辑：张 展 / 责任校对：韩卫军
责任印制：余少力 / 封面设计：墨创文化

科学出版社 出版

北京东黄城根北街16号
邮政编码：100717
http://www.sciencep.com

四川煤田地质制图印刷厂印刷
科学出版社发行 各地新华书店经销

*

2016年7月第 一 版　　开本：720×1000 B5
2016年7月第一次印刷　印张：16
　　　　　　　　　　　字数：300 千字

定价：85.00 元

编委会成员

主　编：胡　勇
副主编：姜子昂　何春蕾　段　勇　陈京元
编　委：赵厚川　蒲蓉蓉　段言志　周　建　肖　君
　　　　　　付　斌　曲　薇　石　映　罗　强　孔　波
　　　　　　周　祥　蒋德生　彭子成　应单琳　黄洪发
　　　　　　李　力　刘春艳　李丛菲　杨　丹　李映霏
　　　　　　罗凌睿　李晓玲　窦　涛　李　季　林　萍
　　　　　　陈　鸿　陈方兵　王　砚　吴晓会　袁　宏
　　　　　　杨彤颖　张锦涛　代华明　赵煜辉　王　波
　　　　　　高　芸　李　佳　李有斌　蒋　陶　舒　红
　　　　　　李科锋　雷　虹　何　谐　谢彦杰　张彦怡

前　言

经过50多年的发展，川渝地区已形成完整的天然气产业链，成为我国重要的天然气生产基地、最复杂和完整的环形管网、最发达的天然气利用产业集群、最典型的天然气产业科技创新示范区。中国石油西南油气田公司（以下简称西南油气田）是川渝地区主要从事天然气生产、储运、销售的油气田企业，是中国石油300亿立方米天然气战略大气区主要建设者，在天然气科技创新领域居国内领先地位。

天然气产业科技创新体系建设是一个理论与实践都十分强的系统工程。本书根据国家和产业创新体系建设目标的要求，依据天然气产业实际情况以及天然气产业科技发展态势，破解制约天然气主营业务发展的瓶颈性技术难题，健全和完善科技管理体制机制，有效应对天然气产业科技面临的诸多重大挑战，实现科技创新驱动发展，在前人的研究基础上，拓展天然气产业科技创新理论，建立与我国国情相适应的天然气产业科技创新体系框架，更好地为天然气产业可持续发展提供理论和技术支持。研究内容主要有8个部分：①天然气产业科技创新理论与经验启示。分析天然气产业科技创新内涵与作用、科技创新相关理论、国外油气科技创新经验与启示，为产业科技创新体系构筑和运行奠定理论与实践经验基础；②天然气产业开放式科技创新体系构筑。在分析天然气产业科技发展机遇与面临挑战基础上，分别讨论科技创新体系的内涵、构筑依据、结构和特点，并设计天然气产业科技创新体系结构，即：科技战略决策管理、研发组织网络、科技项目运行与保障、科技平台与技术市场、增值利用的知识管理、科技创新绩效评估等6大体系；③天然气产业链研发组织体系建设与优化。根据蛛网能级结构设计天然产业科技研发组织架构，即勘探开发、工程技术、储运与化工、安全环保、经济与管理等5大研发组织；④天然气产业链关键技术体系开发与集成。依据面向绿色发展的天然气产业科学体系，构建勘探开发、储运、利用、经济与管理等技术体系，并讨论开发与集成经验与成效；⑤天然气产业链科技创新平台建设与拓展。重点研究天然气专业实验室、试验室（基地）、博士后科研工作站、科技管理信息平台等建设策略与效果；⑥天然气产业科技成果推广应用与成效。本书高度重视天然气产业技术推广应用体系架构与建设策略，重点分析天然气科技驱动经济效益提升、科技驱动低碳清洁生产和污染治理、技术有形化、知识产权保护与利用成效；⑦天然气产业科技创新体系支撑与保障。主要研究天然气科技政策制度保障、科技创新人才开发、科技文化培育与传播、科技创新绩效评估、科技创新激励与约束机制等内容；⑧天然气产业科技创新体系探索与展望。结合川渝实际，重点探讨天然气产业技术研究院创建与运营，产业链技术生态化发展，科技信息与智库国际化建设，科技激励机制创新等内容。

通过不断研究、应用、提升与完善天然气产业科技创新体系，西南油气田取得了重大成效：①持续加强科技创新理论与方法研究，集成创新发展了天然气产业科技创新理论；②加强天然气产业链科技研发组织工程规划与建设，形成了国内唯一、涵盖天然气产业上中下游全部产业方向、高效的开放式科研创新组织体系；③强化天然气产业链关键技术体系开发与集成，形成全产业链较完善的特色技术和配套工艺体系，部分技术达到国际领先和国际先进水平；④天然气产业链科技创新平台工程建设与推动，总体布局和重点建设形成国家、省、集团、公司"四位一体"的基础创新平台体系；⑤通过知识产权战略工程的建设和推进，推动取得一批重要资质，知识产权成果和省部级科技奖励较"十一五"显著提升，增强了企业的核心竞争力；⑥通过天然气产业科技创新支撑体系建设与保障，形成运行高效的天然气产业科技创新多元保障体系；⑦有效推进重点天然气工程项目建设。创造了龙王庙气藏作为国内大型整装气田勘探开发新纪录，高效推进页岩气国家示范区建设，有效支撑高含硫气藏安全清洁开发，确保了川渝地区老气田稳产和提高采收率。

  本书得以成稿，与前人的研究成果密不可分，所用参考文献列于书的最后，对他们表示感谢！同时，在本书编写过程中得到了多方面领导、专家和同事的支持，在此深表感谢！由于编者水平有限，如有不妥之处，请广大读者批评指正。

目 录

第一章 天然气产业科技创新理论与经验启示 （1）

第一节 天然气产业科技创新内涵与作用 （1）
一、天然气产业体系的内涵与结构 （1）
二、天然气产业科技创新内涵与特征 （4）
三、天然气产业科技创新的作用 （5）

第二节 天然气产业科技创新相关理论 （7）
一、天然气产业创新驱动发展机制 （7）
二、天然气产业协同创新机制 （11）
三、天然气科技成果转化应用裂谷效应 （14）
四、天然气科技人才培训模型 （16）
五、天然气科技激励机制模式 （19）

第三节 国外油气科技创新经验与启示 （20）
一、国外油气科技创新经验 （20）
二、对我国大型石油公司的启示 （27）

第二章 天然气产业开放式科技创新体系构筑 （35）

第一节 天然气产业科技发展机遇与面临挑战 （35）
一、面临的机遇 （35）
二、面临的挑战 （39）

第二节 天然气产业科技创新体系构建依据 （43）
一、根据国家创新驱动与能源技术革命的相关要求 （43）
二、依据天然气产业创新耦合系统结构与主控因素 （45）
三、应用开放式技术创新模式及顺应其发展趋势 （46）

第三节 天然气产业科技创新体系结构设计 （48）
一、构建思路、原则与目标 （48）

V

二、科技创新体系设计 …………………………………………（51）
　第四节　天然气产业科技创新体系结构内容 …………………（53）
　　一、科技战略决策管理体系 ……………………………………（53）
　　二、研发组织网络体系 …………………………………………（54）
　　三、科技项目运行与保障体系 …………………………………（56）
　　四、科技平台与技术市场体系 …………………………………（58）
　　五、增值利用的知识管理体系 …………………………………（59）
　　六、科技创新绩效评估体系 ……………………………………（61）

第三章　天然气产业链研发组织体系建设与优化 ………………（63）
　第一节　天然气产业科技研发组织架构设计 …………………（63）
　　一、科技研发体系现状与适应性 ………………………………（63）
　　二、研发组织模式架构 …………………………………………（66）
　　三、研发组织体系建设策略 ……………………………………（67）
　第二节　天然气勘探开发研发组织体系 ………………………（69）
　　一、勘探开发研发机构建设现状 ………………………………（69）
　　二、勘探开发研发机构发展规划 ………………………………（70）
　第三节　天然气工程技术研发组织体系 ………………………（71）
　　一、工程技术研发机构建设现状 ………………………………（71）
　　二、工程技术研发机构发展规划 ………………………………（72）
　第四节　天然气储运与化工研发组织体系 ……………………（73）
　　一、天然气储运研发机构建设现状与规划 ……………………（73）
　　二、天然气化工研发机构建设现状与规划 ……………………（77）
　第五节　天然气安全环保研发组织体系 ………………………（80）
　　一、安全环保与技术监督研发机构 ……………………………（80）
　　二、安全与环保研发组织发展规划 ……………………………（81）
　第六节　天然气经济与管理研发组织体系 ……………………（82）
　　一、天然气经济研发机构 ………………………………………（82）
　　二、天然气经济研发机构发展规划 ……………………………（84）

第四章 天然气产业链关键技术体系开发与集成 （86）
第一节 天然气产业科学体系构筑 （86）
一、天然气技术适应性分析 （86）
二、构建思路与原则 （90）
三、基本框架与主要内容 （91）
四、技术体系发展目标 （93）
第二节 天然气勘探开发技术体系开发与集成 （94）
一、天然气勘探技术 （94）
二、天然气钻完井工程技术 （95）
三、天然气开发技术 （95）
四、天然气净化及硫磺回收技术 （98）
五、页岩气勘探开发技术 （98）
第三节 天然气储运技术体系开发与集成 （99）
一、天然气管道技术 （99）
二、储气库建设与运营技术 （102）
三、LNG接收技术 （103）
四、天然气计量技术 （103）
五、天然气储运与计量技术发展目标 （104）
第四节 天然气利用技术体系开发与集成 （104）
一、工业利用 （105）
二、城市燃气利用 （106）
三、LNG、CNG （108）
四、天然气分布式能源 （112）
第五节 天然气经济与管理技术体系开发与集成 （114）
一、天然气市场与价格研究技术 （115）
二、天然气战略与管理研究 （115）
三、天然气技术经济评价与咨询业务 （116）
第五章 天然气产业链科技创新平台建设与拓展 （117）
第一节 天然气专业实验室、试验室（基地） （117）

  一、科技基础平台建设成效与适应性 ……………………… (117)
  二、实验室建设情况与规划目标 …………………………… (122)
  三、重点实验室分布及功能 ………………………………… (124)
 第二节 博士后科研工作站 …………………………………… (128)
  一、博士后科研工作站现状与适应性 ……………………… (128)
  二、博士后工作体系适应性 ………………………………… (130)
 第三节 天然气科技管理信息平台 …………………………… (132)
  一、科技管理信息系统的信息支持技术 …………………… (132)
  二、国内外科技信息检索平台 ……………………………… (135)
  三、国际国内技术交流平台 ………………………………… (136)

第六章 天然气产业科技成果推广应用与成效 …………… (139)

 第一节 天然气产业技术推广应用体系建设 ………………… (139)
  一、天然气科技市场和政策环境建设 ……………………… (139)
  二、天然气科技成果转化系统结构与机制 ………………… (141)
  三、天然气工程技术推广应用体系架构 …………………… (143)
  四、油气科技媒体和科技学会服务工作 …………………… (145)
 第二节 天然气产业技术有形化 ……………………………… (147)
  一、技术有形化概述 ………………………………………… (147)
  二、天然气技术有形化成果与经验 ………………………… (149)
 第三节 知识产权保护与利用成效 …………………………… (151)
  一、积极实施知识产权战略 ………………………………… (151)
  二、知识产权保护与利用成效 ……………………………… (154)
 第四节 天然气产业科技成果转化与应用成效 ……………… (158)
  一、天然气科技驱动经济效益提升 ………………………… (158)
  二、科技驱动低碳清洁生产和污染治理 …………………… (164)

第七章 天然气产业科技创新体系支撑与保障 ……………… (166)

 第一节 天然气科技政策制度保障体系 ……………………… (166)
  一、政策制度体系架构及主要内容 ………………………… (166)
  二、科技研发与自主创新投入 ……………………………… (167)

三、科技基础制度建设与规划 …………………………………… (169)
第二节 人才开发体系 ……………………………………………… (171)
一、科技人才开发规划与保障 …………………………………… (171)
二、天然气科技人才培训与成效 ………………………………… (173)
第三节 天然气科技文化培育与传播 ……………………………… (176)
一、天然气科技文化内涵与功能 ………………………………… (176)
二、天然气科技文化结构 ………………………………………… (177)
三、天然气科技文化建设途径 …………………………………… (179)
第四节 天然气科技创新绩效评估体系 …………………………… (179)
一、研发机构创新能力评估 ……………………………………… (179)
二、科技对勘探开发经济效益评估 ……………………………… (183)
三、科技对经济社会发展贡献评估 ……………………………… (184)
四、管理创新绩效评估 …………………………………………… (188)
五、科技人才培训评估 …………………………………………… (191)
六、科技贡献率评估 ……………………………………………… (195)
第五节 科技创新激励与约束机制 ………………………………… (196)
一、科技创新激励制度与激励方式 ……………………………… (196)
二、建立健全科技约束机制 ……………………………………… (197)

第八章 天然气产业科技创新体系探索与展望 ……………… (200)
第一节 天然气产业技术研究院创建与运营 ……………………… (200)
一、建设天然气产业技术研究院的重要性和必要性 …………… (200)
二、产业技术研究院发展规划思路 ……………………………… (201)
第二节 天然气产业链技术生态化发展 …………………………… (206)
一、勘探开发生态技术研发 ……………………………………… (206)
二、绿色储运技术体系开发 ……………………………………… (210)
三、绿色低碳利用技术开发 ……………………………………… (213)
第三节 天然气产业科技信息与智库建设 ………………………… (216)
一、天然气工业技术经济数据库 ………………………………… (216)
二、智库建设 ……………………………………………………… (222)

三、知识共享文化建设 …………………………………… (225)
第四节　天然气科技激励机制创新 ………………………… (225)
一、科技人才双序列制度探索 …………………………… (225)
二、完全项目管理制度试点 ……………………………… (231)
主要参考文献 ……………………………………………… (238)

第一章 天然气产业科技创新理论与经验启示

第一节 天然气产业科技创新内涵与作用

一、天然气产业体系的内涵与结构

(一)天然气产业体系的内涵

天然气产业体系主要指产业链上协调发展的包括以天然气资源勘探开发、净化、管道运输、储存、销售利用为主体的产业集群,以非物质要素为主导的天然气产业服务系统(天然气技术创新、人才、金融资本、产业信息等),以良好的天然气市场机制、天然气政策和社会保障为主导因素的产业发展外部环境等方面构成的现代能源产业体系。其发展宗旨是实现天然气清洁高效利用,构建安全、稳定、经济、清洁的天然气能源供应体系。

天然气产业集群(包括天然气勘探开发产业集群、天然气储运产业集群、天然气利用产业集群和天然气服务产业集群等)是天然气产业体系的网络结点。天然气产业上、中、下游协调发展是天然气产业链技术经济的本质特性。

(二)天然气产业体系结构及内容

天然气产业体系的结构模型主要包括:天然气产业链价值系统、发展环境系统、服务系统(图1-1)。天然气产业体系具有提高天然气产业集聚效应、应对天然气能源供应安全、清洁高效利用天然气资源和促进环境友好的功能。

天然气产业链价值系统主要包括3个方面：①天然气勘探开发产业集群，包括常规与非常规天然气勘探开发中形成的产业集群；②天然气储运产业集群，随着船运LNG产业、LNG接收物流业以及储库等建设发展，将促进天然气储气产业集群形成；③天然气利用产业集群，包括天然气原料利用、天然气燃料利用、天然气其他利用等产业集群。

天然气产业环境系统主要由6大体系构成：①天然气产业发展战略环境，例如国家能源产业规划，天然气产业发展战略与规划等；②天然气市场环境（含交易市场）；③天然气产业制度与政策环境，主要包括有利于天然气产业体系发展的体制机制、制度、标准和相关配套政策环境等；④天然气产业文化环境，涉及天然气产业、企业和员工3个层次；⑤社会保障（公益事业）环境，包括社会公益性事业、社区社保工作、社区综合服务等；⑥财政与金融平台。

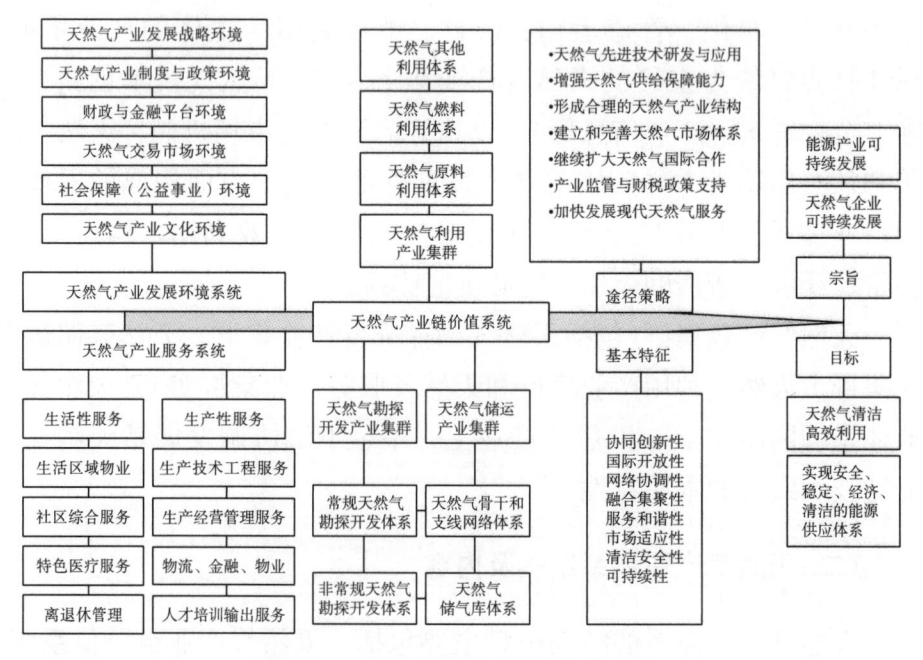

图1-1 天然气产业体系的结构模型图

天然气产业服务系统主要包括：①生产性服务，包括气田生产技术工程服务、生产经营管理咨询服务、生产性物流服务、气田办公物业服务、财政与金融服务、科技人才培训与人才输出服务等；②生活性服务，包括生活区物业服务、特色医疗服务和离退休服务等。

(三)天然气产业体系的特征

天然气产业体系有8个主要特征：①协同创新性，指天然气产业科技创新与管理创新协同，自主创新与引进、吸收、消化创新协同，产业创新是现代产业体系的发展动力；②国际开放性，它是天然气资源全球化及能源经济协调发展的内在要求，是现代产业体系的效能特征；③网络协调性，是指天然气产业体系能够多维网络协调发展，包括生产结构协调、管网协调、消费结构协调、产业链协调、产业网络协调和其他组织协调等；④融合集聚性，由于天然气技术创新和国家放松对天然气产业管制，发生在天然气产业边界和产业集群交汇处的要素融合，提高天然气产业集中度，发挥规模效应，并产生明显的辐射、联动与集聚效应；⑤产业服务和谐性，它涉及天然气产业与产业辐射波及区域内国计民生密切相关的和谐服务，实现全民、全方位、全过程和谐推进；⑥市场适应性，是指天然气产业体系能够以产业自有的调节机制，适应不同类别和层次的外部环境(地缘政治、市场变化等)；⑦清洁安全性，是指通过天然气产业体系的升级转型，以适应节能减排和能源安全的需求，它不仅涉及天然气生产、净化、储运和利用等关键业务清洁安全，还涉及天然气资源安全和天然气经济安全等内容；⑧可持续性，力争做到天然气产业链各个业务环节全寿命周期减少污染或无污染、资源低耗及可回收和循环利用，用最小的资源代价和环境成本来保持天然气产业经济的快速发展。

二、天然气产业科技创新内涵与特征

(一)天然气产业科技创新内涵及特点

天然气产业科技创新是指以天然气市场为导向,以骨干企业技术创新为主体,以提高全产业链竞争力为目标,以技术创新在企业与企业、产业与产业之间的扩散为重点,从新产品或新工艺创意的产生,经过技术的开发(或引进、消化吸收)、生产、商业化到产业化等整个科技创新活动。概括而言,天然气产业科技创新是产业组织依靠其可利用的技术,整合组织内部生产、经营管理等各个要素,创造并扩散新价值的过程。其本质是:①天然气科技创新是一种市场化的行为,它强调各要素的有机组合;②天然气科技创新注重技术与市场的匹配;③天然气科技创新强调生产机构、研发机构和应用机构的有效组合。因此,天然气产业科技创新体系是天然气产业的重要组成部分。

(二)天然气产业科技创新的特点

主要体现在5个方面:①天然气产业科技创新具有系统性的特点,需要相关企业协同创新。由于产业技术是企业技术的有机统一,因此天然气产业科技创新需要以骨干企业为核心,联合产业内外相关支持企业共同参与,协同进行新技术的研制和开发;②管理技术和生产技术共同创新。产业技术发展必须是管理技术和生产技术齐头并进,平衡发展;③天然气产业科技创新是新旧技术的整合集成过程。为实现产业技术发展目标,各种有用的新旧技术被重新组织起来,通过整合集成,技术关系得到重新调整和优化,产业技术的整体功能得到增强或升级;④天然气产业科技创新是各种创新模式如自主创新、模仿创新、集成创新、协同创新等综合运用过程。产业内不同企业之间的创新难度和技术密级不同而有所侧重,自主创新是获得自主知识产权和技术持续发展能力的关键；⑤天然气产业科技创新是产业共性技术开发、扩散及个性化过程。产业及行业的技术发展状况常常通过共性技术的发展表现出来，天然气产业科技创新就要使共性技术得到进一步提高。产业技术的发展最终又是通过企业技术的发展来实现的，各企业根据自己的技术需求状况和市场定位，在共性技术的基础上开发具有个性特色的技术产品，这即是共性技术的扩散和个性化过程。

三、天然气产业科技创新的作用

（一）科技创新推动天然气产业可持续发展

天然气科学技术的可持续发展功能有3个方面：产业经济的可持续发展功能、社会的可持续发展功能以及产业生态的可持续发展功能。

天然气科学技术的可持续发展功能主要靠自身能量积累并通过技术创新发挥出来。技术创新在影响天然气产业可持续发展的过程中处于核心的地位，通过科技创新是实现天然气产业可持续发展的有效途径。具体来讲，勘探技术的进步有利于增加天然气的现有储量，提高天然气资源的供给潜力。天然气利用技术的进步，可以提高天然气的利用效能，加大天然气的综合利用，实现资源节约，提高经济效益。同时，综合利用技术的进步，可以降低资源消耗，减少环境污染，提高生态效率。

天然气产业经济效益的提高并增加了产业链相关从业人员的经济收入，改善了产业链相关从业人员的生活环境与福利待遇，从而使得社会效益得以提高。因此，不管是从经济角度，还是从资源、生态环境、社会的角度，技术创新对于天然气产业可持续发展都起到了巨大的推动作用。

天然气产业科技创新所引发的技术进步会增加天然气储量和产

量，科技创新会改变天然气产业的结构，促进天然气产业链资源优化配置，影响天然气产业经济效应，产生生态效应与社会效应，促进天然气产业可持续发展，实现产业发展与生态环境、社会因素的和谐(图1-2)。

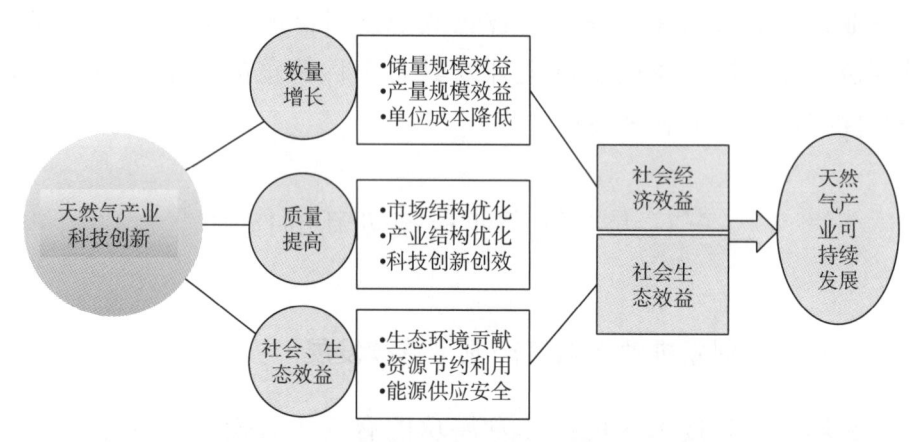

图1-2　科技创新对天然气产业发展的关系图

(二)技术进步与创新加速了天然气产业发展

无论是基础地质理论的创新还是应用技术的突破，都对天然气储产量规模扩大产生了强有力的推动作用。在整个天然气产业发展过程中，科技创新是一条主旋律，天然气产业发展史就是一部科技进步的历史。纵观国内外天然气开采的历史不难发现，天然气储量的增长除了受天然气价格上扬等有利因素影响外，勘探开发技术的进步与创新是不可或缺的重要因素，其中最重要的是三维地震勘探技术、水平井和大位移井等钻井技术、随钻和成像测井技术、水平井压裂技术、勘探开发生态环境保护技术等。

例如，几十年来先后经历了光点技术、模拟技术和数字技术三个阶段，二维地震、三维地震到高分辨率三维地震的技术进步，使一批大油气田得以发现。又如，钻井是天然气勘探和开发的重要手段，也是增加天然气储量和产量的关键环节。近年来发展的水平钻井、大位移钻井、分支井、多底井、欠平衡钻井等技术使深埋地下数千米的天然气得以开采出来，并极大地提高了天然气采收率。

（三）科技创新对天然气产业发展的规模效应

科技创新对于天然气产业发展的产出作用，实质上就是技术进步对于天然气产业发展的规模效应。可以通过以下两个途径来影响规模效应的产出：一是通过改变规模效应发生作用的力度，它是指技术进步提高了规模效应对产出增长的影响强度，这可以通过总产出曲线斜率的改变来体现；二是技术进步通过改变行业的最优规模来影响产出，即技术进步改变了要素边际产量为零的要素投入量的位置，这样技术进步甚至可以使得在原技术水平下处于规模报酬递减阶段的规模变为递增规模，从而改变规模效率。

第二节 天然气产业科技创新相关理论

一、天然气产业创新驱动发展机制

（一）天然气产业自主创新模式

1. 技术推动型

技术推动型如图1-3所示。该模型认为，研究开发或科学发现是创新的主要来源，技术创新是由技术成果引发的一种线性过程。研究开发产生的成果在寻求应用过程中推动创新的完成，市场是创新成果的被动接受者。

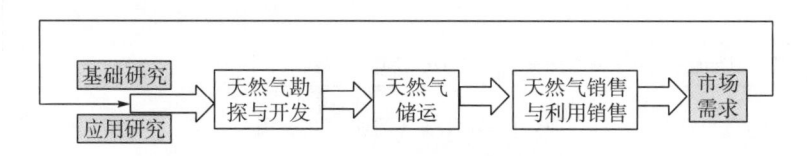

基础研究 / 应用研究 → 天然气勘探与开发 → 天然气储运 → 天然气销售与利用销售 → 市场需求

图1-3 天然气产业技术推动型图

2. 需求拉动型

需求拉动模型如图1-4所示。该模型认为,技术创新是市场需求引发的结果,市场需求在创新过程中起到关键性作用。强调市场是研究开发构思的来源,市场需求为产品和工艺创新提供机会,并激发为之寻找可行技术方案的研究与开发活动。从理论上讲,这种模型能让创新适合某一特定的市场需求,但它毕竟只考虑了一种因素,而且企业将所有资源全部投入单纯依靠来自市场需求的项目而未考虑潜在技术机会,也是不明智的。另外,来自市场需求所引起的创新大多是渐进性创新,不能像根本性创新那样产生较大的影响力。

天然气市场需求 → 销售信息反馈 → 天然气开发 → 天然气生产销售

图1-4 天然气产业需求拉动型图

3. 交互型

交互型即市场与技术交互作用的创新模式(图1-5)。该模型认为,技术创新是由技术和市场共同作用引发的,创新过程中各环节之间及创新与市场需求和技术进展之间还存在交互作用的关系,技术推动和需求拉动在产品生命周期及创新过程的不同阶段有着不同的作用。

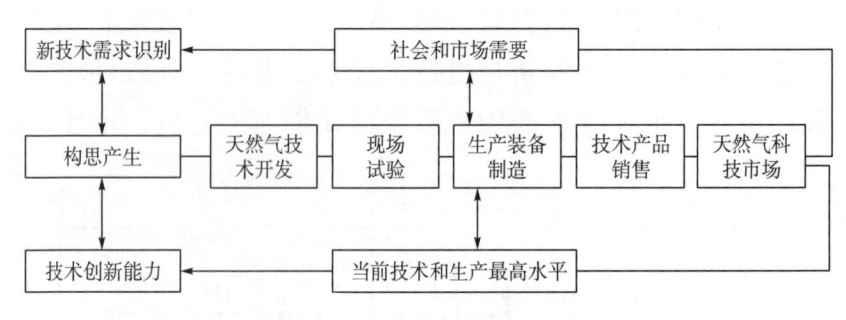

图1-5 天然气产业交互型图

4. 一体化创新型

该模型如图 1-6 所示。它不是将创新过程看成从一个职能到另一个职能的序列性过程，而是将其看成是同时涉及创新构思的产生、研究开发、设计制造和市场营销的并行的过程，主要强调研究开发部门、设计部门、生产部门、供应商和用户之间的联系、沟通和密切合作。

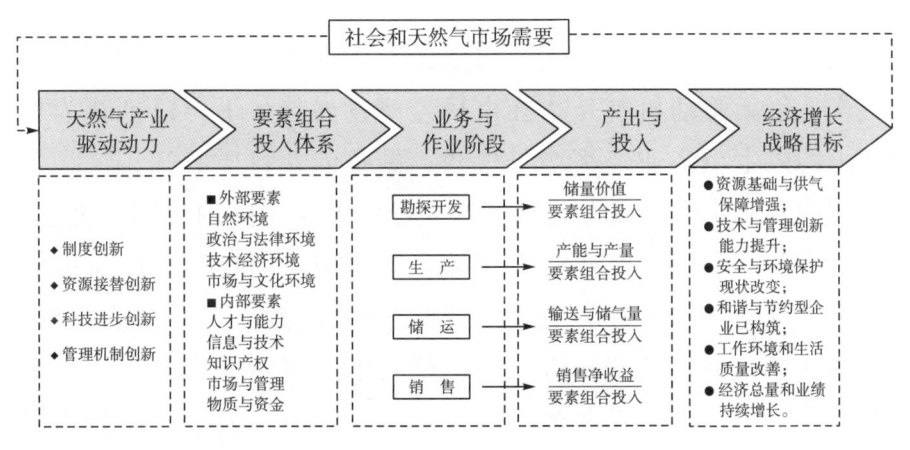

图 1-6　天然气产业一体化模型图

（二）天然气产业创新系统的动力学模型

应用相关经济理论和实践成果，把可持续发展理论、绿色经济理论、循环经济理论，以及熵增原理、资源稀缺性原理、协同学原理、生态经济学原理等，作为构建天然气产业创新驱动系统的耦合模型（图 1-7）。科技创新系统作为一种人类社会技术生态系统之间的纵横向耦合，而天然气产业科技创新体系是作为产业战略系统之间的纵横向耦合。天然气产业发展系统各层次的耦合，天然气产业科技创新保障系统之间的耦合，天然气产业链增值系统之间的耦合，从而，三个基础系统在纵横向之间形成一个立体的耦合网络，衍生形成极为复杂和丰富的天然气产业科技创新驱动系统的耦合模型。

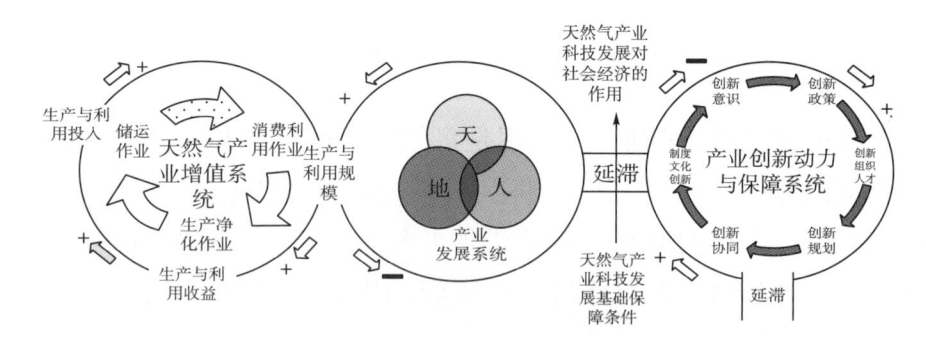

图 1-7 天然气产业创新系统的动力学模型图

结合天然气经济增长理论与创新发展理论的相关研究，认为天然气产业创新驱动机制是指在市场经济发展趋势下，以创新为核心驱动力的内生型产业经济增长模式。具备创新特质的知识、人力资本、制度及文化因素成为天然气产业经济增长中的内生驱动力要素，这些要素深入经济和产业链发展的各个领域，逐步推进产业结构的高级化、智能化，实现从工业经济形态向智慧经济形态的转型。即创新驱动是一种资源配置方式、一种内生经济发展模式、一个开放的有机系统、一个动态复杂的经济过程、一种事关全产业链的发展战略。

在创新驱动战略引领下，创新资源、创新主体、创新机制、创新环境四位一体，最终形成一个全方位、立体化战略支撑体系。科技创新动力是决定企业创新的要素，包括企业内部以及影响企业创新的直接因素。所谓科技创新多元动力体系是指科技创新系统在运作过程中，促使科技创新诸动力要素的相互联系与相互作用方式，以及这些动力要素与外部环境之间所形成互动关系的总和(图1-8)。

天然气产业利润的驱动、行业形象的召唤、企业家的推动、企业员工的支持构成企业创新行为的内在动力。科技创新驱动力体系是复杂体系运行的发动机。科技进步的支撑、市场需求的吸引、竞争对手的压力、政府部门的引导构成主要的外部动力。科技创新动力子体系之间的关系也是既相互利用、补充，又相互竞争，形成网络式合力，共同支撑企业科技创新。

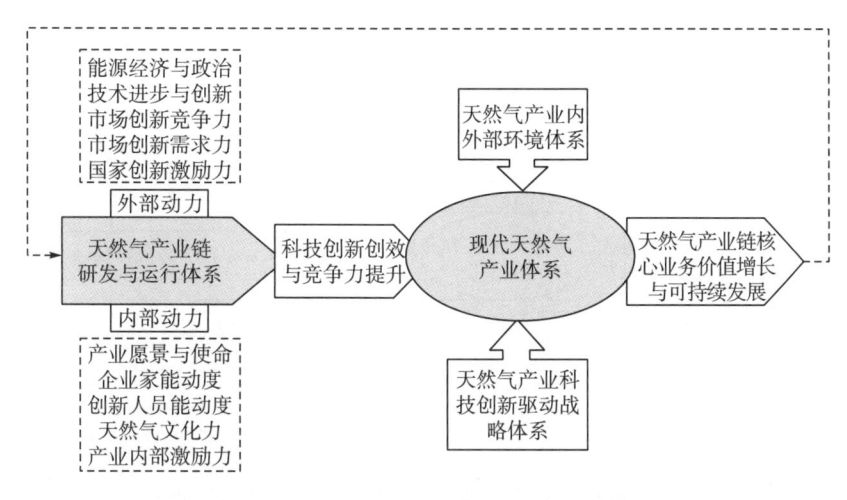

图 1-8　天然气产业创新驱动发展机制图

二、天然气产业协同创新机制

(一)协同创新发展模式结构

根据协同学原理和现代天然气产业体系特征，以管理创新体系和科技创新体系二者可协调层面为基础，突出天然气产业链的主营业务，突出骨干企业技术与管理创新协同发展的核心作用，坚持创新经济性原则、创新系统协同性发展原则、动态性原则、层次性与渐进性原则，建立与产业科技创新层次相适应的协调模式。从协同发展战略视角，管理创新与科技创新协同发展模式由战略协同、组织协同、业务协同、知识管理协同、绩效协同等5个子体系构成(图1-9)。

(1)战略协同：天然气产业管理创新和技术创新战略协同，就是将协同发展观念融入天然气产业发展战略中，发挥管理创新与技术创新战略全过程协同作用，通过战略分析、战略的制定与选择、战略实施和战略评价等4个环节完成二者战略协同。

(2)组织协同：组织协同就是组织发展中产生的协同效应，它与企业的战略、环境和组织模式紧密相关。组织协同是实现天然气产业创新系统整体协同效应的基础，应从天然气产业三大业务(生产、输配与销售)环节的科技决策组织、科技管理组织、研发组织、咨询组织等,实现二者组织协同发展。

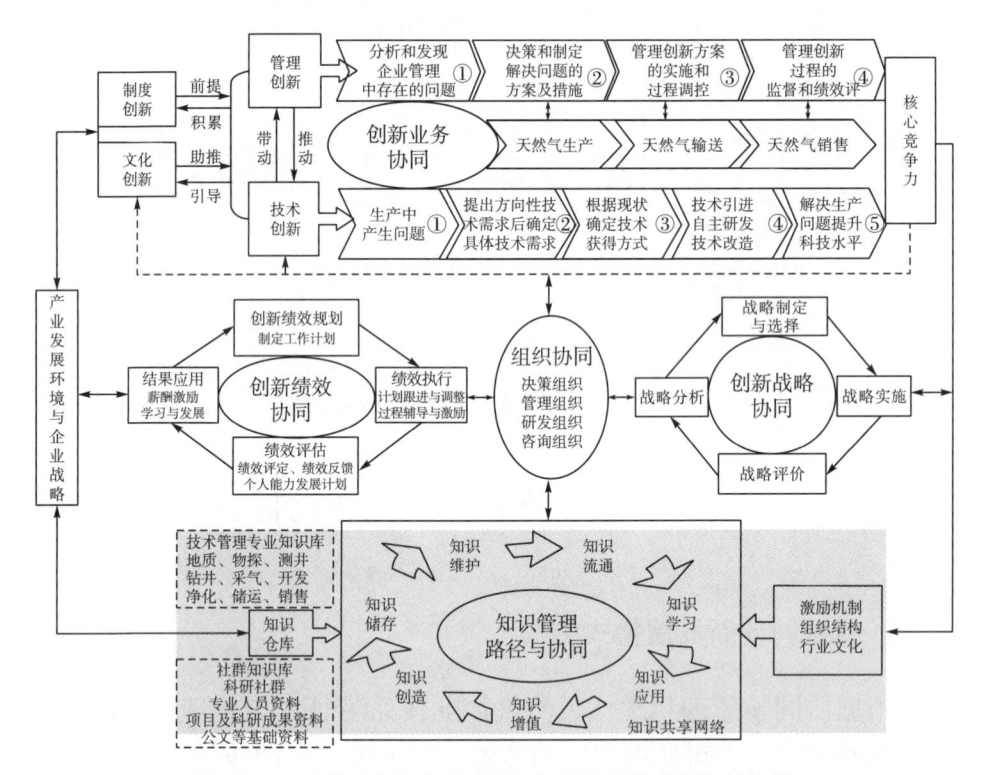

图 1-9 产业管理创新与技术创新协同发展模式框架结构图

(3)业务协同:促进天然气产业上、中、下游业务的协调发展,需要若干个建设性的多期重复作业,每一个作业消耗多个物质和非物质要素,都需要进行技术创新和要素组合创新,因各个阶段要素组合创新方式和质量不同,这需要管理创新与技术创新业务协同发展。

(4)知识管理协同:知识管理协同作为企业创新体系的重要保障系统,能促进知识资源的整合、集成和共享。天然气产业知识管理的出发点是把知识视为企业发展的核心资源,把最大限度地掌握利用知识作为企业竞争和经营管理的重要策略。它的核心是培养创新能力,其本质是一种创新管理。知识管理协同的主要条件是:企业家的积极领导和支持、优秀的知识共享文化、可共享的丰富知识资源、知识员工群、推进知识共享的信息网络技术，还有保证信息共享的相关措施等。其中非常重要的是知识共享文化协同，它包括管理创新文化与技术创新文化的匹配，与企业文化的整合等。

(5)绩效协同：管理创新与技术创新的绩效协同形成了二者在战略、预算、执行、绩效、薪酬的闭环绩效管理体系的协同，这是保障二者协同发展的重要手段。

(二)天然气产业协同创新的途径

现代天然气产业体系发展的关键在于创新能力。天然气从生产到利用建设过程(从矿权取得—勘探—开发(包含集输、净化)—管输—市场销售)的每一个环节、每一个作业都要求技术创新和管理创新服务支撑。

在技术创新方面，加大天然气科学技术原始创新、集成创新和消化吸收再创新的力度，依托国家油气科技重大专项，带动天然气科技创新取得重大突破；依托国家重大工程和国家天然气研发实验中心，重点在大型气田、页岩气等领域组织重大天然气科技攻关，积极抢占天然气开发利用技术制高点。特别是大力推动非常规天然气勘探开发技术、节能减排技术、碳捕获存储(CCS)和利用等技术创新，推动天然气技术的开发和应用，实现向高能效、低能耗和低碳排放的天然气产业发展模式。

在管理创新方面，加强院所联动，集聚资源协同创新。科技部门应统筹集中资金，支持各院所技术创新，为重点项目争取税收减免政策，有效激发企业创新发展活力。通过制度和管理创新，建立充满活力、富有效率、有利于天然气产业发展的体制机制，为天然气产业企业领导决策和相关政府部门提供决策依据。主要包括天然气产业企业的发展战略、规划、政策、经营管理、体制改革、科技发展、市场开发、技术经济分析、重大项目可行性论证，以及天然气经济决策的基本理论和方法等创新。在主要天然气产业基地打造国际化科技人才培训教育基地。依托石油高等院校、石油骨干企业、矿区服务系统的培训资源，按照国际化认证标准，投资建设形成专业配套、管理规范、规模适度、国际化品牌的、能满足国内外天然气科技人才培训教育需求的科技人才培训与输出基地。科技金融结合，改革机制激发创新。建立创投引导基金、创投服务中心、科技银行、科技担保"四位一体"的科技金融模式，推动社会资本向科研院所集聚。实施竞争配置，完善绩效评价创新。探索建立科技资金竞争配置和绩效评价机制，集中资金配置到重大创新项目上，同时对重大项目实施重点绩效评价。

三、天然气科技成果转化应用裂谷效应

(一)科技成果转化的裂谷效应内涵

由于科技成果转化配置动力不足导致交易子系统与科技成果供需子系统之间距离加大，或科技成果交易子系统本身功能弱化，造成供需子系统之间的成果交易市场裂谷化现象，被称作科技成果转化的裂谷效应。

(二)科技成果转化中的裂谷效应及其形成机制

科技成果转化是一个复杂的系统工程，实质上是技术扩散和成果商品化的过程。所以，天然气产业科技成果转化问题的研究应从天然气经济、科技、社会、政治构成的整体系统出发，从研究开发—试验生产—商业化生产—市场交易整个转化过程着手，并以整体系统目标优化为对象进行研究。

科技成果转化工作是由政府管理部门、研发机构、生产企业和技术市场等要素构成，由科技成果供给子系统、科技成果需求子系统、科技调控子系统、科技成果交易子系统等4个子系统组成(图1-10)。

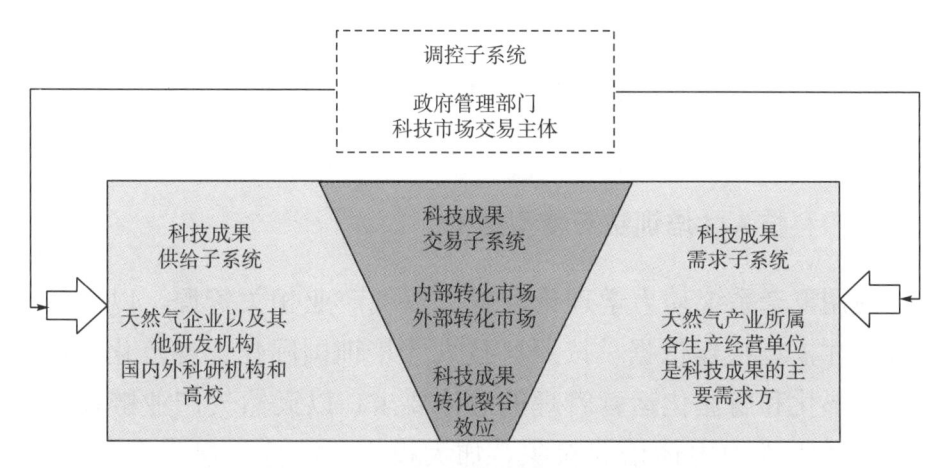

图 1-10　科技成果转化系统结构图

(1) 科技成果供给子系统。天然气产业所属各科研院所及其相关院校和研发机构是科技成果的供给方，是科技成果转化为现实生产力的源泉和基础。同时，研发机构在市场的牵引下研发和引进适合天然气产业生产经营需求的科研成果。

(2) 科技成果需求子系统。天然气产业所属各生产经营单位是科技成果的主要需求方，它的需求能力是科技成果转化的动力，直接影响着科技成果转化的速度和规模。

(3) 科技成果调控子系统。天然气产业所属单位中国石油科技管理部门和推广应用部门，以及政府对天然气产业的监管部门，调控子系统通过运用经济、行政等手段对科技成果转化过程进行引导、调控和组织管理的作用，具有领导、协调、参与、支持、规范、管理服务等多种职能。它包括天然气产业科技管理体制、政策、资金、人才、物资等多方面，是科技成果顺利转化的保障。

(4) 科技成果交易子系统。它是进行科技成果产业化和商品化的交易场所，是实现技术商品开发、流通、应用过程的平台。它可分为国外天然气技术引进市场、国内天然气技术转移市场和成果转化市场。科技成果要充分发挥现实生产力作用，必须进入市场科技成果交易平台进行流通和配置。

四、天然气科技人才培训模型

（一）科技人才培训钻石模型结构

应用复杂系统动力学理论配置天然气产业相关资源，以天然气科技人才模型构建依据，按照科技人才培训国际化、规范化、标准化、有形化和商业化运营管理的总体要求，以天然气产业链技术与管理人才需求为主体培养对象，加大投入，推行独建与合建方式，全面建成具有支撑海内外天然气产业快速发展的科技人才培训基地。

科技人才培训原则和目标：遵从4项设计原则，即整体性原则、目标性原则、动态性原则、反馈性原则。科技人才培训目标：①实现完整的培训目标、规划和计划；②实现完善的培训体系，健全的组织与运营；③实现整合与开发培训资源；④取得培训考评与国际认证资质；⑤健全的培训跟踪与创新体系；⑥持续探索人才培养模式，创新人才培养方法。

科技人才培训钻石模型结构：由培训市场与需求、培训规划与调整、培训组织与创新、培训资源与开发、培训考评与认证、培训跟踪与反馈等构成(图1-11)。"培训钻石模型"的培训模式的最重要的特点是将目标、市场需求、组织计划、资源组合、培训过程、绩效评估有机地联系在一起，充分体现各培训要素相互结合及相互促进。培训客体输入到系统中后以培训需求分析为起点，以向企业供给合格人才为终点，把人才的供给与需求紧密地联系起来，实现人才供给与需求互动，从而更好地满足产业人才需求。

西南油气田根据科技人才培训钻石模型，设计专业技术人才培养体系，包括4个机制、4个环境、4种培养方式和5项培养素质，整个体系通过人事、劳资和相关业务部门推进(图1-12)。

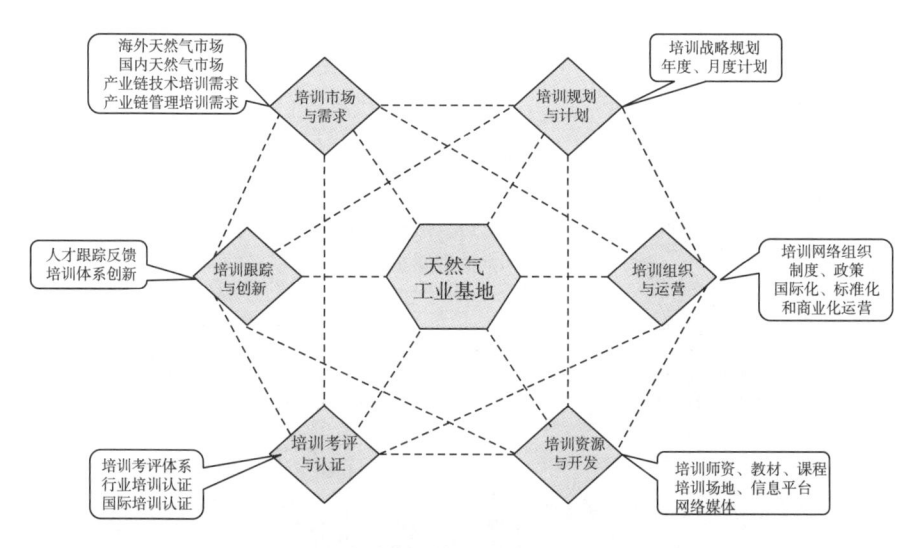

图 1-11　天然气产业科技人才培训钻石模型结构图

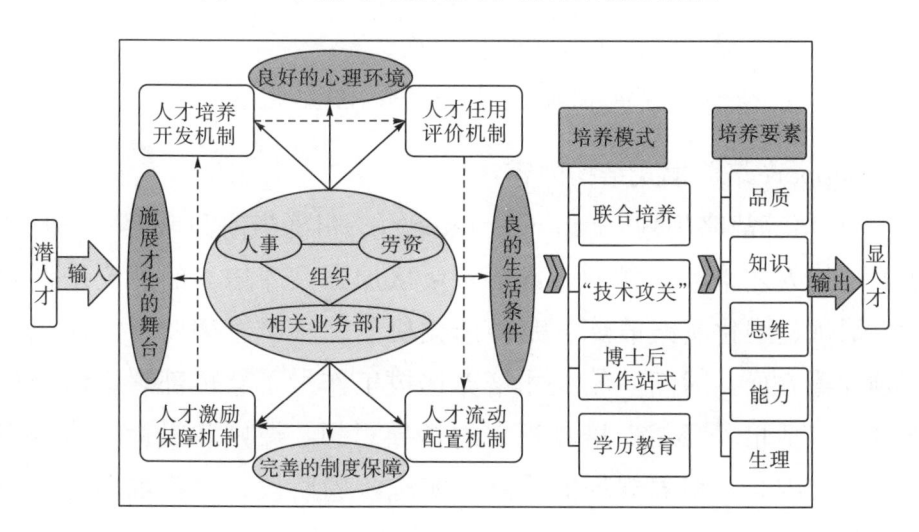

图 1-12　西南油气田专业技术人才培养体系图

(二)高级人才培养 Support 模式

Support 培养模式是基于战略管理的高级人才价值提升培养模式。Support 培养模式由战略管理的要素结构 strategy(战略)、upgrade(提升)、process(流程)、performance(绩效)、organization(组织)、resource(资源)为基本管理架构的 training(培养)模式(图1-13)。即英文词首字母构成 support(支撑、支持)。该模式的应用推广为人才规划的编制提供有效决策支持，同时，优化和完善人才培养队伍建设的政策与制度。

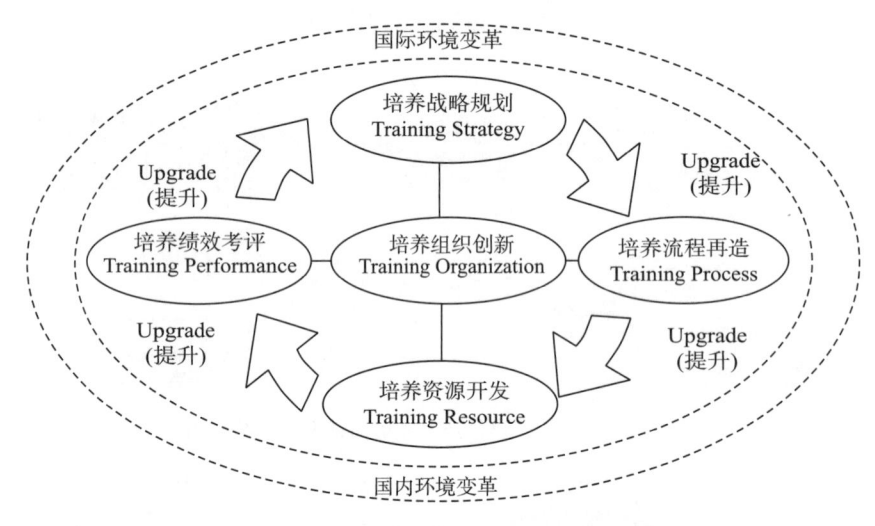

图 1-13　高级人才培养 Support 培养模式图

Support 培养模式结构内容：

(1)培养战略规划(training strategy)。明确当前和今后一个时期培养选拔人才培养工作的基本要求，从加强人才培养的理论培训和党性锻炼、强化实践锻炼、完善选拔机制、从严管理监督、加强组织领导等方面，对新一轮人才培养选拔工作做了整体部署。培养战略规划包括培养环境，培养规划的指导思想、原则和目标，培养规划的主要内容，培养规划的重点与实施步骤阶段，培养规划的实施措施等。

(2)培养组织创新(training organization)。根据企业发展环境调整，企业培养组织创新包括：核心业务发展需求，技术进步与培训方式创新，创新培养组织方式与组织结构。

(3)培养流程再造(training process)。企业需要为人才培养的选拔、培养建立一套系统的流程。主要包括：甄选流程、选育流程、培训评估的流程、淘汰与晋升流程。

(4)培养资源开发(training resource)。一是培训模式创新。目前常用的培训模式主要有以下几种：系统型模式、咨询型模式、学习型组织模式、职业模拟培训模式、分级选拔培训模式、职务（岗位）轮换培训模式、领导匹配培训模式、案例评点培训模式、能本管理的培养模式、"探索式学习"模式、E-Learning 培训体系。二是培训类型及项目开发。

（5）培养绩效考评（training performance）。建立多层次的价值评价体系。由传统的人事考核转向人力资源管理的价值评价体系；由单一的考核评价转向多层次全方位的价值评价体系；由面向个人要素的评价转向对绩效和取得优异绩效因素的评价；由面向个体绩效的考核评价转向企业绩效/组织绩效/团队绩效的考核评价。

五、天然气科技激励机制模式

西方心理学家马斯洛（Maslow）指出人类基本需求有 5 个层次：生理需要、安全需要、社交需要、尊重需要、自我实现需要。激励就是通过一定的奖酬形式和管理制度，通过信息沟通来激发、引导、保持和规范员工的行为，有效实现团队目标及员工个人目标的系统活动。

科技管理是一个完整的系统，它包括组织、决策、执行、信息、业绩考核等子系统。根据波特（Porter）和劳勒（Lawler）的激励理论、控制论和科技管理理论和控制原则，结合天然气产业的实际情况，建立科技激励模式（图 1-14）。

该激励模式体现天然气科技战略管理思想、全员激励的核心理念、产业内外部要素是科技激励的基础、绩效考核与激励动力。该激励模式从科技创新战略高度着手来实现科技激励，具体激励内容主要包括精神和物质激励两个方面（表 1-1）。

激励机制和约束机制是相辅相成的。强化激励，必须强抓 4 个约束：一是科技责任约束，包括对项目组长和主研人员责任制约；二是科技经费预算约束；三是科技合同和知识产权约束；四是科技道德约束，将社会约束和自我约束有机地结合起来。

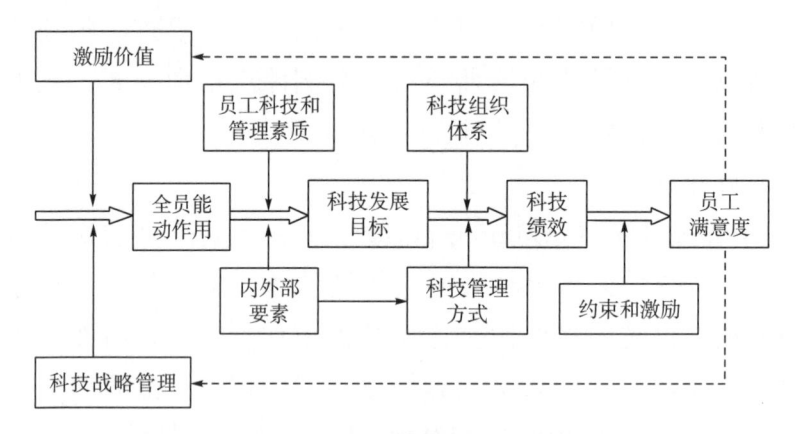

图 1-14 科技创新激励机制模式图

表 1-1 科技激励措施表

序号	精神	货币	实物
1	职位/职称的晋升	基本工资或薪水	更新的办公设备
2	参与授课等活动。如专题报告	项目津贴、成果奖励、业绩奖励、风险奖励	更好的科研工作环境
3	进修、培训、考察	住房、汽车、保险	
4	旅游、庆功会、表彰会、先进	其他，如节余提成	

第三节 国外油气科技创新经验与启示

一、国外油气科技创新经验

当今石油工业的一个显著特点是，普遍以技术创新作为石油企业生存发展和提高经济效益的最主要的手段之一，技术创新是国外大石油公司提升国际竞争力、占领和巩固市场的关键因素。国外大石油公司的科技发展战略随着市场变化而不断调整，进入 21 世纪以来，国外大石油公司的技术战略呈现出以下特点。

（一）科技进步是国外大石油公司应对激烈市场竞争的核心竞争力

国外大石油公司把技术创新作为其经营战略的核心内容，领先科技进步应对市场竞争，在技术发展上一般都采用技术领先战略。埃克森公司采用技术领先战略，开发应用领先技术，利用公司专有技术制胜。壳牌公司认为，促进技术发展是公司的职责，技术创造卓越，保有领先技术才能超越竞争者。BP公司认为，公司各项业务发展的潜力来自应用创新技术的能力，强调应用领先的技术。

20世纪90年代以来，面对激烈的竞争，各大石油公司纷纷调整发展战略，采取一系列创新措施，主要包括：通过组织创新，进行兼并重组，实现强强联合，优势互补；通过经营创新，进行资产优化组合，卖掉那些边远、零散、效益不大的油气田（股份权益），关闭或卖掉一些老炼油厂；通过技术创新，强化技术对业绩的贡献能力。BP公司近10年由于新技术的应用使公司的成本消减了40%，应用新技术还大量减少了对环境的污染，使公司的作业安全程度比10年前增强了5倍。

优化优势领域的技术地位，发展特色核心技术，不断提升公司科技竞争力。国外公司在重组浪潮中，注重研发力量的整合，技术创新能力得到进一步加强和巩固。注重源头创新，坚持有所为、有所不为，集中力量研发适合自身业务需要的特色技术和专有技术、附加值高、市场份额相对较大的技术领域，把拥有自主知识产权的核心技术作为保持和提升公司科技实力和竞争能力的重要手段。石油公司重在研发专有技术解决其核心业务问题，尤其是应用一些集成配套技术解决不同地域、不同领域业务的生产需求。埃克森的核心技术包括四维地震、层序地层学、油藏模拟、三维可视化、深水技术和天然气技术等。BP的核心技术包括地震成像技术、深水技术、天然气转化技术、信息技术与可视化技术、清洁燃料与新能源技术等。壳牌的核心技术包括欠平衡钻井、智能井、膨胀管、四维储层成像技术等。

抢占高新技术制高点，石油科技走向智能化、可视化，石油企业管理趋于信息化。近10多年来，随着信息技术的迅速发展，石油科学技术由数字化向智能化、自动化和可视化发展。例如，近年来发展迅速的智能井技术、可视化技术、遥测技术、数据集成技术、油藏实时解决方案技术等，对于降低作业成本、优化油藏管理、提高采收率具有重要作用。同时公司在建立内部因特网，开展电子商务的基础上，逐步推行企业管理的信息化。目前，全球约80％的石油上游企业都在采用德国SAP公司开发的"石油天然气行业解决方案"。在实际作业中，SAP系统可以同土地管理系统、地震数据采集系统、地震解释系统、钻井信息系统、油田开发评价系统等石油工程软件紧密集成，把人、财、物、技术以及HSE的管理同土地勘查、物探与钻井、经济效益评价、开发与开采等作业活动整合在一个统一高效的共享平台上，从而实现整个石油集团"全球化生产运行，集成化资源管理"的战略目标。

（二）科技资源创新成为国外大石油公司科技进步和研发活动的核心业务

壳牌公司几十年来一直致力于技术上的重大创新和突破。壳牌勘探开发公司每年拿出10％的研发经费来鼓励和支持可能带来突破的新概念。壳牌内部推行"游戏规则改变者"（game changer）活动，即推动人们打破旧框框，大胆推出新想法。

壳牌公司为推动科技源头创新而提出了"挑战极限"的理念。壳牌的"挑战极限"包括：挑战钻井极限，力争使钻井周期最短，效果最好，成本最低；挑战油气田生产极限，力争使每个油气田达到全寿命产量最高，采收率最高，成本最低；追求资源价值最大化；追求投资效益最大化。

争取以较少的科技投入，取得更大的技术创新效果。几家超级巨头公司兼并以后的年科技投入往往不如从前其一家公司的投入多，如在组建新BP公司之前，BP、阿莫科、阿科、嘉实多四家公司的研发经费共达14.5亿美元，而新BP的年度研发经费只有8.5亿美元，却取得了比原来更理想的研究成果。由于科研投资的压缩，国外大石油公司在项目的选择原则方面，注重重点突出，以增加效益、降低成本、降低风险项目为主。大油公司的技术小组集中精力完成能够快速提供问题解决方案的研究项目，包括工程设计和技术服务。油公司将一些基础研究项目以技术合作的形式交给服务公司和研发组织。

（三）强调技术的应用价值，加强科研成果的推广应用

以第三代研发理念为指导，根据企业业务战略确定研发项目，研发动作进入良性循环。第三代研发管理是以业务驱动研发活动，根据业务战略确定技术需求、选择研发项目，研发部门与业务部门紧密结合，高度互动，成为平等的伙伴关系。国外大公司如埃克森公司、壳牌、BP、斯伦贝谢等应用第三代研发管理10余年，研发、生产、服务三者紧密结合，研发流程管理严密，商业化及时，研发运作过程实现良性循环，给公司带来了高额回报。

为了强化应用优先的指导思想，各大油公司采取以下几条措施：第一，加强生产一线单位技术力量，增强基层在应用新技术过程中解决技术问题的能力；第二，收缩战线，集中力量研究开发专有技术和优势技术；第三，总部研究中心要承担对地区公司的技术培训；第四，采用多方式、多渠道加强科研成果的推广应用，如技术人员的相互流动，充分利用IT技术和网络来传播和推广新技术等。BP的科技管理是以业务单元有效地应用新技术，获取最大的投资回报为指导思想。BP的科研管理中项目的提出、经费、人员三者是相对分离的，即：业务单位提出研究项目，研究中心组织人员进行研究，总部审定拨付经费。其科技管理模式，可以总结为集中研究，共享应用。壳牌公司内部的科研组织管理模式为"用户（作业公司）—承包商（研究中心）"管理模式。即由用户提出技术要求，承包商说明它能进行的项目、需要多少经费、所需时间及成功的机会。

（四）整合研发力量，调整技术创新体系，增强创新能力

在宏观管理上，国外油公司一般采取由总部集中管理和控制科研工作的管理方式。其科技管理一般分为 3 个层次：第一层次是组织管理层；第二层是设立一个综合研究中心或按照专业研究领域设立几个专门的研究中心，作为集团级研究中心；第三层次是根据国际化经营的需要，在世界各地成立众多研究中心或实验室，即地区研究中心。完备的技术创新体系使得公司无论是基础研究还是现场支持的每一项研发活动都围绕公司的当前利益和长远战略，技术创新的效率和效益大大提高。在研发管理上，国外油公司以项目管理为核心，强调从立项到推广全过程的项目负责，对科研立项、实施、财务、推广等各个环节实行严格监控。

根据公司业务战略和技术需求建立完善的研发组织体系。国外大公司根据企业业务战略和技术需求来进行研发机构的设置和优化配置，机构设置具有分层次、多中心、有侧重的特点，并普遍采取由总部集中管理和控制研发工作，在公司总部设立分管科技工作的副总裁，对公司的技术发展方向及科研工作进行统一协调管理。例如斯伦贝谢公司总部设有分管科技的高层领导和科研管理部门。在董事会中专门设立了技术委员会，并设有分管科技工作的副总裁。公司专设首席科学家一职，负责把握公司的科技研发方向，同时负责直接向公司总裁及时通报技术发展动向。

以人为本，为实现公司业务战略目标提供充足的技术人才保障。国外大公司强调以人为本，全方位实施科技人才开发和利用战略。通过建立一套科学合理的研发人员考核和激励机制，做到人尽其才，才尽其用，注重研发人员的精神培育，实行人性化管理。通过与其他公司或机构结成技术联盟，直接或间接利用公司外部的各类技术人才。

广泛开展科技合作，充分利用外部科技资源，以增强自身的技术创新能力。由于科技攻关面临的更加复杂，所需要的投资日趋庞大，涉及的专业、学科更加多样。因此，石油公司广泛采用了合作研究、

联合攻关的组织方式以更好地回避商业风险,适应低油价时期的特殊发展环境。所采用的合作方式和合作层次多种多样,具体包括:公司内部不同部门的合作,油公司与政府研发机构、独立实验室、大学、研究院之间的合作,油公司与油服公司之间的合作。合作内容更多地转向周期长、耗资巨大、风险较高的项目上,实现共享利益、共担风险。如智能钻井技术的应用,就是壳牌勘探生产公司同哈里伯顿公司合作的结晶。它把壳牌在地质建模、开发设计和储层管理上的优势同哈里伯顿在高级完井、传感器及IT技术等方面的技术优势结合起来,使一些油气井在其生命周期中的价值提高30%。国外大石油公司在科技活动中广泛开展对外合作,积极加强油公司与油公司、油公司与服务公司、政府和非政府研发机构、著名大学的研究联盟,以增强自身的技术创新能力。油公司注重技术的实用性和商业化,将研发力量集中在核心技术的研发环节,将非核心技术外包,对中短期技术投入较多,对长期的基础研究投入较少。

国外大石油公司技术获取方式包括自主创新和获取外部技术两种方式,两者所占比例大约是20%和80%。获取外部技术的方式包括技术监测、技术引进、直接引进吸收3种,技术途径主要有兼并、研发战略联盟、购买许可证、直接引进技术、风险投资等。技术监测主要是竞争信息的采集、加工处理、管理、分析,竞争信息被称为继技术产品、营销、服务之后企业的第四核心竞争力。

(五)大力开发新能源,加强健康、安全与环保工作

从全球能源发展趋势看,石油、天然气、煤炭和核能在21世纪中将各自发挥优势,石油将最终被天然气和核能等所代替,而生物质能、太阳能、风能、地热能、海洋能、氢能等新能源由于它们的资源潜力大,无污染,将日益受到重视,但近几十年还不能起到替代性的作用。

面对日趋紧迫的能源挑战,提高石油替代能源的开发,一直是国外大石油公司关心的重大课题。埃克森、壳牌、BP等公司都已投入一定的人力、物力从事清洁能源和风能、太阳能、生物质能、燃料电池等替代能源的开发研究，以寻求能源的可持续发展。国外大石油公司在研发清洁能源和新能源上的一些技术主要包括气化技术、天然气利用技术、太阳能利用、氢燃料电池研发、地热开发。

重视能源与技术的长远规划和发展。国外石油公司技术规划与发展符合公司业务战略的需要，公司发展立足于对全球能源供需发展态势的正确，尤其重视对能源重大问题的研究与分析预测。未来能源发展－公司业务战略－技术战略三者之间协调一致，是国外大石油公司创建百年基业的根本。如 BP 公司关注的未来重大技术包括提高采收率、超深水作业、智能井、重油/油砂、油页岩、北极油气、煤层气、天然气水合物、生物燃料、氢生产、炼厂改质技术等。

HSE 已成为大型油公司的重要经营理念和重要业绩，影响着公司的股票价格。大型油公司在 HSE 研发的主要方向是：最大限度减少作业场所的危害气体、液体的排放；通过水平井、多分支井等，减少钻井数和井场数量；提高油品质量，减少汽油、柴油在发动机燃烧后的废气排放造成的污染；提高和确保海上平台、油轮、管道与储罐、炼油化工装置的可靠性；被污染土地与水域的应急处理和恢复措施。

（六）知识管理得到广泛的重视和应用

知识管理是一个不断循环的过程，企业的知识管理主要面向协同工作、内容管理和业务数据挖掘，提高员工的知识和领导的决策水平。通过知识共享将不同专家的技能有效地捕捉和集合，由此可以提高整个企业的效率和生产力。

埃克森、壳牌、BP、雪佛龙等大公司都有自己的知识管理系统，如 BP 公司被《财富》杂志评为继微软之后世界上第二个最重视知识管理的企业，知识管理已成为该公司发展战略的重要组成部分。BP 公司各业务单元通过网络学习相互间共享的知识资源，公司最近非常重视可视化技术的应用，并推广使用通用的项目工作程序，各业务单元可以方便地获取所需知识从而提高自身的技能，先进的知识管理系统使 BP 公司已达到年增产能 4%的目标。

BP 公司的技术共享模式有一套特殊的组织结构，将业务单元建立成多个同级小组，这些小组作为管理项目的基础单位。例如在世界各地从事陆上石油生产的四个或五个业务单元可以组成一个陆上石油生产小组。同样，两个或三个从事零售、市场销售和便利店经营的业务单元也可以组成一个小组。

BP 公司知识共享过程开始于业务项目，终止于完成项目、取得成果。知识的学习和转化不仅仅局限在该项知识本身，在业务计划的操作执行中，学习知识是一个循环过程，在项目之前、之中、之后均可进行。各业务单元可以通过网络学习相互间共享的知识资源，该网络为知识共享过程得以实行的基础条件。

BP 公司的专项技术网络，在科技成果的传播、转移中发挥了重要作用。例如，在油气勘探和预测主题下设了 9 个技术网络，包括地质综合勘查、含油气系统、岩石物理、沉积学、地震、HSE 等。这些网络由这方面应用效果最显著的专家主持，辐射到公司各自的业务单位。此外，BP 公司还有一个综合性的上游技术网站，其内容包括：新技术动态、技术发展方向、技术推广、专家网、业务单位互动、技术成功事例、虚拟业务单元、技术创新奖励等，为上游技术的交流、推广、互学、共享服务。

二、对我国大型石油公司的启示

(一)优化科技资源有效投入与配置能力

1. 加快科技资源整合，优化资源配置，发挥大型石油公司的整体优势

国外大公司以建设完善的科技创新体系作为提高本公司核心竞争力的重要手段。如国外三大石油服务公司的各专业公司都是集研

发、制造、销售、服务于一体，按专业研究领域设立不同的专业技术研究中心，保证集中人力、物力快速开发新产品。

高效利用大型石油公司的科技资源，是充分发挥创新潜力、提升技术创新的基础。建立起适合自己特色的合理分工、各有侧重、协作的科技创新体系，不断提高科技工作效率，充分发挥大型石油公司科技优势和协同效应，解决重复建设、资源分散的问题。

整合分散的研发机构，科技资源的统一配置，建立和完善与主营业务发展相适应的、具有持续创新能力的、精干高效的研发体系。集中优势力量，加强总部层面的研发，强化应用基础、超前、共性和重大关键技术研究、区域布局调整和地区公司产业定位，发挥好同一区域、领域的科技资源互补性优势，进行优化配置，形成企业层面研发机构的合理布局，提升企业解决生产技术难题的能力，发展特色优势技术。

2. 加大科技人才的培养，提高科技人才创新能力

建立和完善科技人才培训制度，重点加强大型石油公司技术创新人才队伍和科技管理专家队伍建设，培养一支面向石油公司战略需求、具有世界前沿技术水平的人才队伍，实行项目、培训基地、人才三位一体，依托重大工程和创新基地培养优秀人才。

加大对青年科技人才的培养力度，为增强大型石油公司持续创新能力提供后备人才支持，努力形成石油公司优秀青年科学家群体和技术专家群体，建立石油公司青年科技人才培养基金，在项目、经费等方面予以优先支持，使他们在宽松的环境下自主开展创新研究，鼓励其冲击国际前沿。积极吸收青年科技人才参与石油公司各类科研规划、计划和重大项目的调研、论证及组织管理工作，承担国家和石油公司重大科技项目，参加国内外学术活动、经受锻炼，增长才干。

注重引进海内外优秀人才资源，积极参与国际人才竞争。制定人才引进和使用的政策措施，通过体制和政策创新，积极参与国际

人才竞争，全力创造一个有利于吸引和留住人才、形成人才与企事业共同成长的良好环境。做好技术创新骨干人才的需求预测和队伍发展计划，重点引进石油公司急需的高新技术、重大工程、重点科研项目、新兴产业等领域的高素质人才和国际化专业人才。

3. 加强科技投入力度，实现科技投入的多元化

科技投入是提升技术创新能力的保障。加大科技投入的强度和力度，以突破制约大型石油公司主营业务发展的关键技术问题。完善大型石油公司和下属企业两级科技投入机制，在确保大型石油公司总部科技投入逐年增长的前提下，进一步加大和强化下属企业配套科技投入的力度，使大型石油公司总部投入的科技起到引导企业不断增加科技投入的作用。

建立多元化的科技投入体系，在积极争取国家科技部、国家发改委科技经费投入的同时，鼓励、引导和吸纳社会资金，控制多渠道的科技投入融资机制，降低整个公司科技投入的风险。

(二) 大力推进自主创新，提升核心技术的研发能力

1. 强化核心技术研发的同时，注重自主创新能力建设

科技工作要紧紧围绕主营业务发展的需求，一手抓重大技术攻关，一手抓创新能力建设，通过技术攻关创新能力，提升领先创新能力来实现技术突破，这两个方面相辅相成，互相促进。集中优势科技资源，重点发展大型石油公司的特色核心技术和专有技术，以增强公司整体竞争力，把着力增强自主创新能力作为科技工作的核心和战略基点，大力推动业务驱动的研发管理理念，加强原始创新、集成创新和引进消化吸收再创新，加快发展具有自主知识产权的核心技术。通过强化资源的优化配置与使用，建立完善的研发组织体系和严格的创新管理制度，不断加大科技投入力度，吸引和培养高素质的科技队伍，营造良好的创新氛围，从而为持续高效的技术创

新活动提供保障。

2. 发挥多学科综合优势，加强集成创新与配套应用

国外油公司和服务公司非常重视技术的集成配套应用，他们注重发挥综合优势，强化系统意识，重视技术链的每一个环节。集成创新是科学技术向前发展的重要形式，应重视集成创新，使各种技术有机融合，提高科技研发活动的效率。

技术的集成配套包括两个方面：首先是同一专业内的技术集成，其次是不同专业技术的衔接和集成。大型石油公司在今后的技术发展中，应针对一些重点勘探目标的勘探领域，组织多领域、多学科人才，协同进行技术攻关和集成配套，开发具有战略意义的综合配套技术，形成大型石油公司的专有核心技术系列，增强核心竞争力。同时，也要重视各专业领域内技术的集成就，使一些常规成熟技术发挥出更大的作用。

3. 突出核心业务，有所为、有所不为

随着近年来大型石油和服务公司的市场和技术垄断日趋明显，为维持其垄断地位，他们都在以自有技术为基础，开发与主业密切相关的技术，转让费可以降低对手的竞争力。由于各公司发展战略的差异、技术水平和结构不同，对技术的优先次序都会有所不同。大型石油公司应遵循产业战略和技术发展的内在规律，以非平衡的发展思路，确定技术发展计划，明确技术发展的优先次序与突破口。坚持有所为、有所不为，选择影响公司主营业务发展的关键领域，集中力量，重点攻关，实现跨越式发展，也可以参照国际的流行做法，将一些非核心业务外包。

4. 抓住契机，实现工程技术的跨越式发展

从国外油服公司的发展历史来看，它们都是以专项技术服务起家，通过不断的兼并和收购其他专业服务公司，实现了一体化解决

方案的快速发展。对于各专业领域的发展，要抓住机遇，适时引入一些新技术可以使公司在专业领域中快速崛起。

结合大型石油公司经营战略目标，可以针对性地购并一些有技术专长的公司，快速增强大型石油公司在该领域的实力，这有助于在较短时间内占领国际市场。在发展各专业技术时，如果能抓住一些发展契机，抢占技术制高点，就能快速赶超先进，缩短与竞争对手的差距。

5. 加强国际交流与合作，拓宽技术获取渠道，推动科技工作国际化

充分利用全球科技资源，是加快提升技术创新能力的有效途径。在知识经济条件下，企业研发所需要的技术和经济资源往往超过单个企业和石油行业的能力范围，需要充分发挥配合与协作效应，实现资源共享、平台共享。大型石油公司的发展目标是成为具有综合性国际能源公司，科技工作也要逐步全球化，充分利用全球的技术和人力资源。

石油工业之外进行的一系列研究对石油技术的发展具有相当大的借鉴和促进作用。许多创新概念出自一些国家研发机构和大学，不断与他人的合作对大型石油公司十分有益。这种合作有助于发展新概念及新一代开创性技术，有助于形成科技创新的整体合力。

国外大公司通常的技术获取方式有：自主研发、雇佣有经验者、合作开发、依靠服务公司、战略联盟（合作伙伴）等。油服公司除了自主研发外，频繁地采用技术收购、公司兼并等方式获得技术，或者参与业界合作项目。大型石油公司应努力拓展技术获取渠道，在自主研发的基础上，积极采取合作开发、技术收购、战略联盟、竞争情报的收集、分析、研究等多种方式获取技术，此外掌握专有技术的技术人员的流入也是技术获取的极佳渠道。

加快推进科技工作的国际化，加大国际科技合作力度，促进研发机构国际化、技术并购国际化、科技人才国际化和科技管理模式

国际化。只有科技管理理念、管理模式、管理制度和流程与国际接轨，科技管理骨干才能够无障碍地进行国际科技交流，才能带动大型石油公司整个科技工作的国际化。

6. 加强科技基础条件平台建设，推动科技信息共享

加强试验基地、基础设施和条件平台建设，构建和完善一批科研基础设施和大型科学仪器设备，推动项目、研发基地和人才的有机结合，积极推进重大实验仪器、试验设施的共享，进一步提高研究试验设施的利用率。建立科技工作中的知识信息制度和流程，按照统一标准、统一规范、统一规划原则，开发科技信息共享平台，加快推进跨地区科研数据和文献、网络科技环境等资源整合和共享工作，科研成果管理及文档数据管理，加快推进公司科技系统知识管理体系建设。

（三）加速科技成果转化，提高科技成果商业化能力

科技成果分享转化是科技创新体系有效性的重要检验指标。重点推进市场化技术成果分享机制的建设，促进市场化技术成果分享的法规建设、交易平台建设、分享方式的设计和组织结构建设等。

加强科技成果转化制度建设，创造有利的制度环境。在政策上明确参与共享的技术成果范围，明确科技成果产权，完善技术成果的登记制度，明确科技成果提供方和应用方的权利和义务，提高科技成果转化各方分享和转让技术的积极性和主动性。进一步规范和优化科技成果应用流程，建立专门的科技成果推广机构，成果分享渠道，完善促进成果转化激励机制，积极挥动技术要素参与分配机制，提高科技成果转化应用的效率。

加快天然气内部市场建设，根据科技成果产权归属的差异、技术成熟度和应用前景，实现多种技术成果分享形式。发展天然气产业内部的科技创新中介机构，提供较深层次的技术服务、技术推广的功能。设立公司内部的技术孵化器，促进已有技术成果的转化。

（四）建立健全科技管理制度，提升技术创新管理能力

1. 加强战略管理，提升决策水平

中国石油科技管理部门首先要加强战略管理，从战略和长远的高度，全面推进科技工作，包括科技方向、技术发展战略、创新体系、创新能力、激励机制、管理机制、队伍建设等。在天然气产业发展进程中，随着国内外政治、经济、法律、人文等环境的不断变化，技术创新战略管理需要进行适时调整。全面系统梳理战略研究问题，分层次、分阶段、分目标组织研究，结合市场体制机制改革逐步实施，进一步提升技术战略管理能力。

2. 延伸科技管理链条，强化项目管理

国外大公司的科技管理通常包括基础研究、技术开发到产业化的全过程，且在产品开发的各阶段之间设立严格的标准，审定该研究项目能否进入下一阶段。严格的管理有利于将没有价值或前景的项目及时过滤中止，集中资源开发核心和重要的技术。

加强制度建设，完善科技管理流程，提高执行力，是加强和改进天然气产业科技研发管理的关键环节。进一步推进科技管理科学化和规范化，建立完善科技规划计划的编制流程和管理流程，对科技规划、计划和项目运作实行全过程监督管理，保障科技活动有序、顺利、持续地开展，充分发挥科技计划的宏观指导、协调和有效配置资源的作用。进一步修改完善项目管理办法，完善项目过程监督，及时发现潜在风险，控制项目质量、进度，保证科研经费的使用效率。

3. 加强研发效益意识和知识产权保护意识，建立和完善知识产权保护体系

我国大型石油公司的专利基础薄弱，缺乏积累，因此必须加强

专利保护意识，强化知识产权保护工作，研究知识产权保护战略，完善知识产权保护制度，把知识产权管理贯穿到科技项目管理的全过程。从研发效益来看，必须加强研发投入回报的管理，完善科技经费管理办法，建立科技投入分类回报制度和评价机制，提高科技投入产出效率。

第二章 天然气产业开放式科技创新体系构筑

第一节 天然气产业科技发展机遇与面临挑战

一、面临的机遇

(一)国家清洁能源开发政策频出,为科技驱动天然气产业发展创造良好政策环境

1. 天然气开发利用进入发展黄金期

当前中国环境问题日益突出,雾霾频发,促使中国加快改变能源消费结构的步伐。"十八大"提出了"一个全面,两个翻番"目标,国家能源革命、节能减排、天然气发展"十三五"规划、天然气利用政策,以及国家优先推进西部大开发战略和川渝地区经济社会快速发展等,将进一步促进天然气产业进入快速发展的黄金时期。因此,天然气作为一种优质清洁能源成为优化能源结构的首选,成为推进生态文明建设、节能减排、治理大气污染、绿色发展的有效途径。

2. 国家政策支持天然气产业稳健发展

近几年,国家频出天然气产业相关政策,大力支持产业发展。在国务院发布的《能源发展战略行动计划(2014~2020年)》中提出,要重点突破页岩气和煤层气开发,到2020年,页岩气产量力争超过300亿立方米。国家支持煤层气、页岩气以及清洁能源发展,煤层气、页岩气的生产性不动产进项税准予抵扣,减免页岩气开采企业天然气补偿费、矿权使用费，进口设备免征关税。修订后的《能源发展"十二五"规划》增强了向低碳能源转型的力度，目前天然气在一次能源消费结构中占比仅4.3%，预计到2020年提升到13%，2050年提高到15%。国家三部委联合发布的《能源行业加强大气污染防治工作方案》又提出，到2017年天然气（不包含煤制气）消费比例提高到9%以上，煤炭消费比例降至65%以下。

3. 中国石油积极推进天然气业务大发展

中国石油继续把天然气作为战略性、成长性、价值性工程，为大力发展天然气业务提供了良好的发展条件及政策支持，为川渝天然气业务快速发展打下基础。特别是，在近年川中下古—震旦系勘探取得重大突破，页岩气落实核心建产区，天然气资源基础愈加雄厚，为西南油气田天然气产量快速增长提供了坚实支撑。

（二）能源体制机制革命，为天然气产业和企业管理创新与实践提供发展平台

由于"能源体制机制改革"已提升到"能源体制机制革命"的高度，将推动天然气市场体制机制发生以下根本变革。

1. 市场化导向改革，促进天然气产业链市场变革

在勘探开发市场变革方面，通过有序开放上游市场，如页岩气、煤层气勘探开发，鼓励非常规天然气开发模式和应用模式创新，放开出厂价格，最终实现由供需双方协商确定。在储运市场变革方面，随着市场发展，引入第三方竞争机制是天然气领域改革的大势所趋，逐步实现天然气输销分离。例如，由于川渝地区产输销一体化形成具有历史性、紧密性和不可分割性，有力地促进天然气产业发展，当前可选择具备独立经营的支线管道进行管道独立或混合所有制运营试点。以推出调峰费和储气库费为重点，分步骤完善输配气费率体系。在终端消费市场变革方面，积极推进天然气市场化改革，实

施阶梯气价制度和天然气能量计价，探索市场谈判形成价格机制。同时，促进天然气现货与期货交易，实现天然气交易方式的多元化，完善天然气市场体系。

2. 改革与调整产业链政策，促进产业升级与经济增长

积极建立混合所有制的非常规天然气开发公司。投融资组建混合所有制的支线或局域管网公司，建立混合所有制的销售合资公司。同时，探索全产业链混合所有制企业员工持股制度，形成资本所有者和劳动者利益共同体。

依法治理天然气产业，改革与调整产业链政策。一是天然气勘探开发政策方面，取消外资企业开采天然气的税收优惠政策，对内、外资企业实行同等的税收待遇。加大对低品位资源开发的政策支持力度，国家在税费方面实行差别化征收政策，免征特别收益金和资源税，对边际气田等实行所得税优惠政策。二是储运政策方面，区分天然气产业自然垄断性业务和竞争性业务，合理有序逐步实施网运分开，进一步放宽市场准入，拓宽民间投资的领域和范围，实现管网基础设施投资、建设和运营向第三方公平开放。三是天然气价格与金融政策方面，根据市场竞争定价，按照热值计价。建立和完善法律法规，为利用境外资源创造条件，提升天然气产业国际竞争能力。加大对海外资源开发的金融政策支持力度，增强企业竞争力。

3. 参与全球能源治理，推动建立国际天然气市场新秩序

注重国际天然气市场话语权和影响力的提升。深化与 IEA、OPEC 等国际机构的交流与合作，推进建立亚洲天然气交易中心。成立国际能源形势跟踪和分析研究专家组。设立中国天然气经济信息统计分析中心，定期发布世界天然气展望报告，加强与消费国之间的信息交流，建立海外天然气投资风险预警系统，提高应对境外风险的能力，增加透明度，提升话语权。

完善海外天然气资源开发协调机制，提升统筹协调和应对风险

能力。推进海外业务规模优质发展。大力推动银企合作,增强海外投资的资金保障能力。积极推动天然气交易货币多元化进程,加快推进天然气贸易人民币结算。参与国际天然气价格运作,构建公司全球贸易网络,增强国际天然气市场话语权和影响力。

(三)天然气产业链技术发展瓶颈将不断突破,为天然气大科技工程建设奠定坚实基础

1. 全产业链技术革命,促进完善科技创新体系

大型石油公司从天然气全产业链技术革命来思考,完善科技创新体系,狠抓研发、攻关、试验、转化、推广5个关键环节,积极开展国际合作,强化创新驱动发展,全面推进天然气产业科技创新。依靠技术进步降低天然气资源的开采投资成本,在加强常规天然气技术创新的同时,积极开展致密气、页岩气、煤层气等非常规气关键技术攻关,大力研发形成一批具有国际竞争力的核心技术,实现优势领域持续领先、赶超领域跨越式提升、超前储备领域占领制高点。注重创新与实际生产、成果与经济市场的有效结合。加快天然气产业技术科技人才开发与培养,研究建立新的收入分配激励机制,充分发挥专业技术人才作用。

2. 天然气瓶颈技术突破预期,提升全产业链各环节的技术水平

在勘探开发领域,实现常规和非常规天然气(包括致密天然气、页岩天然气和煤层气)的勘探开发瓶颈技术系列突破,特别是在深井、超深井、特殊工艺井等方面的配套钻完井技术及钻完井提速配套技术,大力攻关研究3500~4500米埋深页岩气勘探开发关键技术及配套技术系列;完善深井、长水平段压裂技术和体积压裂改造技术集成等。

在天然气储运领域,管道建设突出定向钻、盾构、顶管和穿跨越技术攻关,加强集输管道优化、完整性管理研究等。在超前技术

领域，在天然气水合物、无线地震勘探等前沿领域开展基础和储备技术研究与应用，引领国际能源行业技术发展趋势，加快海相、海洋、深层等赶超领域技术的提升。同时，积极创建天然气全产业链的节能减排创新体系，有效开发利用节能减排技术。

3. 大数据下科技合作与产融结合加速，推动天然气科技成果转化应用

天然气能源革命将以互联网技术、新的能源技术、智能化制造技术等广泛应用为基础，促进天然气全产业链发展。利用大数据系统加强天然气信息交流和信息互换工作，建立和规范天然气产业统计管理体系，建立系统、准确、完备、共享的天然气产业信息系统。建立专业、高效的天然气产业信息监管体系，发挥天然气价格、税收信息等手段对天然气经济的杠杆作用，提高天然气产业管理和决策水平。

加大能源外交力度，推动与重点资源国的科技和大经贸合作。积极推进多元化国际合作，促进海外天然气大基地建设，全面开放合作共赢，可持续分享全球天然气产业链资源。巩固深化俄罗斯、中亚，扩大中东，拓展非洲，加强美洲，稳定亚太，提高油气供应安全可靠性。完善西北、东北、西南和海上4大天然气战略进口通道建设，进一步加强国内天然气管网和LNG接收站建设，提高战略储备应急能力。加强与国际大石油公司高端战略联盟、科技合作和技术交流，利用各种创新资源推动天然气科技进步。探索天然气大经贸合作新模式，坚定地"走出去"积极争取定价权。

二、面临的挑战

（一）天然气科技总体水平差距大，一系列瓶颈技术和重点难点技术亟待突破

大型石油公司的天然气核心技术、关键技术尚待突破。大规模

开发非常规天然气尤其是页岩气的关键技术体系尚未形成，缺乏核心技术和相关标准规范等；大型燃气轮机和大功率天然气压缩机、大型LNG低温泵等关键设备主要依靠进口；天然气高效利用关键技术，如微型燃气轮机等与国际水平差距较大。如西南油气田新增储量资源呈现"三高"和"三低"的特征，在管理、技术、安全环保等方面要求更高，实现安全清洁、规模效益开发难度增大。龙岗、须家河、高含硫气藏勘探开发、老气田提高采收率等"瓶颈"技术有待突破，页岩气勘探开发技术尚待攻关，现有的技术创新、技术集成应用能力和速度还不能很好满足发展需求，解决这些矛盾和问题的关键在于科技创新。

（二）天然气科技创新能力不强，科技创新基础条件仍较薄弱

近年来，天然气产业科技创新总体规模不断扩大，科技基础经过多年的积累和发展，具备一定条件，但远不能满足天然气科技创新的需求。与能源相关的国家重点实验室、国家工程技术中心、国家认定企业技术中心、企业国家重点实验室少，整体战略部署和持续稳定的支持不到位，与天然气能源在国民经济中的重要地位不匹配。

科研基础设施尚待进一步完善。现有配套科研设备总体新度系数较低，设备老化、数量不足，大部分引进设备已进入或即将进入技术报废期，针对"高温、高压、高含硫"三高气田、低渗气田和页岩气勘探开发需要，应进一步加强重点实验室和现场试验基地的建设力度。例如，中国石油西南油气田部分院所的基础设施还需进一步完善改进，现场试验基地功能和试验手段仍需完善，工具的研制和改进方面应加大投入。

天然气科技自主创新基础研究薄弱，未形成技术源头。天然气基础研究较薄弱，天然气产业创新缺少核心技术支撑，一些关键领域核心技术差距明显，深水、LNG、非常规资源开发等方面的技术刚刚起步，核心技术尚处于追赶阶段，天然气科技和经济结合不够

紧密，研究成果产业化与市场化程度较低，创新内生动力不足。激励创新的法律法规和政策体系还不完善，科技创新尚未成为发展的主要驱动力。

科技创新领军人才和尖子人才稀缺，科研骨干队伍需要进一步加强。围绕产业发展目标，现有的科研骨干队伍和专家队伍需要进一步加强，目前仍存在科研力量布局不合理，对支撑下步加快发展，进一步适应和人才引进、激励机制缺乏灵活性等问题。例如，随着中国石油西南油气田业务的发展，面对中国石油党组对西南油气田明确提出2020年建成300亿立方米战略大气区的定位，科技人才总量规模上缺口仍然较大。一是面对西南油气田加大两级科研院所建设与页岩气技术研究力量的目标，现有人力资源尚不能满足，在"十三五"期间应进一步明确职能定位，从整体上补强科研力量，特别是针对未来全面支撑公司地质研究、方案设计、井位部署的任务，应重点引进相关人才。二是围绕2020年建成300亿立方米战略大气区将要开展的科技攻关项目，科研生产工作量逐年增加，专业技术人员总量规模尚不能满足新任务新要求，新增员工的数量相对较少，部分专业领域仍然存在结构性缺员。三是科研人员激励机制尚需进一步完善。专业技术人员的职业发展存在路径单一、薪酬待遇与个人贡献不对等、自身价值不能得到有效提升等诸多因素，在一定程度上挫伤了专业技术人员的进取心和工作积极性，一定程度制约了专业技术人员的成长，出现了培养多年的专业技术骨干陆续转换角色的现象。专业技术职务评聘面临较大压力，职称评审的名额限制不能充分调动专业技术人员的积极性和创造性。

科技管理制度建设有待加强。例如，"十三五"期间，中国石油西南油气田科技创新将突出西南油气田特点，立足西南油气田勘探开发需求，进一步强化科技创新，推动科技攻关组织，强化科技成果转化，强化技术合作与推广应用，提升科技平台管理水平。需探索建立公司完全项目管理新模式，进一步优化科技资源配置、促进公平竞争和提高科研效率。另外，科技管理信息系统目前还未全面应用于科技项目全流程管理，系统只加载少量数据资源，且不能实现科技经费、专利与技术秘密、科技成果数据共享、查询和汇总统计，不能完全适应日益精细化、高效化管理的要求。

（三）天然气产业体制机制有待完善，急需管理创新应对

随着天然气产业的快速发展，供应增加与设施不足的矛盾、管道快速发展与储气能力滞后的矛盾、市场开发与配套能力落后的矛盾日渐突出。同时，产业监管难度也日益增大。

天然气科技管理涉及部门多，缺乏科学高效统一协调的决策与管理机制。重大政策缺乏深入研究和论证，技术路线和政策变化无常；促进科技创新的财税政策不健全，技术与产业政策法规之间协调性差，执行不力；缺少对整个创新链条的统筹管理，成果培育、转化没有体制机制保障，导致研发向应用转移不够，应用自主技术的动力不足，创新价值链难以形成。天然气科技信息建设与管理滞后。

产业监管体制机制需进一步完善。如何依照反垄断法等法律法规，加强对具有自然垄断属性的管网等基础设施运营企业的有效监管，督促其向第三方提供公平、公正的服务，还需在实践中进一步研究、探索，并不断完善相关制度。科技创新尚未成为天然气产业企业考核体系的实质性指标。

天然气市场定价机制还未真正形成。国内天然气价格水平，没有完全反映市场供求变化和资源稀缺程度，不利于天然气合理使用。特别是进口中亚天然气按国产气价格亏损销售，不利于调动企业实施"走出去"引进资源的积极性。由于低油价新常态、天然气用户承受能力、替代能源竞争等因素，全面实现天然气价格市场化任重道远。

国际化管控水平有待提高。三大石油公司国际化业务有效应对风险的能力和水平不够，国际商务运作能力不足，国际化人才尤其是项目经理紧缺，对外合作和海外业务管控模式和管理方式有待进

一步优化，国际市场话语权较弱，海外发展中运用商业模式创新的探索不够。

第二节 天然气产业科技创新体系构建依据

一、根据国家创新驱动与能源技术革命的相关要求

（一）国家创新驱动战略对能源科技创新的要求

面对世界经济的新挑战，党和国家积极推动能源革命。能源是国际政治、经济、外交、金融和安全保障博弈的聚焦点。"俄乌斗气"表明：复杂的地缘政治形势使能源进出口国间关系错综复杂，充满诸多变数。"十八大"提出能源生产和消费革命，重点关注国内能源制约和国家合作面临的新挑战。因此，深刻理解和把握能源"四个革命、一个合作"是国策，天然气科技创新体系是国家科技创新体系构建的重要有机组成，深入思考天然气产业未来发展方向和方式，把控天然气产业科技在能源技术革命中的地位与作用，具有十分重要的意义。

国际能源技术合作是国家能源革命发展的基本要求。能源革命将以互联网技术、新的能源技术、智能化制造技术等广泛应用为基础，促进天然气全产业链科技发展。加强与国际大石油公司高端战略联盟、科技合作和技术交流，利用各种创新资源推动天然气科技进步新模式。深化与IEA、OPEC等国际机构的交流与合作，加强非常规天然气技术和科技信息化建设，利用大数据系统推动科技创新，推进建立亚洲天然气交易中心，可持续分享全球天然气产业链科技资源，提升国际天然气科技市场话语权和影响力。

(二)国家能源技术革命对传统创新思路的转换

创新驱动天然气产业发展必须实现由重视创新要素投入向重视创新体制机制的政策转变。一是向重应用开发研究的目标转变。实现创新驱动天然气产业发展,必须实现由向上重基础理论研究向向下重应用开发研究的目标转变。二是向集成系统化创新体系组织转变。从实现创新驱动的组织机构来看,创新驱动是以企业、高校、科研院所、政府、科技中介服务机构等组织的一系列创新活动为起点,进而带动全社会范围的创新活动。三是向"1+N"协同创新区域的空间转变。区域创新系统的发展会经历从单极化创新中心模式向多极化创新中心模式再到"1+N"协同创新模式的空间转变。四是向重视创新体制机制的政策转变。对于天然气产业来说,在引导创新驱动发展方面更多是采取自上而下的政府主导模式。

(三)遵从现代天然气产业发展思路

天然气产业体系发展目标是坚持走新型工业化道路,增强天然气产业竞争力和可持续发展能力,为构建现代清洁能源产业体系做出积极贡献。第一,树立全球视野和战略思维,借鉴英国、美国等先行国家的有益经验,按照协调发展、节约优先、创新推动、有序推进和社会联动原则,构建天然气产业体系绿色低碳发展模式;第二,应用相关经济理论,如可持续发展理论、绿色经济理论、循环经济理论、协同学原理、生态经济学原理等,作为构建天然气产业体系模式的理论基础;第三,从建设资源节约型、环境友好型产业的全局和战略高度出发构建发展模式,促进天然气产业链协调发展;第四,注重彰显天然气产业自己的特色和发展战略,定位于构建自主创新、结构合理、重点突出、融合集聚、安全稳定、高效和持续发展的现代天然气产业体系;第五,积极培育和发展天然气服务业,新型工业与现代服务业等产业融合是现代产业体系的主要形式,产业间的互相融合使天然气产业体系成为有机的整体。天然气服务业主要包括天然气科学与技术、天然气工程与装备、天然气文化、天然气教育与培训、天然气交易、天然气金融等。

二、依据天然气产业创新耦合系统结构与主控因素

天然气产业创新体系是一个包含环境创新、理论创新、技术创新和制度创新在内的技术创新战略耦合系统，是一个开放、动态与耦合的网络体系。它是在自然系统、社会系统和行业自身系统的复杂系统交融中"物质、能量、信息、价值、时空"的组织和自组织状态下的运动。系统耦合理论、现代企业资源理论、社会关系理论、社会网络理论的应用有助于揭示天然气产业创新体系及其要素（资源）体系的复杂的社会网络及其耦合关系，也为科技创新体系间的关系框架的构建提供了理论依据和分析工具。

天然气经济增长的背景要求持续不断地以技术创新为基础的全面创新。这些背景包括天然气产业的国家和人民利益的社会责任和追求超额利润的原动力以及需求拉动、行业竞争、科学技术的发展和行业发展潜力等。天然气产业链的复杂性要求运用系统的观点来看待技术创新问题，把同技术创新关联度较强的诸要素经过有效的整合，组成一个相互作用的网络体系，使天然气产业技术能在行业内部技术生产者、扩散者以及使用者之间循环流转及应用，同时还能有效地吸收天然气产业范围内外的知识资源。

天然气产业作为一种连续流程产业，其内部纵向和横向存在着密切联系。这一特点决定了应该从系统角度，整体全面地考虑天然气产业的创新问题。在构建天然气产业科技创新系统结构模型过程中，结合天然气产业自身特点及天然气产业科技发展的阶段性特征，应重点考虑以下因素：一要站在国家层面考虑天然气产业科技创新系统的构建。天然气产业科技创新系统构建要以提升天然气产业国际竞争力为系统目标。二要走自主创新路线，结合天然气产业科技所处的发展阶段，构建一种"自主式"为主导，"追赶式"式为辅的

天然气产业科技创新系统结构模型。三要从产业技术角度切入，天然气产业科技创新系统要以保障产业技术的有效供给为核心，并注重外部资源的充分利用。

三、应用开放式技术创新模式及顺应其发展趋势

（一）进一步完善开放式科技创新机制

开放式创新理论。Henry Chesbrough 在《开放式创新——进行技术创新并从中赢利的新规则》一书中正式提出开放式创新（open innovation）的概念。他认为企业或组织在进行创新的过程中，可以利用内部和外部两条市场通道将企业内、外有价值的创新资源集中起来创造价值，同时建立相应的内部机制分享所创造价值的一部分。企业内部的创意可以通过外部渠道实现市场化，同样，外部的技术也可以被企业接受、采用。在开放式创新模式下，企业的技术创新是一个开放的、非线性的活动过程，创新可以跨越企业的传统边界，不再完全依靠自身的力量。开放的本质是外部创新资源的获取和利用，强调企业对内外创新资源的有效整合。

引起创新模式由封闭式创新转变为开放式创新的主要影响因素，包括在信息化和全球化背景下知识性员工数量的骤增和高度的流动性、风险投资的蓬勃发展、产品生命周期的迅速缩短、知识在产品价值网络中的广泛分布、外部创新资源的可用性、学术机构研究能力和研究质量的提高以及不断增强的外部供应商的能力等。这些影响因素的出现使源于内外创新资源整合的开放式创新成为企业提升竞争力的必然选择，并呈现出与封闭式创新完全不同的特质。开放式创新加快了企业创新的速度，提高了创新成功率，降低了创新风险，已成为世界上许多著名高科技企业，如施乐、英特尔、IBM、朗讯、宝洁等进行创新变革的不二选择。

（二）深化外部技术引进和对外技术合作交流

进一步加大科技研发攻关力度，瞄准世界天然气科技发展前沿，强化企业在自主创新成果推广应用中的主体地位，着力突破和获取一批重大关键技术、前沿技术和先进适用技术，为实现创新驱动发展奠定坚实技术基础。加强研发条件平台建设，推进重点实验室、实验基地和研究试验平台建设，完善科技资源共享网络平台。加强国际科技合作和交流，积极参与国际科学计划，在更大范围、更高层次上引进、消化、吸收先进成果，构建开放式创新网络体系。加快组建创新战略联盟，加强与国际大公司创新方面的合资合作，提高创新时效性和影响力。学习借鉴壳牌公司 Game Changer 计划等先进管理经验，设立科技创新风险基金，支持企业内外部科技人才围绕主营业务领域开展风险创新，打破常规和体制障碍，促进瓶颈技术突破和超前技术储备。

加强国内、国际科技交流与合作，把自主研究开发与引进国内外先进技术有机结合，扩大对外开放，积极引进国内外先进技术，加快企业技术升级，促进企业发展。推行"开放、流动、竞争、协作"的运行机制，以项目为纽带，将前瞻性、应用基础性科技项目，与大专院校、有实力的国内外研究单位和公司联合攻关，对重点项目派专人到外协单位全程参与研究，最终形成行业内与行业外招标相结合，国内与国外招标相结合的项目研发方式。

（三）保障天然气产业系统与系统外部机构的合作

不断完善天然气产业开放式的产学研联合技术协作体系，积极推进企业与高等院校、外系统研发机构的联合，以优势互补、利益共享为原则，采用联合攻关、开发、推广和共建技术开发机构、创办科技企业等多种形式，促进科技资源向企业转移，解决企业技术进步所需各种技术来源问题。

加强与国内外研发机构的技术合作联盟。开放式科研环境的目标是继续加强与高校、国内外科研院所的合作，构建战略协作联盟，加强与国外大型油气公司的合作，不断引进和吸收国外先进技术、开拓视野和提升水平，积极打造国际化科技人才队伍，为天然气产业发展提供好技术支持，努力提高解决关键问题和瓶颈技术的能力。

继续推进与国外油气公司的合作。油气田要继续坚持"加强合作交流、导入先进理念、引进先进技术、培养企业人才"的合作方针，加强与壳牌、雪佛龙、康菲、ENI、EOG 等国际石油公司的合作，大力提升高含硫气、页岩气、致密气等领域专业技术水平，培养一批熟悉并适应国际合作的专门人才。

第三节 天然气产业科技创新体系结构设计

一、构建思路、原则与目标

（一）构建思路

深入贯彻党和政府市场化改革精神，牢固树立全球视野和战略思维，紧紧围绕天然气产业发展目标和规划，以自主创新作为发展的战略基点，实施创新驱动发展战略，强化科研项目管理和产学研结合，着力提升创新能力、完善体制机制、推进研发应用、优化创新环境，持续提升骨干企业发展内生动力，突破制约企业发展的核心关键技术，积极构建具有天然气产业自身特色的科技创新体系，加快实现由投资和要素驱动向创新驱动发展阶段转变，建立世界一流的天然气产业研发体系，培育世界一流的研究队伍，建设世界一流的创新平台，创造世界一流的天然气科技成果，为构建清洁、高效、经济、安全的天然气能源产业体系提供有力的科技支撑。

(二)构建原则

战略一致性原则。战略一致性原则是指系统运行应与国家科技、经济发展战略相一致。坚持战略一致性原则，既可以明确天然气产业创新的目标、方向和重点，同时也可以避免产业创新在分散、孤立的状态下进行，难以形成焦点和合力，尤其是对产业共性技术的创新更是如此。

创新驱动原则。加大天然气科学技术原始创新、集成创新和消化吸收再创新的力度，积极抢占天然气能源开发利用技术制高点，掌握和推广应用先进低碳技术，通过增强自主创新能力、提高劳动者素质推动低碳发展。通过制度和管理创新，建立充满活力、富有效率、有利于天然气产业低碳发展的体制机制。

协调发展原则。加快转变发展方式，正确处理天然气产业近期目标与远期发展的关系，天然气资源开发利用与生态环境保护的关系，天然气产业发展与经济社会发展的关系，努力实现经济效益、社会效益和环境效益相统一，为天然气产业可持续发展打下牢固基础。

坚持重点突破，有序推进原则。围绕提高气田采收率，提高常规天然气、页岩气勘探开发和综合利用，加强技术研发、集成应用和产业化示范，集中力量实施一批科技重点专项。强化天然气综合利用等前沿技术研究，充分发挥现有研发机构和科研平台的作用，加快成果转化应用和科技园区建设。加大技术人才和高端科技人才的引进、教育培训和使用力度，建设专家工作站、博士后科研工作站、重点领域创新团队和创新人才培养示范基地。深化科技管理体制改革和政策落实，完善知识产权制度体系建设，深化产学研政合作，营造更加开放的天然气产业创新环境。

全员参与原则。必须坚持发挥科技市场机制作用与产业管控相结合、天然气骨干企业推动与员工参与相结合，把推进天然气产业创新驱动发展变成广大员工的自觉行动，加强各方面协调配合，实现全员、全方位、全过程协调推进。

(三)总体目标

完善天然气产业研发机构,完成科技创新团队建设。加快完善以特低渗透气田、非常规能源勘探开发为特色的天然气勘探开发研发机构,形成特色研究团队,在 CO_2 清洁压裂技术、页岩气勘探开发技术等方面深入理论研究和实践应用,形成完整的具有天然气产业特色的世界领先技术。

研发投入强度大幅提高。前沿技术研究投入持续增加,研发投入强度明显提升,科技投入达到主营业务收入的4%,科技进步贡献率力争达到全国平均水平(55%以上),科技创新投融资渠道进一步拓展。基本建成符合天然气产业实际的科技创新体系,自主创新能力大幅提升,形成低渗及特低渗天然气资源、非常规能源勘探开发和综合利用自有核心技术,为建设国内一流世界知名的天然气产业提供技术支撑。

完成天然气综合利用技术体系建设。整合优化现有的研发机构,提升科技创新水平,组建具有国内外一流水平科技创新机构和专业团队,使天然气产业在资源综合利用、CO_2 减排、能源消耗、环境保护等综合水平处于世界先进行列。

完成天然气产业科技创新基础建设,加强应用基础研究,科技创新能力大幅提升。完成新建研发平台建设和升级,建成国家级和省部级工程中心和重点实验室。进一步完善创新项目库、专家库,建立科技创新信息化管理平台,形成以科技研发中心为主体的技术支持体系。包括完善项目立项机制,建立科研立项承诺制度和科技投入回报机制,建立和完善科技创新评价、激励、转化等机制,推进应用性技术研发、技术支持和技术推广的市场化改革等。

二、科技创新体系设计

（一）体系结构

一般认为，产业科技创新体系具体包括企业创新机制（动力机制、激励机制、约束机制、支撑机制和运行机制）、产学研合作体系、基础研究体系、技术引进体系、重大技术攻关及产业化体系、中介服务体系、政策支持体系等组成。

天然气产业科技创新体系是一个体系之间耦合的复杂系统，不仅要构筑完整的要素体系，更要揭示各要素体系之间的耦合和作用机制。因此，根据天然气产业的实际情况以及天然气科学技术的发展态势，在前人研究基础上，建立一种基于系统效率耦合的复杂科技创新体系。它由科技战略决策管理体系、研发组织网络体系、科技项目运行与保障体系、科技平台与技术市场体系、增值利用的知识管理体系、科技创新绩效评估体系等6个子体系构成（图2-1）。

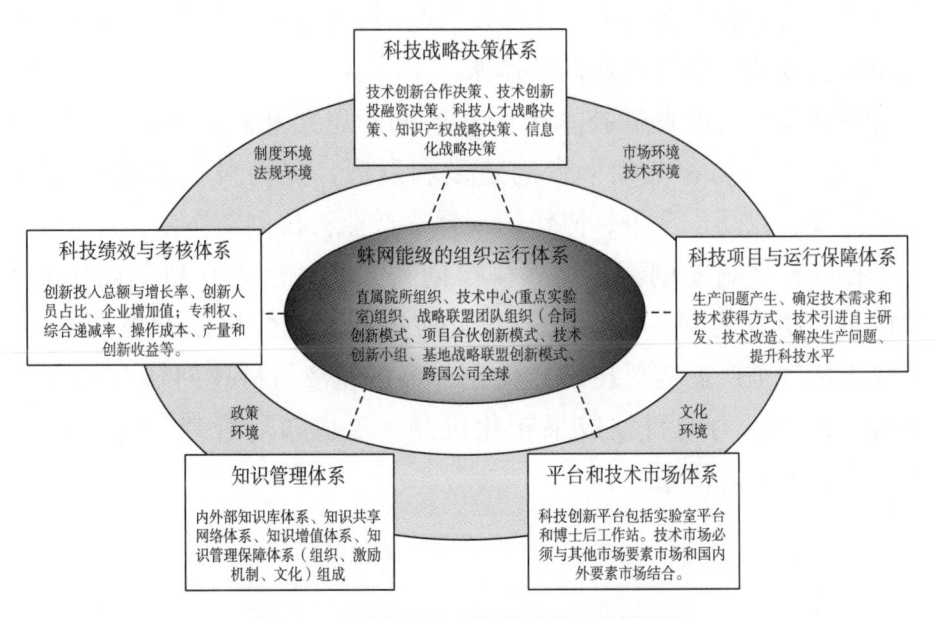

图 2-1 天然气产业创新体系的结构模型图

（二）主要保障措施

在构建科技创新体系中，6个子体系要同时进行建设，协同发展。

营造有利于创新的环境和条件，运用政策和手段，鼓励创新、支持创新。遵循天然气产业科技创新自身发展规律，以天然气产业链企业共同利益为目标，建立政府政策引导、市场机制调节、企业自主、科技与经济结合的天然气产业科技创新体系。

建立有利于科技创新的现代企业制度，建立并完善科技政策体系和法律体系，完善天然气产业中长期发展的科技创新体制架构，统筹协调科技行政管理体制，统一规划、部署天然气产业基础研究、前沿科技创新与应用技术研发及产业化工作，确立天然气企业创新的主体地位，确保科技创新体系的整体性和延续性。

依据市场机制对科技创新资源需求的敏感性、资源配置效率和能力的差异性，优化配置资源，吸引外部资源向企业流动，减轻企业的研发成本，提高资源使用效率，形成核心技术能力。建成为具有相当经济规模、拥有自主知识产权、具有较强国际核心竞争力研发团队组成的天然气产业创新体系。

明确天然气产业链技术市场发展的新思路和新任务，全面加强天然气技术市场和基础平台的建设和发展，提高科技创新执行力，形成开放、流动、竞争、协作的天然气产业科技创新体系。

抓好科技制度创新，培养科技创新人才，建立有利于创新的人才机制、动力机制、投入机制、激励机制、分配机制和竞争机制，形成天然气全产业链科技结构优化、市场经济与科技创新有机结合、富有生机和活力的科技成果转化机制，形成布局合理、精干高效、纵深配置的研发体系。

第四节　天然气产业科技创新体系结构内容

一、科技战略决策管理体系

(一)科技战略决策管理机制

科技创新战略决策体系是科技创新体系运行的智囊和指挥中心。天然气产业要有一套完整的领导决策、组织协调和检查监督体系，保证科技创新体系的资源整体有正确的发展方向，使其各组成要素之间协调发展，促进科技创新活动达到预期的效果。科技战略决策管理指为科技创新活动提供其不同时期所需的各种经济、技术、管理、培训、政策等方面的服务，包括科技成果转化，技术转移过程中的评估，在创新的市场前景方面的评估，在创新投资时的投资和风险保障时的评估等。

科技战略决策管理体系包括技术创新体制与项目运行决策、技术创新战略与规划决策、技术创新人才战略决策、技术创新投融资战略决策，核心技术与知识产权战略决策、信息化战略决策等(图 2-2)。科技战略决策管理系统是由企业的技术创新决策活动以及与决策活动有关的机构所组成的有机系统，其建设的最终目的是为科技创新的顺利进行，在科技创新开展中发挥着"黏合剂结构组合器"与"功能发挥器"的作用。

(二)科技战略决策管理目标

以科学发展观为指导，坚持创新驱动发展，深入贯彻落实"自主创新、重点跨越、支撑发展、引领未来"的科技方针和"主营业务战略驱动、发展目标导向、顶层设计"的科技发展理念，按照打造世界水平的天然气研发中心的总体定位和要求，加大原始创新、集成创新、引进消化吸收再创新和成果转化应用力度，集成天然气专业领域核心技术系列、以完善科技创新组织体系为重点，建设以专业技术研发体系、实验基础平台、博士后工作站为主体的科技研发体系，带动自主创新能力不断提升，支撑引领天然气产业发展。

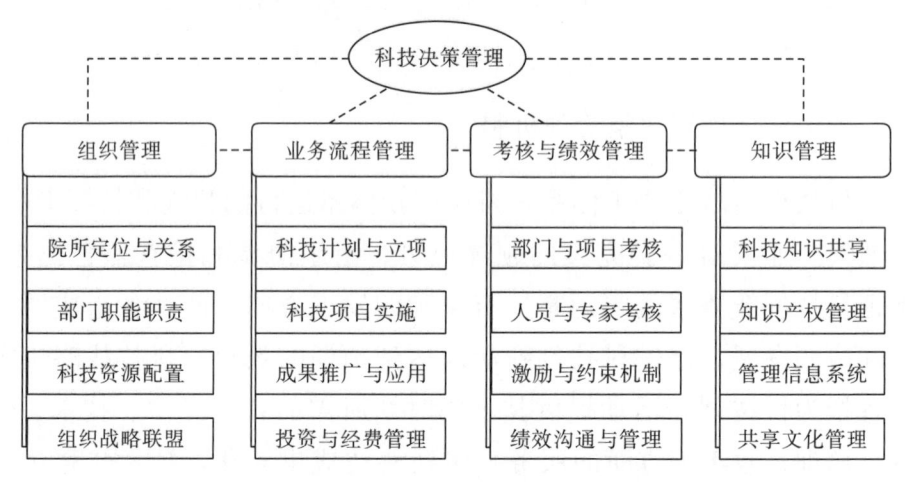

```
                    科技决策管理
    ┌───────────┬─────────┴──────┬──────────┐
  组织管理    业务流程管理    考核与绩效管理   知识管理
  ─────────   ─────────────   ─────────────   ──────────
  院所定位与关系  科技计划与立项   部门与项目考核   科技知识共享
  部门职能职责   科技项目实施    人员与专家考核   知识产权管理
  科技资源配置   成果推广与应用   激励与约束机制   管理信息系统
  组织战略联盟   投资与经费管理   绩效沟通与管理   共享文化管理
```

图 2-2　科技战略决策管理的主要业务流程与内容

二、研发组织网络体系

（一）构筑思路

根据蛛网能级组织模式结构与特征，构建天然气产业研发组织模式。天然气产业科技创新体系以技术创新的研发组织结构为中心，体系是结构配置的结果。从天然气产业经营目标和科技创新目标来考虑组织结构，科技创新目标应考虑包括创新计划的战略目标、创新的规模和技术变革程度、创新的资源条件、人员素质和面临的市场环境等因素。

引入科技蛛网战略联盟组织形态，加速科技进步与创新。从科学技术的集聚效应来看，天然气产业通过调动和利用战略网络中的各种资源并将其集中为科技创新所用，从而使单凭企业内部开发难以成功的科技项目在聚合资源的情况下得以实现,由此还可推动科技创新和组织学习。因此,天然气产业需要建立科技战略网络,依托各方力量,超越自身资源与能力的局限,充分利用网络资源进行科技创新,并大力提高自身的科技创新能力。

重视技术进步对产业结构变化的影响。如果产业组织结构对科学技术成果的吸收和生产技术创新缺乏动力,就会阻碍企业技术创新和产业技术进步,影响先进技术和科技成果作用的发挥。技术进步对产业结构变动的影响可从供给和需求两方面进行分析。一方面,技术进步要求产业组织进行创新,建立新型、高效的产业组织形态及产业组织结构与之相适应;另一方面,产业组织结构的更新,使得新技术、新工艺、新设备有了更大的利用空间,由此推动技术进步以更高的速度向前发展。

(二)组织模式

天然气产业创新体系中的组织创新就是对科技创新主体中的各个部分进行重新构造。结合天然气产业体系特点,按照6个主体专业方向,每个主体专业方向按照3个能级或层次配置组织资源,构筑成天然气产业科技创新蛛网能级组织模式(图2-3)。每个科技创新蛛网能级中包括决策组织体系、研发组织体系、科技成果转化协作组织体系、知识管理组织体系、绩效考核组织体系等。

科技创新蛛网能级组织体系是复杂体系的资源配置中心。蛛网能级组织体系的基本功能是促进科技创新资源的有效使用,提高科技创新的效率。对于科技创新来说,关键的问题是如何形成不断创新的组织机制。其创新能力受制于创新群体所受教育、科学素养、研究水平、经验,事业心和品德、毅力,产、学、研之间的和谐协调度,潜在于社会中的创新理论研究的深度与广度等。

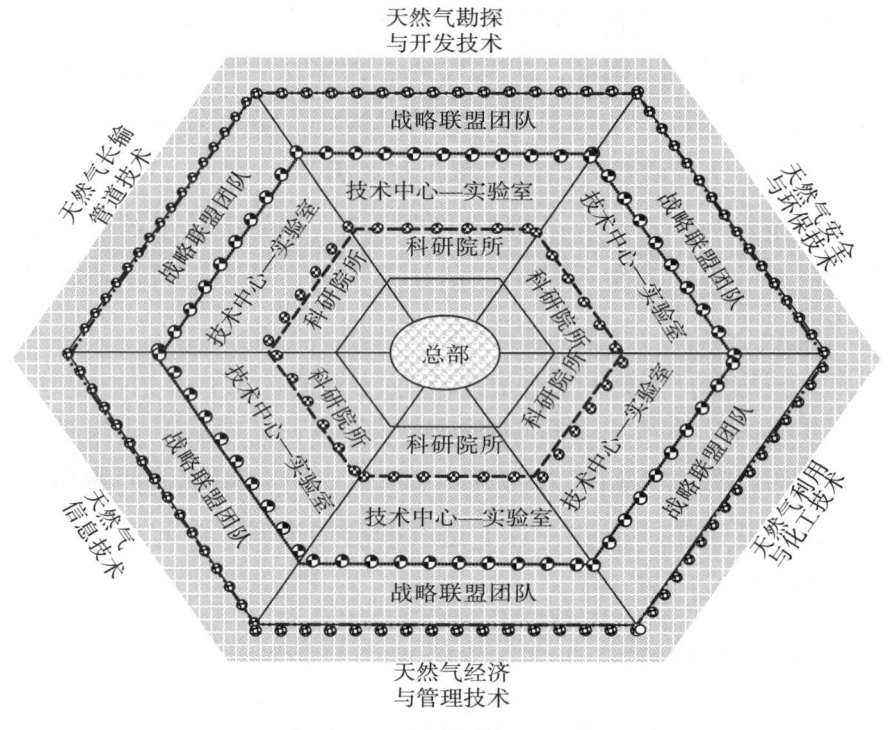

图 2-3　天然气产业科技创新蛛网能级组织模式

三、科技项目运行与保障体系

(一)构筑思路

科技项目运行体系构筑思路:一是依据大石油公司科研项目管理模式与特点(图 2-4);二是技术创新运行推动自主创新,提高天然气产业竞争力;三是根据天然气产业科技战略的关键业务流程,在试点基础上逐渐推进科技项目管理,建立和完善相应的配套制度与措施。

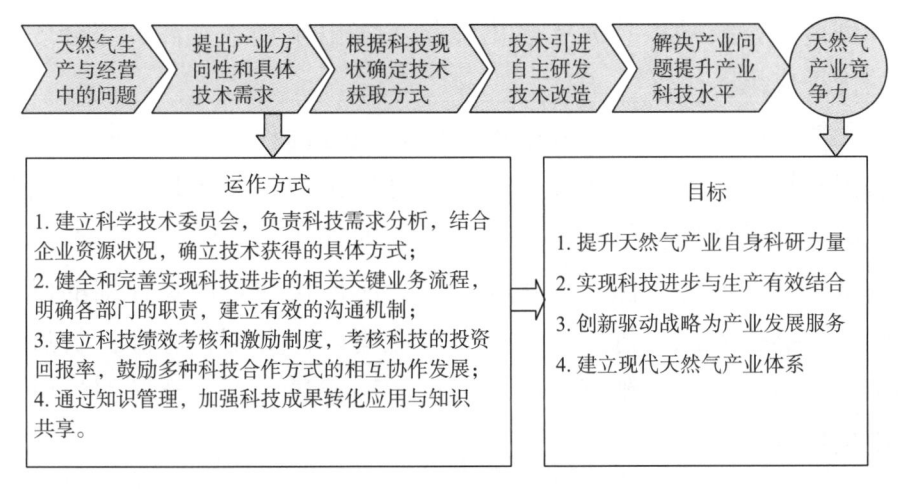

```
天然气生  →  提出产业方  →  根据科技现  →  技术引进  →  解决产业问  →  天然气
产与经营     向性和具体     状确定技术     自主研发     题提升产业     产业竞
中的问题     技术需求       获取方式       技术改造     科技水平       争力
```

运作方式
1. 建立科学技术委员会，负责科技需求分析，结合企业资源状况，确立技术获得的具体方式；
2. 健全和完善实现科技进步的相关关键业务流程，明确各部门的职责，建立有效的沟通机制；
3. 建立科技绩效考核和激励制度，考核科技的投资回报率，鼓励多种科技合作方式的相互协作发展；
4. 通过知识管理，加强科技成果转化应用与知识共享。

目标
1. 提升天然气产业自身科研力量
2. 实现科技进步与生产有效结合
3. 创新驱动战略为产业发展服务
4. 建立现代天然气产业体系

图 2-4 科研项目管理模式

(二) 项目运行体系

依据上述三项依据，构筑能支持战略科技创新体系实施的项目运行体系框架(图 2-5)。

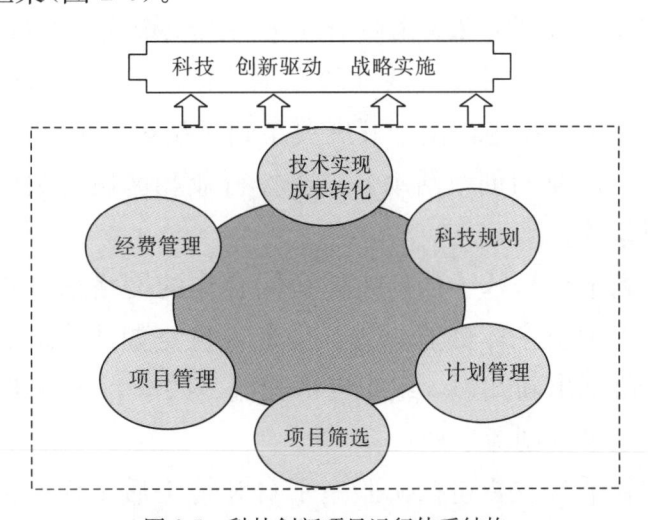

科技　创新驱动　战略实施

- 技术实现成果转化
- 科技规划
- 计划管理
- 项目筛选
- 项目管理
- 经费管理

图 2-5 科技创新项目运行体系结构

通过实施科技项目管理引入竞争机制，逐渐打破地区之间、单位之间、产业内外的界限，建立起产业内外联合、竞争有序、运转高效的灵活机制，创造并强化科技基础，为关键技术研发创造条件，最大限度地激发科技活力，充分调动和发挥好广大科技人才的积极性和创造性，鼓励科技人才多出成果，多出质量水平高、综合效益好的优秀成果。

天然气产业重点项目要按项目管理规范运作。如中国石油西南油气田实行项目经理负责制，项目经理通过项目管理培训，做到持证上岗。项目经理要依据年度计划下达的任务，组织技术路线的确定，采用结构分解方法，细化项目的分阶段设计，制定详细的以里程碑为关键控制点的进度计划；要按照周（月）分配任务和进行进度小结，按照月度进行预算安排和费用控制差异分析；要按照里程碑控制项目进度。

四、科技平台与技术市场体系

（一）科技创新平台

科技创新平台可定义为由政府或某一组织牵头，通过政策支撑、投入引导，汇集具有科技关联性的多主体创新要素，形成一定规模的投资额度与条件设施，便于开展关系到科技重大突破、长远发展、国家经济稳定需要的创新活动，以支撑行业和区域自主创新与科技进步的集成系统。

科技创新平台是基于创新主体协同合作的网络信息资源价值创造平台，不仅创新主体受益，对社会来说也是如此。组织现有的分析技术可以凝练出新知识，组织内部交流、共享、学习知识和技术，多方面地促进平台创新水平。

科技创新平台主要包括实验室平台和博士后工作站两部分。如西南油气田实验室建设始于20世纪50年代初的地质实验室和开发实验室建设，经过持续不断的建设与完善，现已形成国家、省、中国石油、公司四位一体的科技创新基础平台体系，全面推动和促进了天然气产业链基础平台水平与科技创新能力的大幅提升。

(二)技术市场

科技创新离不开在产业层面及国家层面的市场完善,包括现代天然气市场体系和能源要素市场体系。技术市场作为要素市场之一,必须与其他要素(如人才、信息、资本、产权、土地等)市场和整个中国要素市场,甚至世界要素市场结合。

天然气产业应在行业技术市场和要素市场的建设和完善方面发挥重要作用。加快技术市场法规和政策环境建设,加强对技术市场工作的领导,促进技术市场的发展,更好地发挥技术市场在优化配置科技资源中的基础作用,为技术创新提供切实保障,成为充分利用全球科技资源,促进国际技术转移的重要渠道。

五、增值利用的知识管理体系

(一)知识管理的内涵及作用

天然气产业经济增长从主要依靠资本积累转向主要依赖知识更新和积累,加强科技创新知识管理,提高天然气产业整体创新能力,是天然气产业可持续发展的必然选择。因此,天然气产业科技创新体系的基础建设的核心就是建立知识管理体系。

知识管理不同于信息管理,它是通过知识共享,运用集体智慧提高应变和创新能力。知识管理就是以知识为核心的管理,即利用市场手段、现代信息手段等对天然气产业已有的或获取的知识实施管理,促使知识由潜在的生产力变为现实的生产力。知识管理就是为产业企业实现显性知识和隐性知识共享寻找新的途径。

天然气产业实施知识管理的作用在于通过知识共享、运用集体智慧提高组织的应变和创新能力,增加组织整体知识的存量与价值,具体表现在:①提升组织个体与整体的知识学习能力,促进组织内部的知识流通,有效发挥组织内个体成员的知识能力与开发潜能,提升成员获取知识的效率,指导组织知识创新的方向,加快组织内部知识转移。分享组织内优良榜样与范例,促进学习,激发创新能力;②形成有利于知识创新的产业文化与价值观;③应用知识以提升技术、产品、服务创新的绩效以及组织整体对外的竞争力;协助组织发展核心技术能力;确保品质,增进顾客服务。记录用户资讯,掌握顾客需求,并确保作业执行的一致性与执行成果之品质;④增进企业形象与商誉。建立企业优良形象与商誉,并吸引与维持优秀人才,建立竞争优势;⑤加快作业与学习速度,降低成本。如实施"数字气田"战略以信息化带动勘探开发,协助快速寻找相关资料与经验,缩短作业时间。透过知识管理,加快学习速度,避免不必要的重复工作,降低作业成本。

(二)知识管理体系结构

知识管理系统作为科技创新体系的保障系统,要抓好知识资源的整合、集成和共享。构筑有效知识管理应考虑以下几方面问题:第一,要建立一个能为公开的组织学习和交流提供完好基础设施的网络,以充分利用组织内部以及外部大量可编码的知识,使组织创新和学习建立在高效的信息网络基础上;第二,建立有利于组织成员彼此进行合作的创造性方式和激励组织成员参与知识共享的机制;第三,借助组织创新形成创造型组织视野和相应的文化氛围,鼓励职能部门、项目组和组织成员之间建立广泛、及时、不间断的交流制度,以利于组织的学习与创新;第四,遵从知识创造价值机制,重视知识管理的作用;第五,有利于天然气产业科技创新体系的建设。

天然气产业科技创新的核心价值是以知识和技术创新为主体的成果的转化价值,知识管理体系的中心目标就是这些成果的增值利用。知识管理体系是由内外部知识库子体系、知识共享网络子体系、知识增值子体系、知识管理保障子体系(组织、激励机制、文化)组成。因此,增值利用的知识管理体系结构如图2-6所示。

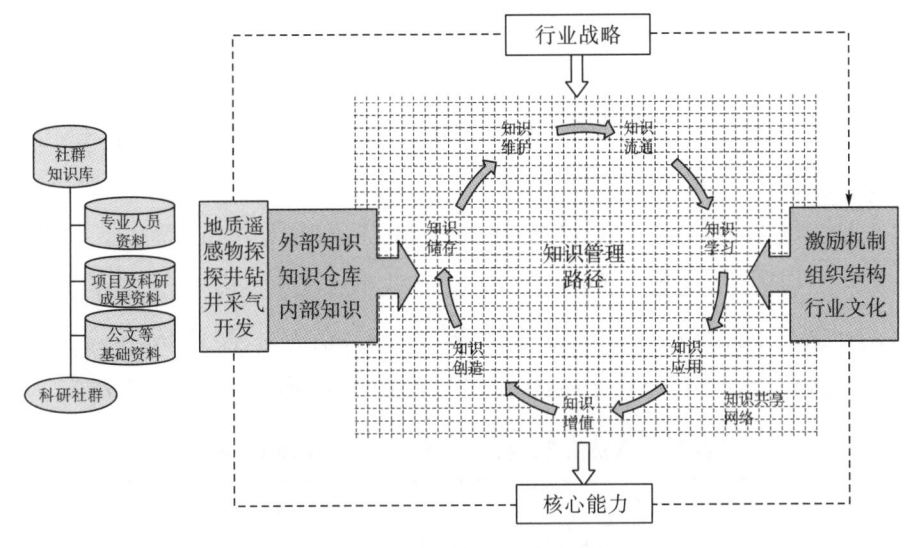

图 2-6　科技创新的知识管理体系

六、科技创新绩效评估体系

对于天然气产业科技创新绩效的评价应是一种对应同一类型单位的多指标投入和多指标产出的有效性评价方法，即一个经济系统或一个生产过程在一定范围内，通过投入一定量的生产要素，产出一定数量"效益"的活动。天然气产业对于前瞻性的技术开发，更加注重的是其对集团企业的长远影响，而对于一般商品的技术开发，则着重于现实的经济效应。

科技创新绩效评价指标体系的建立不仅有利于天然气产业自身的科技创新活动和经营决策，而且有利于同行业不同企业之间的相互比较。为了保证天然气产业科技创新绩效评价的科学性、实用性和正确性，在建立绩效评价指标体系时，应遵循可操作性原则、系统性原则、可比性原则、层次性原则、动态性原则、突出重点原则、绝对指标与相对指标相结合原则。根据以上原则，构造出天然气产业科技创新绩效评价体系及其结构（表 2-1）。

天然气产业科技创新投入指标：反映天然气产业科技在经济增

长过程中技术创新的投入程度,即创新资源的投入,可以用天然气产业科技创新经费总额、工程技术人员总数、技术创新人员占职工总人数百分比、企业增加值年增加额、技术创新经费年增长率等几个主要指标来衡量。

天然气产业科技创新产出效益指标:反映天然气企业技术创新的成果,以及由此成果转化所带来企业收益的增长和成本的降低,可以用专利权授权量、综合递减率、每千立方米操作成本降低额、技术创新新增天然气产量和技术创新收益等几项主要指标来表征。

表 2-1 天然气产业科技创新绩效评价指标体系表

项目	一级指标	二级指标
天然气产业科技创新绩效评价	科技创新投入	天然气技术创新经费总额
		工程技术人员总数
		技术创新人员占总职工人数百分比
		企业增加值年增加额
		技术创新经费年增长率
	科技创新产出效益	研发机构创新能力评估
		科技对勘探开发经济效益评估,如降低气藏综合递减率、天然气操作成本降低额、技术创新增加气产量等
		科技对经济社会发展贡献评估
		管理创新绩效评估
		科技人才培训评估
		科技贡献率评估

第三章 天然气产业链研发组织体系建设与优化

第一节 天然气产业科技研发组织架构设计

一、科技研发体系现状与适应性

(一)研发体系现状

中石油西南油气田现拥有勘探开发研究院、采气工程研究院、天然气研究院、安全环保与技术监督研究院、天然气经济研究所5个直属科研院所,通信与信息技术中心、勘探开发数据中心(挂靠)和海外技术支持中心(挂靠)3个技术支持中心,8个以支撑现场生产为主的三级科研机构,同时设有博士后科研工作站和6个分站(图3-1)。

西南油气田科研队伍共有2749人,其中专业技术人员1545人,占科研队伍的56%,科技管理人员403人,操作服务人员801人。从职称结构看,技术人员中正高级18人,占专业技术人员的1.16%,副高级249人,占专业技术人员的16.11%,中级762人,占专业技术人员的49.3%;管理人员中有正高级职称的9人,占科技管理人员总数的2.23%,副高级职称104人,占科技管理人员总数的26%,中级职称178人,占操作人员总数的48.5%。从学历结构看,科研队伍中共有博士和硕士研究生662人,占专业技术人员的44.16%。其中博士71人,研究生552人。

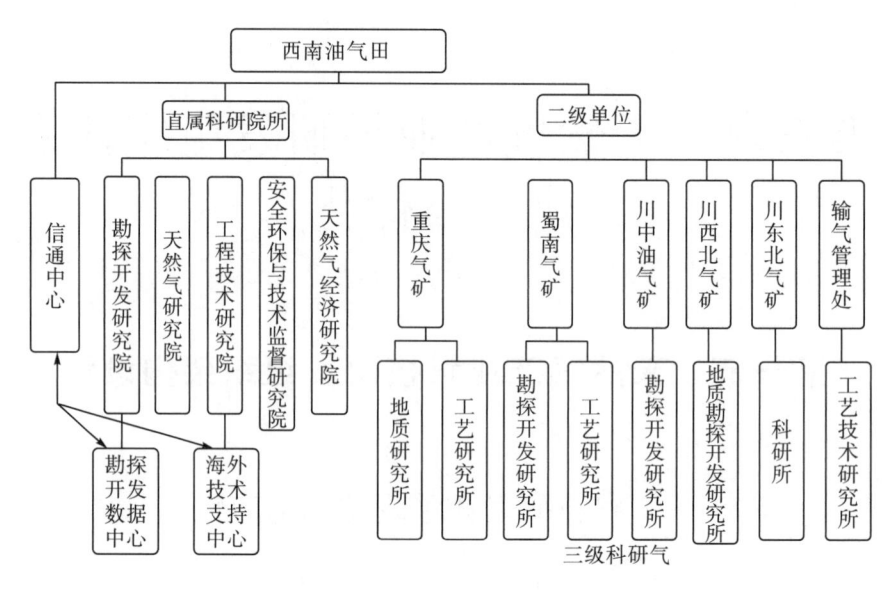

图 3-1　西南油气田公司科技组织体系

1. 直属科研院所

勘探开发研究院：负责分公司勘探开发部署、方案优化论证、勘探开发基础理论及应用技术研发与推广，同时承担勘探开发数据管理与应用服务。

天然气研究院：负责分公司天然气分析测试、计量、净化和油气田腐蚀防护与油气田开发化学技术的研发与评价、地面工程优化设计以及分公司质量体系和标准体系建设与管理相关工作。

工程技术研究院：负责井工程特色技术研发与推广、技术评价与筛选、方案编制与设计、现场监督与质量检测以及井筒完整性管理的技术支持、跟踪评价等工作。

安全环保与技术监督研究院：负责分公司安全环保、节能减排、管道检测与完整性管理、工程质量与 HSE 监督及培训等方面的技术支撑、技术研发与推广应用工作。

天然气经济研究所：负责分公司天然气市场营销、企业战略与规划、技术经济评价的决策支持工作。

2. 通信与信息中心

负责信息系统建设和运维；二级单位信息技术支持；信息安全支持；集团西南区域中心运行管理。

3. 生产单位科研所

为西南油气田分公司"技术推广应用"和各单位"生产技术支持"部门。主要负责本单位生产技术决策参谋、生产动态跟踪、现场技术支持、成果应用推广。

4. 博士后科研工作站

2004 年成立，由科技处和人事处组成的博管办负责日常工作，工作站下辖 6 个博士后分站，专业面涵盖西南油气田全部主体专业方向。博士后工作站已经成为西南油气田高水平人才培养和自主创新的重要平台。

5. 挂靠机构

勘探与生产数据中心：挂靠勘探开发研究院，主要负责集团公司、西南油气田统建统推的勘探开发、管道场站、地理信息等专业系统、数据资源和集群计算系统的建设、应用和运维管理。

海外技术支持中心：由 5 个研究院所联合组成，主要负责为阿姆河天然气勘探开发提供技术支持和服务；承担或参与海外天然气项目技术和人才培训。

(二)研发体系适应性

1. 科技组织机构职能定位界面不清晰

现有组织机构已不能完全满足油气田发展对技术的需求，需加强短板查找，持续开展科技资源的优化。"十二五"期间，在项目设置上未完全根据生产需要和研究单位特点统筹安排，直属院所科技组织机构间存在重复研究、项目重叠的现象，影响了研发的效率和整体水平。比如工程技术研究院工程技术应用业务和天然气研究院油田化学研究存在交叉重叠。特别是针对一些重大工程项目，各科技组织机构还缺乏强有力的技术引导和推广应用，需进一步加强协作和沟通，明晰各机构职能定位，避免重复、低效研究。五矿一处一厂也存在研发机构不健全的情况，部分生产单位需新增地质或工艺技术研究所，以保证对生产的支撑。

2. 两级院所专业结构还需进一步完善

油气田的核心资产是可采储量，最大效益是获得高产井。科技创新和技术应用，要围绕寻找规模优质储量目标，围绕获得高产井，围绕筛选先进适用的钻完井和地面工程工艺技术来组织开展工作。西南油气田目前的钻井设计、工程方案及项目研究的技术力量不足，尚需依靠乙方川庆钻探工程公司钻采工艺技术研究院共同完成，从西南油气田未来发展角度讲，在钻井、试油及质量控制检测方面存在明显的短板，需要补全补齐相应技术力量，建立一支自己的技术专家队伍，专门从事钻井技术研究，为西南油气田的技术决策贡献力量。另外，还应加强物探、测井以及地质评价人员的队伍建设和人才引进。同时，根据西南油气田勘探开发部署、物探、页岩气、数据建设等业务工作量的增长，急需地质勘探、地球物理、开发地质、页岩气、信息工程等专业领域技术人员。

二、研发组织模式架构

市场化条件下，天然气产业的组织结构转型应根据产业实际，与现代企业制度保持同步发展。研发组织发展应以网络模型为主，拓宽组织资源配置方式，技术进步与组织结构优化，根据蛛网能级组织模式结构与特征，构建天然气产业研发组织模式。重视技术进步对产业结构变化的影响,加速科技进步与创新。为了适应技术创新战略的要求,天然气产业科技的研究开发系统应形成一个全方位、多层次、敞开式的创新网络。

随着油气勘探和油气田开发对象的日趋复杂,天然气产业面临着许多技术难题,需要有新思路、新理论和新技术,需要多学科的交叉与综合,应灵活采用6种蛛网战略联盟创新模式,即合同创新模式、项目合伙创新模式、技术创新联合小组、基地战略联盟创新模式、加强"两站一盟"的建设与管理、组建跨国公司全球研发网络,构筑成天然气产业科技创新蛛网能级组织模式。

结合天然气产业特点,按照6个主体专业方向(天然气勘探与开发技术、天然气长输管道技术、天然气利用与化工技术、天然气安全与环保技术、天然气信息技术、天然气经济与管理技术),每个主体专业方向按照3个能级或层次(直属科研院所、技术中心〈重点实验室〉、战略联盟团队)配置组织资源,详见图2-3。

三、研发组织体系建设策略

天然气产业科技创新研发组织体系的实施是一项系统工程,它直接关系到科技战略的成败,也直接关系到天然气产业整体竞争力的提高。作为科技创新体系的组织系统建设,必须以超前的思维、开阔的视野和战略的眼光管好科技创新的方向和发展目标,主要体现在以下方面。

(一)完善油气田科研院所职能定位

立足业务发展支撑,构建"层次清晰、布局合理、分工明确、精干高效"科研组织体系,提高技术研发水平和决策支持能力。到"十三五"末,形成"五院三中心十一所"格局,在气矿、净化总厂新建3个研究所。直属科研院所主要是开展支撑、引领西南油气田主营业务发展的基础、超前、重大和共性关键技术研究。主要生产单位下属研究所主要负责技术的推广应用及新技术的现场实验等工作，为产能建设和现场维护等提供服务和支持，全面支撑西南油气田主营业务发展。

五院：5家直属研究院（所），充分发挥直属科研院所在西南油气田科技创新中的主导作用，进一步优化直属科研院所组织体系，加强地质研究、井位部署、井工程和地面工程设计等方面的技术力量。

三中心：勘探开发数据中心、海外技术支持中心、通信与信息技术中心。

十一所：完善"五矿一处一厂"所属研究机构，5个矿区构建地质研究所和工艺研究所，输气处保留工艺研究所，在气矿、净化总厂新建3个研究所，全面支撑西南油气田主营业务发展。

（二）强化科技创新驱动运行机制

天然气产业各级领导要牢固树立科技第一生产力的观点，坚持以效益为中心，要从战略高度充分认识科技工作的重要性和紧迫性，必须把发展科技提到重要议事日程，建立和完善和科技创新机制，促进科技创新体系建设。

促使企业真正成为技术创新的主体，积极探索新体制下天然气产业科技工作的运行机制，建立和完善配套的相关政策与措施。

按照天然气发展要求，进一步实施研发机构和院所的重组工作，建立并完善的人才考核评价机制。

坚持突出重点、科技创新与科技增效的原则，进一步加大对科技的投入。进一步完善科技项目的决策机制，把握投资方向和力度。充分运用专家机制，从生产组织管理部门和天然气勘探开发、生产与企业管理需要出发，搞好科研项目立项的技术经济论证。

第二节 天然气勘探开发研发组织体系

一、勘探开发研发机构建设现状

西南油气田勘探开发研究院始建于 1953 年,是石油天然气勘探开发行业中建院较早,集石油天然气地质勘探、油气田开发、地质开发试验和计算机应用等为一体的综合性应用科学研发机构,也是西南油气田勘探开发过程中的重要参谋和支撑机构。主要任务是围绕西南油气田的战略发展目标,组织开展各类油气勘探开发科技攻关,编制中长期勘探开发规划、年度部署、油气田开发方案及调整方案等,也承担着西南油气田油气田勘探与生产的数据建设、管理和服务等工作,并为海外天然气项目提供勘探开发技术支持和技术服务。勘探开发研究院为西南油气田开拓油气勘探新领域、扩大后备资源和科学、合理、高效地开发油气田提供着重要的科学依据。

长期以来,勘探开发研究院弘扬中国石油"爱国、创业、求实、奉献"的企业精神,为石油工业特别是天然气工业的发展做出了积极贡献。50 多年来,勘探开发研究院坚定不移地走科技创新和技术进步之路,在国内的油气勘探开发领域形成了天然气勘探、气藏工程、油气信息、标准化编制等 4 大类共 82 项独具特色和竞争优势的技术,其中大多处于国内领先水平,为西南油气田的增储上产发挥了重要作用。

勘探与生产数据中心:挂靠勘探开发研究院,主要负责西南油气田统建统推的勘探开发、管道场站、地理信息等专业系统、数据资源和集群计算系统的建设、应用和运维管理。

海外技术支持中心:由 5 个研究院所联合组成,主要负责为阿姆河天然气勘探开发提供技术支持和服务;承担或参与海外天然气项目技术和科技人才培训。

矿处级单位科研所：结合生产实际和需要开展地质、开发及工艺等应用技术研究及推广，为现场生产提供技术支撑和服务。

二、勘探开发研发机构发展规划

勘探开发研究院：是集石油天然气地质、地球物理勘探、油气田开发、地质开发实验和计算机应用为一体的综合性研发机构，定位为西南油气田勘探开发的"一部三中心"：即勘探开发决策参谋部、技术研发中心、技术支持中心和数据管理与服务中心。主要负责西南油气田勘探开发部署、方案优化论证、勘探开发基础理论及应用技术研究与推广，同时承担勘探开发数据管理与应用服务等工作。

发展目标：按照"做大做强"的发展思路，吸引和培养一批专业技术人才，打造一支高素质的天然气勘探开发和信息化建设队伍。努力建成"业绩一流、特色鲜明、技术有形"，具有国际先进水平的一流天然气勘探开发研究院。做大天然气勘探开发研发实力，大力推进地质理论创新和技术进步，不断提升在深层海相碳酸盐岩领域技术优势和话语权；做强天然气勘探开发部署、方案编制、数据服务以及现场跟踪等支持业务，充分发挥主力军作用；力争成为国内天然气勘探开发技术的引领者、标准的制定者和生产的主导者。

围绕西南油气田对勘探开发研究院最新定位和新的任务要求，在西南油气田有质量有效益可持续发展方针的指导下，充分发挥技术带头和技术引领作用，全面服务、支撑好西南油气田勘探开发发展战略需要，全面提升西南油气田科技创新和业务支撑保障能力，努力打造"业绩一流、特色鲜明、人才辈出、技术有形"，具有国际先进水平的一流天然气勘探开发研究院。拟对机构设置作进一步调整优化，完善研发组织体系，全面提升西南油气田科技创新和业务支撑保障能力，规划建成11所7中心：本部依靠现有机构资源重组建设6所7中心，并依托气矿科研所组建5个区域勘探开发研究所，发挥勘探技术与气藏工程的整体技术优势(图3-2)。

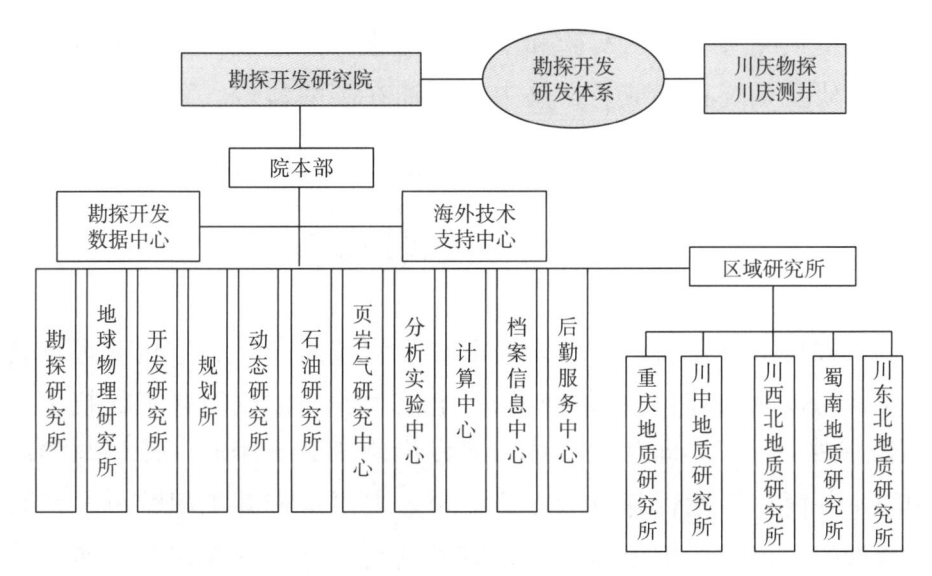

图 3-2　勘探开发研发体系远景

第三节　天然气工程技术研发组织体系

一、工程技术研发机构建设现状

工程技术研究院作为西南油气田采气工程的技术支撑单位和参谋部，是建设中国一流天然气工业基地的技术支撑单位之一，西南油气田工程技术监督中心隶属该院。主要从事油气井工程、采气工艺、增产工艺技术及配套工具研制、软件开发应用，采气工艺及增产技术室内实验评价、工程技术推广，以及勘探开发钻井、地质监督管理等工作。现有员工420多人，固定资产总值2.1亿多元，装备有世界先进水平的工程设备、实验装置及现场分析软件等210多台套。拥有国家专利技术、专有技术15项，其中达到国际先进水平7项。有9项达到国际先进水平，30项达到国内先进水平，获省部级和局级科技进步奖82项。

工程技术研究院目前已成为采气工艺研究与装备研制的科教基

地，并提供完善的室内实验和工程技术服务；已成为中国天然气工程技术研发系统核心成员；是中国石油在碳酸盐岩气藏开采的技术支撑单位。

二、工程技术研发机构发展规划

工程技术研究院：西南油气田井工程技术研发、应用、现场技术监督与检测的综合性研发机构，定位为西南油气田井工程技术的"三中心一平台"：即井工程技术研发中心、设计中心、监督与检测中心、井筒完整性管理技术支持平台。主要负责井工程特色技术研发与推广、技术评价与筛选、方案编制与设计、现场监督与质量检测以及井筒完整性管理的技术支持、跟踪评价等工作。

发展目标：按照"做优做强"的发展思路，围绕井工程提质增效，着力建设国内领先、国际先进的井工程技术研究院。做优钻采工程设计业务，不断提升井工程技术方案编制和单井设计水平，提升现场监督和检测的话语权；做强井工程特色技术实力，进一步强化以提高单井产量为核心的储层改造技术，完善配套以提高采收率为核心的稳产技术，大力发展井筒完整性管理的支撑保障技术，持续保持在国内采气工程技术领域的领先优势。

规划部署：在工程技术研究院的基础上，加强钻井、试油、现场质量检测与控制等技术支撑，发挥钻井工程、固井完井、试油修井、压裂酸化、采气工艺、工程技术监督的整体技术优势。

围绕西南油气田对工程技术研究院"一部三中心"的最新定位和新的任务要求，在工程技术研究院的基础上建设西南油气田工程技术研究院，立足"井工程"全过程与生命周期的技术研究、技术决策、技术推广、质量控制和技术人才队伍建设，按照专业技术链条进行系统梳理，优化补强工程技术力量，构建适应"油公司"管理模式下的工程技术研究院。同时，在工程技术研究院的基础上，加强钻井、试油、现场质量检测与控制等技术支撑，发挥钻井工程、固井完井、试油修井、压裂酸化、采气工艺、工程技术监督的整体技术优势。建设天然气开采领域国内领先、国际先进的工程技术研究院。

以工程技术研究院为基础，依托现有科技资源，在本部规划建设11所1中心4实验室，并依托二级单位工艺研究所组成4个区域工艺研究所，发挥采气工艺及工程研究、钻井监督技术支持的整体技术优势。发挥钻井工程、固井完井、试油修井、压裂酸化、油田化学、采气工艺、工程技术监督的整体技术优势(图3-3)。

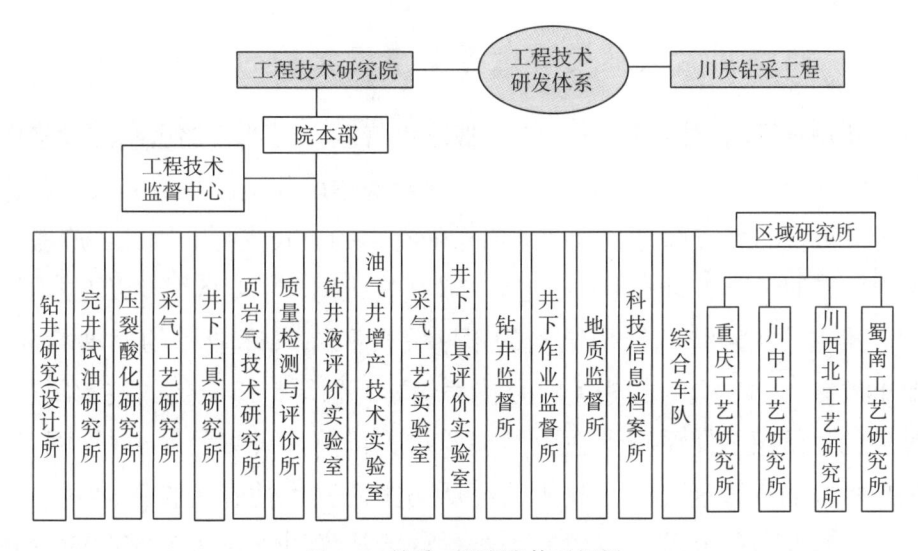

图 3-3 钻采工程研发体系规划

第四节 天然气储运与化工研发组织体系

一、天然气储运研发机构建设现状与规划

(一)储运专业研发机构发展现状

天然气储运及计量技术研发体系：完善以地面防腐、管道安全运营、储气库技术、计量技术为重点的专业技术研发力量，2012年12月，整合天然气计量检测中心，成立天然气流量测试研究所，建

成天然气质量控制与能量计量中国石油重点实验室，形成了整体水平达到国际先进的分析检测技术、计量技术。联合输气管理处科研所、安全环保与技术监督研究院管道检测中心，以及 CPE 西南公司，形成以地面防腐、管道安全运营、储气库技术、计量技术为重点的储运及储气库技术专业研发力量。

（二）储运专业研发机构设想

1. 设立川渝天然气储运专业研发机构的主要依据

川渝地区将建成 300 亿立方米战略大气区，天然气储运基础设施作为天然气产业链中游环节，其科学合理规划建设和运营是战略大气区建设十分重要的组成部分，这必须依靠强有力的科技支撑。因此，应考虑设立西南油气田层面的综合性储运专业研发机构，主要依据有以下方面。

第一，川渝特色管网结构的不断完善和储气库业务的发展壮大，要求"储"和"运"的相关配套技术支撑，必须整体有效的技术跟进，分散的科研组织体系很难适应发展要求。目前，天然气管道（管网）工艺技术以输气管理处工艺技术研究所为主，完整性管理技术以安全与环保技术监督研究院管特中心为主，计量技术以天然气研究院流量测试研究所为主，设计技术以 CPE 西南分公司为主，施工技术则没有专门的研究机构，而极具综合性的储气库建库和运营技术完全分散于各科研院所。这既不利于研发业务统一部署和科技力量整合，导致研发效率低下、集成创新难度大，还可能给其他研究机构造成"负担"。

第二，设立综合性储运专业研发机构有利于打造川渝特色的天然气产业研发体系，从而在我国天然气产业发展中起到重要的示范作用。川渝天然气工业历史悠久、产业链完整，巩固和发展其历史地位和作用，必须依靠完整的产业链配套技术及其研发体系作为支撑。300 亿立方米战略大气区建设新形势下，储运专业研发机构若继续缺位，将影响天然气产业技术体系研发的完整性。川渝环形管网结构的独特性、储气库"储"和管网"运"在调配上的统一性、产业链的完整性，使得集合力量打造川渝特色储运技术体系具有显著的可行性和重要的示范意义。

第三，设立综合性储运专业研发机构基础条件已基本具备，时机也趋于成熟。经过几十年的发展，川渝地区管网调配技术、管道防腐技术、管道设计技术在国内已颇有影响力，新兴的完整性管理系列技术和储气库建设技术在国内也占有一席之地。综合来看，天然气储运技术总体水平国内先进，已具备依托更高层面的专业研发机构实现集成创新的基础条件。从时机上看，我国经济进入新常态，国家强力推进发展方式转变，创新成为主要驱动力，抓住机遇，发展和完善科技研发体系正当其时。

2."两步走"建成川渝天然气储运专业研发机构

为稳步推进川渝天然气储运专业研发机构建设，建议分两步建成川渝天然气储运专业研发机构。

第一步，"十三五"期间，按照"业务统一规划部署、组织机构分散设置"的建设思路，设立天然气管道与储气库技术研究中心，负责川渝地区天然气储运专业研发业务的统一规划和部署。"中心"日常管理由西南油气田公司委托输气管理处代管，业务指导由西南油气田公司科技处负责，具体技术研发任务仍由目前分散在各二级、三级科研院所的对口研究机构负责。到"十三五"末，基本形成业务规划合理、运作有效的储运技术研发组织体系。该阶段储运专业研发组织结构如图3-4所示。

第二步，"十四五"期间，在"十三五"建设成效基础上，进一步按照"业务统一，建制统一"的建设思路，将天然气管道与储气库技术研究中心独立出来，设立西南油气田公司天然气管道与储气库技术研究院，建制上属于西南油气公司二级科研院所。剥离各二级、三级科研院所的相关技术研发业务，划归到天然气管道与储气库技术研究院，并按技术领域重新设立为研究院的研究室。到"十四五"末，建成完善的具有川渝特色的天然气储运专业科研组织体系，与其他科研院所共同组成完整的天然气产业链科技研发组织体系。该阶段储运专业研发组织结构如图 3-5 所示。

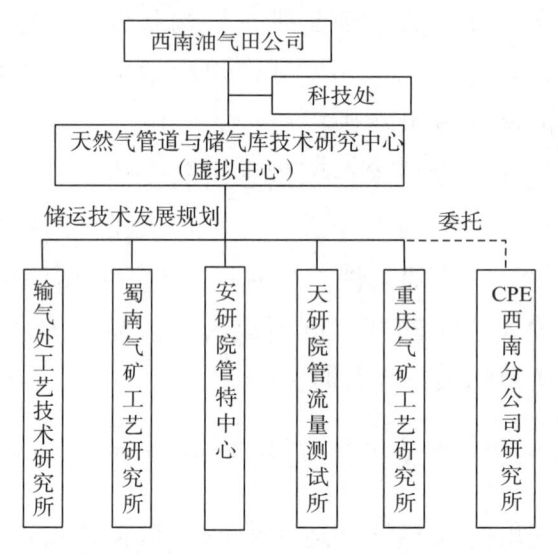

图 3-4　天然气管道与储气库技术研究中心（虚拟中心）

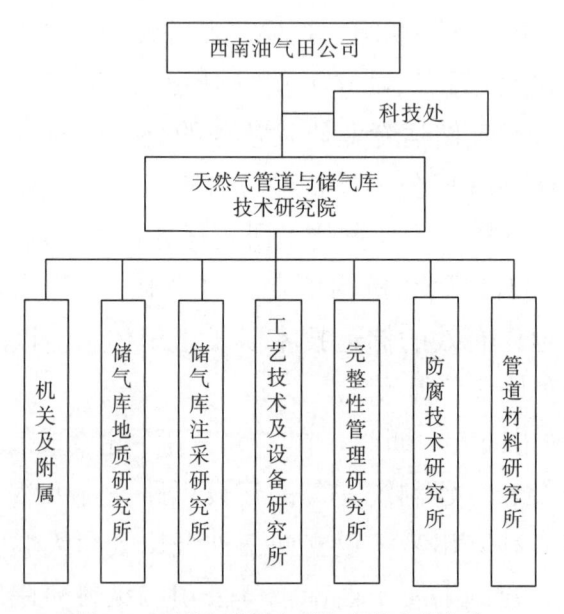

图 3-5　天然气管道与储气库技术研究院

其中，地质所主要负责储气库地质监测与评价技术研究；注采所主要负责储气库注采机理与工程技术研究；工艺及设备所主要负责管输技术、地面工艺、优化运行、储运设备研究；完整性管理所主要负责储气库和管网的完整性管理技术研究；防腐所主要负责储气库设施、管网设施的防腐技术研究；管材所主要负责管道材质研究。管材实验施工技术研究划到油建公司、气质分析和流量测试划到天研院、管检中心作为安全领域仍属安研院。

二、天然气化工研发机构建设现状与规划

（一）天然气研究院机构建设现状

西南油气田天然气研究院始建于1958年2月，原单位名称为石油工业部四川勘探局四川天然气研究站。天然气研究院拥有一支团结进取、技术过硬的员工队伍，现有员工460人，其中技术干部348人，中国石油专家1人，西南油气田专家4人，正高级科技人才2人，副高级67人；其中博士及博士后20人、硕士74人，享受国务院政府特殊津贴1人。参加了美国腐蚀工程师协会(NACE)中国分会、石油工程师协会(SPE)中国分会、美国气体加工者协会(GPA)等多个与专业相关的国际学术组织。

经过54年的发展，特别是近10年来的基础建设，目前拥有一批如气体国家标准物质制备系统、耐酸性高温高压泡沫发生与动态评价装置、动态高温高压腐蚀试验装置、化学自动反应合成器、脱硫及硫磺回收全流程全工况评价装置、高酸性天然气水合物抑制剂评价试验装置等具有自主知识产权、国际领先水平的实验设备，全院实验设备共400台(套)，总资产达2.13亿元。

建院以来，获国家发明奖5项、国家科学技术进步奖3项、省部级奖49项。"十一五"以来，承担和参加了国家863计划、国家自然科学基金、国家示范工程项目6项；中国石油科技项目65项；申请国家专利40项，其中发明专利32项(含国外专利2项)，已授权专利12项；获国家科技进步二等奖1项，省部级科技进步奖14项(1等奖

4项），中国标准创新贡献三等奖 1 项，西南油气田科技创新成果奖52项。

天然气研究院是国际标准化组织天然气技术委员会 ISO/TC193 国内技术归口单位。全国天然气标准化技术委员会 SAC/TC244 秘书处设置在天研院。国家能源天然气液化技术研发中心—天然气净化技术研究所、石油工业天然气质量监督检验中心、中国石油高含硫气藏开采先导试验基地、中国石油天然气质量控制和能量计量重点实验室、中国石油催化重点实验室四川研究室、四川省油品质量监督检验二站、美国石油学会计量质量分委员会中国石油技术牵头单位，以及《石油与天然气化工》杂志社等多个技术机构都挂靠或设置在天然气研究院。具备甲级工程咨询资格证书、特种设备设计许可证、中华人民共和国制造计量器具许可证等 7 个国家资质。具备质量管理体系认证证书、丙级工程测绘证书等 5 个省部级资质。

天然气研究院正积极投身建设一流天然气研究院的实践，推动全院各项工作全面转入科学发展、和谐发展的轨道，立足自身优势和特色技术，不断提高五个专业竞争力，引领天然气质量控制、标准化及能量计量技术创新，建设具有国际影响力的天然气生物脱硫实验平台，形成国际领先的脱硫和硫磺回收新技术，形成达到国际先进水平的高酸性气田开发整体防腐技术，针对储层特性创新液体体系高效开发，加快技术工程化和转化推进地面建设标准化。按照打造绿色、国际、可持续的中国石油战略部署，抓住天然气大发展的机遇，支撑西南油气田建设中国天然气工业基地，服务海外油气开发，把天然气研究院建设成为首屈一指、独一无二、无人替代的研究院。

（二）天然气研究院机构发展规划

天然气研究院：以天然气质量控制与计量、油气田地面集输与净化、油气田开发化学技术为特色的研发机构，定位为西南油气田的天然气特色技术的"四中心一平台"：即西南油气田的天然气质量控制与计量中心、天然气净化技术研发中心、油气田开发化学技术研发与评价中心、地面工程技术支持中心、天然气腐蚀控制技术支持平台。主要负责西南油气田的天然气分析测试、计量、净化和油气田腐蚀防护与油气田开发化学技术的研发与评价、地面工程优化设计以及西南油气田的质量体系和标准体系建设与管理相关工作。

发展目标：按照"做专做精"的发展思路，建成国际先进、国内一流的天然气研究院。做专天然气分析测试、计量、天然气净化技术及天然气标准化工作，不断增强分公司在天然气标准领域行业话语权和国际影响力；做精酸性气田腐蚀与防护、油气田开发化学和地面工程业务，为分公司油气田安全、高效、清洁和经济开发生产提供有力保障和技术支持。

规划部署：增设地面工程技术科、建成西南油气田腐蚀数据与控制中心、成果转化与推广中心，全面支撑西南油气田地面系统的建设、运行和技术发展。

围绕西南油气田对天然气研究院"一部三中心"的最新定位和新的任务要求，以天然气研究院为核心，联合各净化厂、成都天然气化工总厂等科研力量，通过加强科研队伍及设备设施建设，"做专做优"天然气质量与计量、天然气净化、酸性天然气勘探开发腐蚀与防护、油气田开发化学、天然气开发地面工程五个专业领域，着实发挥"四中心一平台"职责。成为国家或行业天然气标准制订的主导力量；形成具有自主知识产权的天然气净化、硫磺回收和尾气处理技术体系，保持在天然气净化领域的国内领先地位；形成达到国际先进水平的天然气质量控制与能量计量技术，支撑国家进口天然气贸易交接及能量计量政策的实施。

规划建成8所3基地2中心：以天然气研究院为基础，依托现有科技资源规划建设8个专业研究所，并建成和完善3个现场试验基地（新建地面新技术现场试验基地）、2个中心（图3-6）。

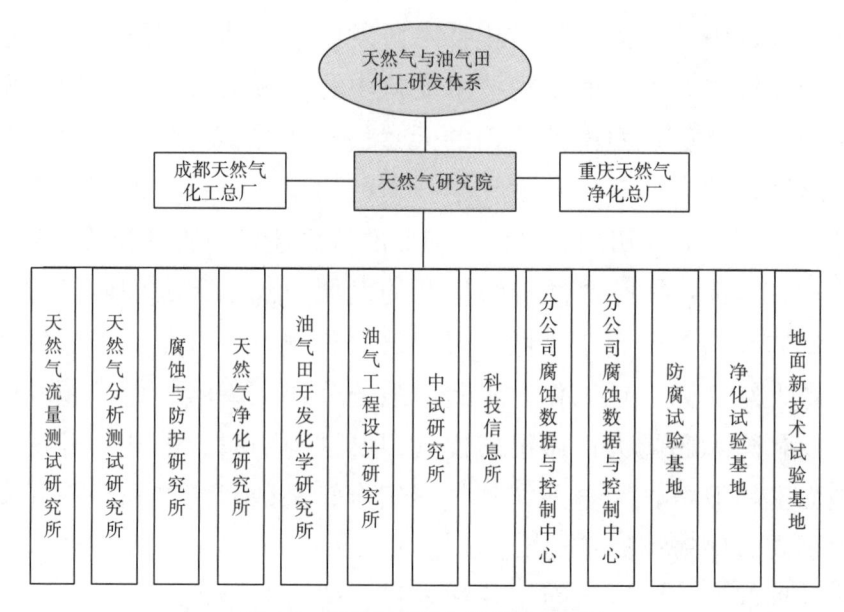

图 3-6　天然气储运与计量体系规划

第五节　天然气安全环保研发组织体系

一、安全环保与技术监督研发机构

西南油气田安全环保与技术监督研究院(以下简称"安研院")成立于 2008 年 8 月 21 日,由西南油气田天然气计量检测中心、石油天然气川渝工程质量监督站、长输管道检测评价中心、HSE 监督中心、健康安全环境(HSE)监测评价及研究中心等单位,以及南充炼油化工总厂压力容器检测、成都天然气化工总厂特种防护用品检测等相关业务,按照"集约化、专业化、一体化"的总体部署整合而成,是为西南油气田提供 QHSE"技术研发、决策支持、监督服务"的研发机构。2011 年 6 月 21 日迁入位于成都市高新区的"西南油气田公司科技大厦"。主要针对酸性气田开发中安全、环保、储运技术难点,以勘探、开发、地面建设开展应用技术攻关。

经过持续整合重组,安研院现设有 7 个机关职能科室、1 个机关附属机构，7个基层单位及1个托管公司。所属工程质量监督站、管道及特种设备检测评价中心、HSE监督中心、HSE研究评价中心、环境节能监测评价中心、HSE培训中心及托管公司——四川天宇石油环保安全技术咨询有限公司。具有四川省建委授权的四川省建设工程质量安全监督总站石油分站、中国石油的石油天然气工程质量监督总站授权的石油天然气川渝工程质量监督站执法资质；拥有CNAS实验室、CNAS检查机构及压力管道检验许可证书；取得了国家环境保护部颁发的工程项目环境影响评价甲级证书、国家安全生产监督管理总局颁发的安全评价资质证书和危险化学品专项安全评价资质证书、四川省水利厅颁发的水土保持方案编制资质证书等资质。已形成了天然气开发全过程HSE科技创新体系。现有合同化员工279人，初步建成一支科研结构合理、专业齐全、能力配套、技术集成，研发与应用一体化的具有检定、检测、评价、监督等资质的专业技术人才队伍，具有高级技术职称、技术带头人30人，具有中级职称、技术骨干115余人，承担了国家、中国石油和西南油气田一系列科技攻关项目，荣获多项国家、中国石油科技进步成果奖，成为西南油气田油气勘探开发研究体系的重要组成部分。

二、安全与环保研发组织发展规划

安全环保与技术监督研究院：以安全环保为特色的技术研发、技术评价、监督及培训机构，定位为西南油气田的安全环保技术的"四个中心"，即：HSE节能评价研究中心、特种设备检测评价中心、QHSE监督中心及HSE培训中心。主要负责西南油气田的安全环保、节能减排、管道检测与完整性管理、工程质量与HSE监督及培训等方面的技术支撑、技术研发与推广应用工作。

发展目标：按照"做专做优"的发展思路，立足QHSEE，优化完善技术支持、技术研发、监督及培训四大职能，做专含硫气田开发安全环保风险防控技术、气田开发生态环境保护技术、管道场站检测评价及完整性管理技术，做优 QHSE 监督管理及培训，建成国内有影响力的天然气安全环保技术研究院，为分公司安全清洁生产提供有力技术支持。

规划部署：组建科技情报信息室；建设完善 HSE 技术实验室与天然气储运安全技术实验室；加强环境与节能监测、能效评估和管道、站场及压力容器完整性检测及评价为重点的专业配套。

围绕西南油气田对天然气研究院"四个中心"的最新定位和新的任务要求，以安全环保与技术监督研究院各研究中心为核心，以国家、省部级和西南油气田重点实验室为平台，立足 QHSEE 定位，围绕西南油气田发展规划，以科技创新为驱动力，着力提高安全环保研究评价技术、节能减排研究评价技术和管道及特种设备检测评价三大技术领域研发能力，为实现西南油气田科学发展、安全发展、清洁发展、节约发展提供强有力的技术支持。

组建科技情报信息室，为科研项目攻关、技术研发以及实验室建设，提供及时、准确和全面的科技情报，支撑油气田安全环保领域技术发展。同时，建设完善 HSE 技术实验室与天然气储运安全技术实验室，建成国内具有影响力的石油天然气领域安全环保技术机构，成为西南油气田的安全环保领域的技术资源整合中心、技术创新中心、人才聚合中心。

规划建设 6 个监督、评价及研究和培训中心，并建成和完善 2 个实验室。进一步完善和提升安全环保体系监督职能（图 3-7）。

第六节　天然气经济与管理研发组织体系

一、天然气经济研发机构

西南油气田天然气经济研究所成立于 1990 年 4 月。主要从事企业和行业发展战略、政策法规、天然气市场与价格、企业经营管理、体

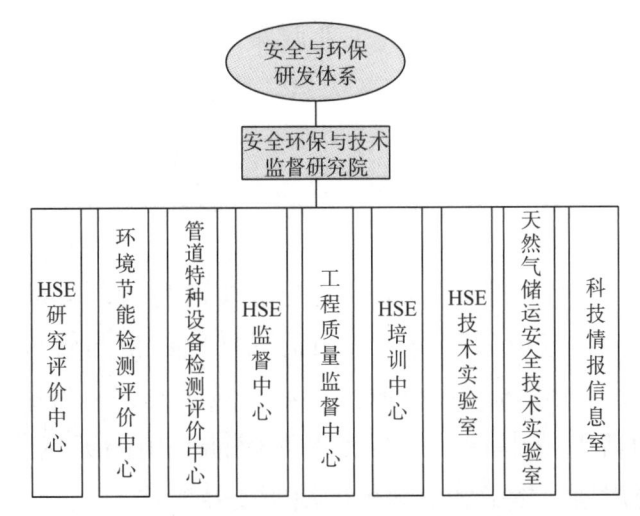

```
                    ┌─────────────┐
                    │ 安全与环保  │
                    │  研发体系   │
                    └──────┬──────┘
                    ┌──────┴──────┐
                    │安全环保与技术│
                    │  监督研究院  │
                    └──────┬──────┘
   ┌──────┬──────┬──────┬──┴───┬──────┬──────┬──────┐
 HSE   环境  管道   HSE  工程   HSE   HSE   天然气  科技
 研究  节能  特种   监督  质量   培训  技术   储运   情报
 评价  检测  设备   中心  监督   中心  实验   安全   信息
 中心  评价  检测         中心         室    技术   室
       中心  评价                            实验室
             中心
```

图 3-7 安全与环保研发体系规划

制改革和国内外能源及其产品技术经济信息等方面的研究和建设项目技术经济咨询。主办发行《天然气技术与经济》，编辑出版《中国天然气年报》《世界天然气年报》。中国软科学研究会团体会员。截至 2014 年 12 月底，有员工 74 人，其中研究生学历 28 人，本科学历 33 人。有 5 个研究室，3 个管理科室，2 个直属机构和 1 个科研辅助机构。

经过 20 余年的积累和创新，已成为中国石油唯一一家从事天然气经济研究的机构。主要开展天然气市场与价格研究、企业经营管理研究、经济信息研究、技术经济咨询等 4 大主体研究，为西南油气田经营管理决策提供技术支撑。天然气价格研究、天然气市场研究、天然气战略管理研究、天然气全生命周期经济评价、天然气经济信息研究和海外天然气经济研究等是其 6 大特色技术。其中，天然气价格研究全国领先，天然气市场研究行业一流。共承担完成国家、省（市）、中国石油（股份公司）及地区公司软科学课题 248 余项，研究成果获省部级科技奖 18 项，地区公司科技进步奖 150 项。出版专著 20 部，在国务院发展研究中心主办的《经济要参》登载了 8 期专题研究报告。有力支撑了政府、中国石油和西南油气田的天然气经济与管理决策，对天然气经济和中国石油天然气业务发展起到了重要支撑作用。特别是天然气工业政策和价格改革建议得到国家有关部门的重视、采纳和应用，在天然气产业内享有盛誉和知名度。

二、天然气经济研发机构发展规划

天然气经济研究所：以天然气经济技术与管理创新为特色的研究和评价机构，定位为西南油气田的天然气经济与管理的"三个中心"，即：天然气市场与价格研究中心、技术经济评价中心、战略决策与管理创新支持中心。主要负责西南油气田的天然气市场营销、企业战略与规划、技术经济评价的决策支持工作。

发展目标：按照"做特做精"的发展思路，立足分公司经营管理业务，做特天然气市场与价格、战略与管理研究工作，继续支撑天然气价格决策，引领油气田企业管理创新；做精天然气技术经济评价业务，提升天然气技术经济评价的影响力，建设成为行业有决策影响力的天然气经济研究院。

规划部署：拟增设质安环科，建成天然气价格与市场实验室。

围绕西南油气田对天然气经济研究所"三中心"的最新定位和新的任务要求，以天然气经济研究所为核心，联合政府有关能源经济研发机构和高校经济管理研发力量，借助各级管理部门和二级单位科研所研发力量，形成天然气经济研究体系。重点开展天然气价格、市场、战略管理、技术经济评价、天然气经济信息、海外天然气经济研究。将进一步强化天然气价格研究与市场决策支持，提升西南油气田在天然气价格和市场机制中的决策咨询影响力，积极创建国内一流天然气经济研发机构，成为中国石油乃至国家的天然气经济研究智库。拟增设质量安全环保科，建成天然气市场与价格实验室。

规划建成6室3中心1部：以天然气经济研究所为基础，依托现有科技资源，新建天然气市场与价格研究室，在2030年前建成天然气经济研究院，并成为能影响国家天然气价格及相关政策制定的国内一流的天然气经济技术研发机构(图 3-8)。

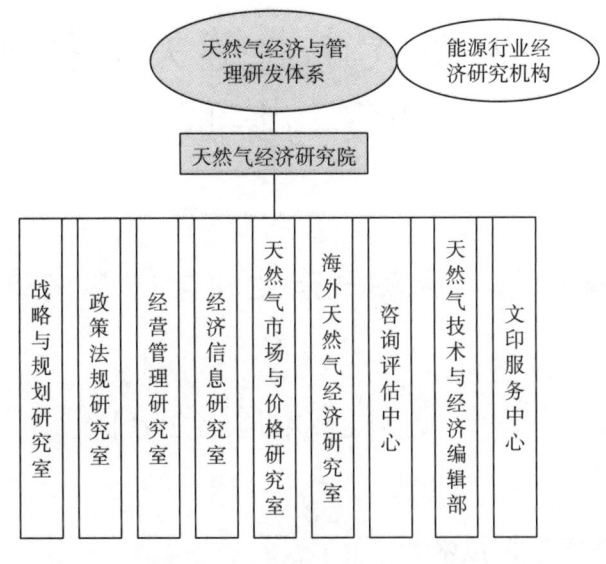

图 3-8 天然气经济研发体系规划

第四章 天然气产业链关键技术体系开发与集成

第一节 天然气产业科学体系构筑

一、天然气技术适应性分析

(一)天然气勘探技术

随着油气勘探的不断深入和加快,西南油气田勘探领域的侧重点有所转变,重点领域震旦系灯影组和寒武系龙王庙组的勘探由乐山—龙女寺古隆起的斜坡带延伸到拗陷带,下二叠统茅口组勘探对象从泸州古隆起岩溶作用影响的灰岩裂缝气藏转变为受热次盆相控制的白云岩岩性气藏;深化勘探领域的石炭系、嘉陵江组、雷口坡组,滚动勘探开发对象由以构造气藏为主转入以地层-构造复合气藏或岩性气藏为主,圈闭识别难度增大,后备领域基础研究相对薄弱。因此,要加强油气藏地质综合评价技术、碳酸盐岩储层评价技术、海相克拉通盆地台内裂陷重建技术的攻关。

(二)工程技术

物探与测井技术,如地震处理、解释及储层预测技术,测井综合评价技术,与复杂勘探对象相适应的工程技术还不能完全满足勘探需要,复杂构造地震资料采集、叠前地震偏移成像、复杂地质体三维雕刻、致密、超致密、缝洞型储层地震预测、烃类检测、测井评价、流体识别仍需配套完善。

四川盆地深层海相碳酸盐岩气藏地质条件复杂，储层高温高压，气藏开采面临风险和效益两大挑战，需要进一步研究适用于储层特性的钻完井配套技术攻关，提高钻井效率，降低钻完井成本，在此基础上，开展气井完整性评价，确保高含硫气井井筒安全。

（三）天然气开发技术

虽然磨溪气田龙王庙组特大型气藏的投产带来了令人振奋的开发效果，从宏观上扭转了前几年西南油气田稳产和上产面临的不利局面，但四川盆地油气藏地质特征和开发规律复杂，疑难问题多，现有技术适应性不足、关键技术匮乏现象仍然突出，需要长期开展攻关提升技术，为生产发展提供持续保障。因此，要加强气藏工程研究，如大型异常高压气藏开发特征描述及优化开发、基质低渗的大型强非均质裂缝-孔洞型气藏评价及优化开发、气藏开发中后期有效提高采收率、储气库优化运行、认识复杂气藏开发规律的模拟实验、大数据深化应用，以及复杂模拟计算配套技术更新换代。

西南油气田面临的主要勘探开发对象具有埋藏深、地层温度高、地质条件复杂等特点，需要进一步深化采气工程技术研究，解决低孔渗储层的深度改造和含腐蚀性介质超深井排水采气问题，优选适用的主体开发技术。

（四）天然气储运与计量技术

天然气储运与管道。"十三五"期间，由于气田发展、输气管网、用户情况及国家政策等变化，在供需形势、输配能力、储气调峰以及管网本质安全控制等方面面临新挑战。如何确保管网安全高效平稳运行，制定最优的储气库运行方案，需开展深入研究，如天然气管道安全高效平稳运行技术、储气库安全高效运行技术等。

天然气质量控制与能量计量。依托中国石油天然气质量控制和能量重点实验室，亟待进一步完善能量计量配套技术，推动天然气计量方式转变、溯源体系的建立和完善、上游领域和非常规天然气质量与计量，深入开展流量计量技术研究，缩小与国际水平的差距。

（五）天然气净化与化工技术

随着新《安全生产法》和《环境保护法》的颁布，天然气净化与化工技术在注重生产效益的同时，更要注重清洁生产与安全生产，以面对当前日益严峻的安全环保形势。所以，应加强天然气净化与化工技术研究，如天然气脱硫工艺技术、硫磺回收及尾气处理工艺技术、天然气净化厂高效平稳运行保障技术，天然气化工技术等。

（六）天然气安全环保与节能减排技术

随着西南油气田天然气产量的不断提升和管道建设的不断加快，相伴而来的安全和环保问题对技术提出了更高要求。气田水处理及非常规气压裂返排液处理技术有待深入研究，HSE监督及工程质量监督技术有待进一步提高，节能减排技术尚需进行基础研究和拓展，管道场站完整性管理和评价技术还须深化与创新。

（七）经济与管理技术

在天然气价格研究技术方面：在天然气价格研究方面虽然已在同行业领先，但目前未形成独有的专有技术和核心技术，也没有形成一些天然气价格研究方面的典型模型、公式和有形化工具化的方法体系，操作性和实用性还有待加强，研究成果应用转化率还有待进一步提高，在国家和行业内的影响力还需进一步提升；与行业和国际学术交流缺乏；天然气价格研究体系未能有效构建，包括研究人员配备、研究的体制机制，如联动机制、共享机制、合作机制等都还需要进一步健全，研究领域还需要进一步拓展等。

在天然气市场分析技术方面：目前研究范围主要局限在川渝地区市场之内，对宏观经济走势及其对天然气市场的影响认识不足，与之对应的用户价格承受能力分析需要进一步深化研究；天然气市场研究还未形成系统完善的研究理论体系与研究方法体系，理论分析框架和分析工具需要完善充实。

在天然气战略管理研究技术方面：对国际地缘政治影响和国内整体经济发展形势研究较少；油气企业战略管理还未形成系统的理论研究体系研究框架、方法、模型、工具等还需要不断完善充实；对西南油气田生产经营重点、热点、难点问题的捕捉与分析还不够及时准确，战略决策支持水平还需要提升。

天然气技术经济评价技术方面：产量预测、市场预测等往往采用以往的经验方法和成熟公式，经济评价相关参数的选取沿用每年中国石油发布的最新参数，技术的集成和创新性还有待加强；天然气技术经济评价体系还处于摸索阶段，还需进一步提高技术研发水平，形成系统的方法和理论加以指导，有效构建更加科学合理的天然气技术经济评价体系。

天然气经济信息研究技术方面：缺乏系统完整的天然气经济数据库，原建设的天然气经济数据库的功能及其应用未能达到预期要求。

海外技术支持技术方面：尚未对海外天然气业务的人力资源保障、资金管理、效益评价等进行系统研究；需结合海外天然气业务的特点以及天然气国际通行做法与规则，研究探索提高海外天然气项目效益的商务运作模式。

（八）非常规油气勘探开发技术

在勘探开发技术方面：页岩气勘探开发已取得可喜进展，主体技术成形，初步实现效益开发，但推进国家级页岩气示范区建设，最终实现预定的产量规模目标，目前尚未完全排除不确定性，需要强化技术保障。

在采气工程方面：页岩气压裂虽然初步解决了页岩气工厂化压裂问题，压裂工具、设备、工艺都基本实现了国产化。但是，针对四川复杂山地页岩气的开发，还面临地下地质条件复杂、盆地内埋藏普遍较深，套管变形、开发成本较高等问题，需要紧紧围绕提高单井产量、降低开发成本，始终突出技术攻关、持续完善页岩气勘探开发关键技术，探索建立规模效益开发的管理模式，支撑西南油气田未来发展。

在压裂技术方面：针对水平井分段压裂的应力干扰分析与优化技术尚未形成，高水平应力差、破碎带发育等复杂应力条件下页岩储层的体积压裂技术还需要进一步攻关；页岩气井压裂后产能影响因素及产能预测研究技术还有待开展攻关，储层改造后评估技术体系还未形成。

在套管变形机理分析与整形技术方面：套管变形一直是影响桥塞分段压裂技术推进的一个主要因素，有必要从套管变形机理分析与预防、套管变形情况井下诊断工艺技术及工具研制与配套、套管整形工艺技术等几个方面开展深入研究，解决当前桥塞分段压裂技术发展的障碍。

二、构建思路与原则

遵从现代能源科学的一般体系构架。面向绿色发展的天然气科学是研究从天然气开采到利用过程中的基本规律及其应用的能源科学。它具有前瞻性、规律性、创新性、统筹性、综合性、涉及面广、与国民经济密切相关等特点。它的框架理应符合能源科学的一般框架，即基础理论、工程技术、经济科学和管理科学等。

满足天然气产业链科学技术需求。按 GB/T4754—2002《国民经济行业分类》标准，天然气工业是从事天然气资源勘探开发、管道运输、储存、销售利用的企业集合。其科学技术特征表现为两方面：一是它应当包括天然气勘探、天然气开发、天然气储运、天然气营销、天然气利用 5 个领域的科学与技术的统一；二是 5 个领域都有自身的基础理论、工程技术、经济科学和管理科学内容。

符合现代天然气产业发展要素创新的要求。中共中央关于制定国民经济和社会发展第十二个五年规划的建议提出，要坚持把科技进步和创新作为转变经济社会发展方式的重要支撑。现代天然气产业发展方式转变的主要途径是通过其非物质类发展要素创新。其要素体系包括外部资源、地质资源、环境资源、经济、政治、科技、人才、市场、价格、信息、知识产权、管理、文化、资产、资金等要素。

注重天然气科学与石油科学的异同。与石油能源相比，天然气技术经济特性显著，主要体现在天然气资源在时间、空间和深度上都具有更大的广泛性，产业链各环节极大风险性，涉及民生更为紧密性，对国民经济的贡献更为广泛性，以及天然气能源政治的兴起与迅速发展等方面。同时，天然气科学技术形成与转化机制、体系结构、价值实现途径、培育方式和绩效等方面，都具有显著特点，决定了天然气科学技术的特殊性。因此，天然气科学应有其独特的能源科学地位。

三、基本框架与主要内容

（一）基础结构和内容

根据构建思路和原则。天然气产业科学体系构建的基本要求是：借鉴和吸收国内外天然气科学技术成果，符合现代绿色天然气产业科学发展要求，门类基本齐全、层次基本均衡的天然气科学基础体系和复合体系，它应能指导或说明天然气科学技术变革实践和发展趋势。天然气科学基础体系有3类（图4-1）：

第一类，基于能源科学基本分类的天然气产业科学体系基本结构（basis型，简称B型）。包含4个子系统。它们都涉及天然气产业链和天然气工业发展要素的基础理论、工程技术、经济科学和管理科学等方面。天然气基础理论体系（B_1）、天然气工程技术体系（B_2）、天然气经济科学体系（B_3）、天然气管理科学体系（B_4）。

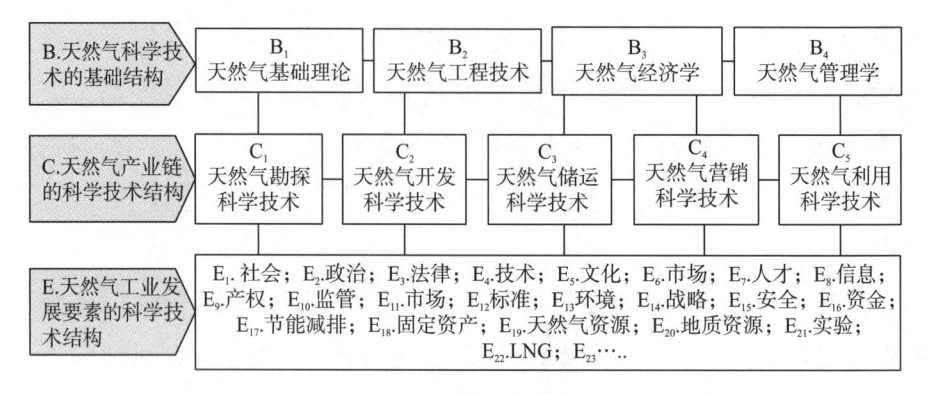

B.天然气科学技术的基础结构	B₁ 天然气基础理论	B₂ 天然气工程技术	B₃ 天然气经济学	B₄ 天然气管理学
C.天然气产业链的科学技术结构	C₁ 天然气勘探科学技术	C₂ 天然气开发科学技术	C₃ 天然气储运科学技术	C₄ 天然气营销科学技术	C₅ 天然气利用科学技术

E.天然气工业发展要素的科学技术结构：E₁.社会；E₂.政治；E₃.法律；E₄.技术；E₅.文化；E₆.市场；E₇.人才；E₈.信息；E₉.产权；E₁₀.监管；E₁₁.市场；E₁₂.标准；E₁₃.环境；E₁₄.战略；E₁₅.安全；E₁₆.资金；E₁₇.节能减排；E₁₈.固定资产；E₁₉.天然气资源；E₂₀.地质资源；E₂₁.实验；E₂₂.LNG；E₂₃……

图 4-1　天然气产业科学体系的基本结构

第二类，基于天然气产业链的科学技术基本结构（industry chain 型，简称 C 型）。根据天然气产业链基本结构，可以分为天然气勘探（C₁）（如地质勘探、地球物理勘探、钻井勘探、化探等）、天然气开发（C₂）（如气藏开发、地面集输、净化等）、天然气储运（C₃）（管道输送、储气库、管道防腐、计量、管道检测等）、天然气营销（C₄）（营销网络、信息库、客户管理等）、天然气利用（C₅）（化工、化肥、城市燃气、CNG 等）5 个领域的科学技术结构。

第三类，基于天然气产业发展要素创新的科学技术基本结构（elements 型，简称 E 型）。根据天然气产业发展要素创新要求，形成相对独立的专业学科，如天然气环境学、天然气政治学、天然气财税学、天然气预测学、天然气战略学、天然气政策学等。

(二)复合结构和内容

科学技术领域的交叉、渗透与综合成为天然气科学发展的主要趋势，天然气科学的基础结构与产业链、发展要素和其他科学领域纵向和横向方向渗透发展，形成交叉边缘学科。主要有 3 类：第一类，基础型与产业链型复合(CB 型)；第二类，基础型与发展要素型复合(BE 型)；第三类，产业链型与发展要素型复合(CE 型)。

四、技术体系发展目标

（一）总体目标

到2020年，基本建成完备的天然气科技创新体系，自主创新能力显著增强。到2030年，天然气产业自主创新的目标是：突破一批天然气重大装备的核心技术，创造一批原创性的技术与产品，建成以骨干企业为主体的科技创新研发体系，造就一批高水平的科技创新人才队伍。天然气重大装备的技术创新能力处于国际领先水平，自主开发出一批高效、清洁的天然气能源重大装备技术。

持续保障天然气产业科技投入，不断发展非常规天然气勘探开发特色技术，摸清页岩气、致密天然气资源情况，进一步解决精细化评层选区、提高单井产量、突破经济效益瓶颈、强化环境保护问题，大幅度提高非常规天然气勘探开发区的储量和产量规模。

（二）发展目标

前沿技术：超前部署一批具有前瞻性、战略性和探索性的重大前沿技术，如天然气水合物勘探开发技术。

先进技术：集中力量重点突破一批束缚经济社会发展的关键技术，如常规与常规天然气资源勘探开发技术。

基础研究：在一些战略性、前瞻性的基础研究方向上取得重大突破，为天然气产业科技持续创新提供推动力。

重大装备：着力突破一批重大成套装备，掌握一批具有自主产权的高技术装备的核心技术，提高重大技术装备的设计、制造和系统集成能力，在天然气勘探、开发、储运等技术装备。

第二节　天然气勘探开发技术体系开发与集成

一、天然气勘探技术

(一)地质综合评价技术系列

围绕评价海相克拉通盆地古老、深层碳酸盐岩气藏的烃源、地层、沉积相、储层及成藏控制因素，以及分析克拉通盆地拉张型构造运动对沉积环境、岩性、储层及成藏等影响程度，形成了现今埋藏深度大于 4500 米、处于高成熟及过成熟状态的古老烃源岩资源潜力评价技术；海相克拉通盆地台内裂陷、海槽控制烃源、储层及油气成藏等一系列综合研究、评价技术；对古老、深层碳酸盐岩储层的多尺度空间的精细定量描述技术。该技术系列总体处于国际先进水平，可应用于海相克拉通盆地与古隆起、拉张裂陷相关的中、深层碳酸盐岩孔隙型、岩溶型储层的勘探。

(二)地球物理技术系列

紧密围绕四川盆地勘探开发重点领域，持续开展地球物理技术攻关，大量采用新技术，新方法，通过创新型技术手段，在复杂海相碳酸盐岩领域、非常规领域取得重大技术突破，创新形成了深层碳酸盐岩地区的地震资料处理技术、复杂构造地区地震成像技术、高能滩及缝洞型储层地震精细描述技术、生物礁体空间精细雕刻技术、致密油储层甜点地震预测技术、四川盆地震旦系缝洞型碳酸盐岩储层的测井评价技术、四川盆地寒武系龙王庙组裂缝－孔洞型碳酸盐岩储层测井评价技术等。该技术系列总体处于国际先进水平，在川中古隆起地区龙王庙组及灯影组气藏勘探开发中发挥了重要的技术支撑作用，有力地推动了大气田的发现和探明。

二、天然气钻完井工程技术

围绕高温高压深井、含硫气井安全高效开发、低渗气井提高采收率和老井安全生产，在酸性气井完井及配套工艺、水力喷射径向钻孔、固井水泥浆试验评价等方面进行了系列攻关，形成了高温高压大产量酸性气井完井技术、高含硫气井井筒完整性评价技术、水力喷射径向钻孔技术以及固井水泥浆性能评价与水泥石抗腐蚀评价技术等特色技术。总体技术水平达到国内领先，为高含硫气藏完井投产以及后期安全生产、老气田稳产和提高气藏采收率提供有效技术支撑。

三、天然气开发技术

（一）开发地质及气藏工程技术

紧密围绕四川盆地开发热点和难点领域，研究形成了相对低品储量可采性物理模拟实验评价技术、气藏开发水侵能量动态监测分析技术、特大型深层缝洞碳酸盐岩气藏开发目标评价技术、复杂气藏开发中后期剩余储量描述技术、复杂油气藏特殊开发方式数值模拟分析技术等特色技术。该技术系列总体处于国内领先水平，其中部分特色技术达到国际先进水平，支撑了安岳气田须家河组气藏、龙王庙组气藏、震旦系气藏等"十二五"重点上产区块开发目标优选和快速高效建产，并在气藏剩余储量评价方面进展显著，为老气田延缓递减夯实了基础，同时为川中致密油的开发奠定了认识基础。

（二）增产改造工艺技术系列

围绕高温深井、丛式井、分层（段）改造，在加砂压裂工艺技术、酸化/酸压工艺技术、储层增产改造机理研究以及实验评价技术等方面进行了系列攻关，形成了高温深井酸化酸压裂技术、丛式井组整体压裂技术、分层(段)改造技术、加砂压裂井优化返排及控砂技术、工作液体系以及室内实验评价技术等特色技术。依托国家计量认证油气井增产技术实验室，建立了在高温(最高200℃)、高压(最高200兆帕)、酸性介质条件下开展油气藏压裂酸化机理、工艺模拟及优化、入井材料评价、岩石力学及地应力测量等方面的实验评价能力。总体技术水平达到国内领先，有效支撑了四川盆地油气藏效益开发。

(三)采气工艺技术系列

围绕气水同产井提高采收率、含硫气井安全清洁低碳开发和老井安全生产，在排水采气、水平井连续油管动态监测、含硫气井井下节流、井筒清洁与修井等方面进行了系列攻关，形成了以深井气举、电潜泵、柱塞气举为特色的排水采气工艺系列技术、水平井连续油管动态监测技术、含硫气井井下节流技术、井筒清洁与修井系列技术、油气井安全封堵技术等特色技术。总体技术水平达到国内领先，为老气田稳产和提高气藏采收率、增产改造措施后评估与含硫气井开发提供了有效的技术支撑。

(四)地面集输安全、优化简化技术系列

围绕管道建设和优化运行等方面的技术瓶颈，通过新工艺、新技术、新设备、新材料应用，开展地面集输工艺优化简化、地面集输安全生产评价等技术攻关，形成以一体化集成装置(多井轮换计量装置)、一体化装置测评技术、气田水处理回注系统优化简化、管道腐蚀及失效数据库、管道缺陷评估技术、管道内腐蚀直接评价系列技术、清管过程动态监测、多线共用阴极保护优化设计与评价技术，总体技术水平处于国内领先地位。广泛应用于地面集输场站、输配气站、内部集输管道及长输管道，节约地面工程建设周期，加快产能建设，提高经济效益，为气田快速开发，安全平稳生产提供支撑。

(五)安全环保与节能减排技术系列

通过气田安全环保开发技术研究,解决气田水、页岩气压裂返排液、以及钻井固体废弃物处理问题,形成标准化、系统化和规范化的 HSE 管理、技术体系。重点开展油气开发全过程的安全环保和节能减排优化技术攻关,保障安全清洁开发,形成气田安全环保风险防控、开发水和废水综合处理、天然气开发生态防护和修复、气田节能技术。

(六)天然气分析测试与流量检测技术系列

围绕天然气质量与计量开展天然气气质分析、流量与气质监控、检定校准、标物生产、量值溯源、量值比对和能量计量等方面的研究与应用,整体水平达到国际先进。在分析测试方面,围绕 GB17820—2012《天然气》,形成了天然气分析测试技术及标准化,围绕计量方式转变,形成了天然气分析溯源及标准物质制造技术和天然气能量计量配套技术。目前,已研制 4 种国家一级气体标准物质和 11 种国家二级标准物质,建立了国际 1 级水平的天然气发热量直接测量装置及技术。在天然气流量计量方面,围绕 GB/T 18603—2014《天然气计量系统技术要求》,形成了天然气流量计量技术及标准化,建立和完善天然气流量量值溯源体系,形成了以质量—时间(mt)法原级标准为核心的天然气流量量值溯源技术。围绕天然气贸易计量现场,形成了新型流量计性能评价和现场应用技术及天然气内流场定量可视化评价技术,为天然气流量计量的准确可靠提供了技术保证。

(七)气田开发安全环保风险防控及生态保护技术系列

针对四川盆地高含硫气田开发区域地形复杂、人口稠密、气井产量大、安全环保风险高和气田开发工艺流程长、污染源分散且组分复杂、治理难度大等特点,研究形成了一套涵盖钻井、完井、集输与净化的高含硫气田开发全过程的安全环保风险系统识别与控制、事故后果精确预测和事故应急保障的技术体系；建立了完整的高含硫气田开发安全环保标准体系构架，钻井固体废弃物制免烧砖技术；水基钻屑微生物处理技术和油基钻屑生物堆肥处理技术；气田建设水土流失预测与控制技术；土地生态恢复等技术，开发了高精度评价软件。总体技术达到国内领先水平，为罗家寨、普光和阿姆河等国内外高含硫气田的安全环保开发提供了技术支撑，实现废物的无害化和资源化，集约节约利用生态资源，促进清洁生产，有效保护了气田区域环境。

四、天然气净化及硫磺回收技术

围绕天然气清洁生产和日益严格的环保排放压力，通过自主研发和引进相结合，在天然气脱硫脱碳、硫磺回收及尾气处理领域进行了系列攻关，取得了重大突破，已基本形成以醇胺法为主体处理大规模含硫天然气，以液相氧化还原、生物脱硫和干法固体脱硫技术为补充的处理中低潜硫量及边远分散含硫气井的天然气脱硫脱碳技术体系；形成了较为完整的能够满足各种气质条件、规模和环保要求的硫磺回收及尾气处理工艺技术和配套CT催化剂系列，掌握了常规克劳斯、SCOT尾气处理和MCRC尾气处理工艺，建立了天然气净化装置平稳运行保障技术、超重力脱硫、过程模拟软件等技术体系，总体技术水平一直保持国内领先地位。目前这些技术已广泛应用于天然气、炼厂气、化工合成气与煤气净化等领域，为实现川渝地区天然气产量持续快速增长和成为全国最大的天然气净化工业基地发挥了重大作用。

五、页岩气勘探开发技术

围绕"落实资源、评价产能、攻克技术、效益开发"的工作方针，针对页岩气勘探开发所面临的技术难题，采用地质评价、地震、测井、钻完井、实验分析等多学科的有机结合，通过各项技术的攻关突破，逐步形成了适宜于页岩气勘探开发的页岩气综合地质评价技术、页岩气开发优化技术、页岩气水平井钻完井技术、页岩气水平井大型体积压裂技术、页岩气压裂微地震监测技术和页岩气地面集输技术。各项创新技术均达到国内领先水平，有效支撑和推进了长宁—威远国家级页岩气示范区建设。

第三节　天然气储运技术体系开发与集成

以西气东输一线、二线管道工程关键技术开发与集成为标志，天然气储运技术在管输工艺、设计施工、生产运行、安全管理等关键领域取得了重大技术突破，形成了较为完善的技术体系。"十三五"期间，我国将立足自主研发，全面贯彻生态化、集约化、信息化理念，综合运用系统工程理论、现代物流理论等相关理论，物联网、数字化、大数据、互联网等现代信息技术，大力实施关键技术开发和集成创新，打造新一代天然气储运技术体系。

一、天然气管道技术

（一）管输工艺技术

围绕天然气高效集约优化管输工艺、复杂特殊环境管输工艺技术两大重点领域，开展相关的基础理论研究和关键技术攻关。通过高效集约优化管输工艺技术的应用，实现管输系统高效、节能，节约用地等目标。关键技术有：复杂环形管网高低压分输工艺、压力能回收利用技术、高效集约站场工艺系统设计技术。复杂特殊环境管输工艺主要解决复杂地质、生态脆弱环境下天然气管道力学行为、腐蚀机理及规律等基础理论问题，为实现全国天然气管网全覆盖提供技术支撑。

（二）建设施工技术系列

天然气管道设计技术。"十一五"期间我国就已基本具备各类天然气管道的设计能力。"十二五"期间，取得的主要进展：基于3S技术集成应用的综合线路设计方法取代了基于地形图和人工踏勘作业的传统管道选线方法，提高了选、定线工作的质量与效率；基于应变的管道强度设计技术，解决了管道通过强震区和活动断裂带可能产生大应变的技术难题；基于可靠性的管道设计方法，可提高管道运行的可靠性水平。

施工技术系列。围绕提高施工效率、减小环境破坏、解决特殊地段施工问题，研究形成了机械化自动化施工、非开挖施工和特殊地段施工三大核心施工技术系列。大口径高钢级管道机械化自动化施工技术和设备：管道全位置自动焊技术、新型管道防腐材料及机械化补口技术；大口径热煨弯管机和冷弯管推制机、全位置自动焊机、大口径管道坡口整型机等。复杂地质条件大口径管道非开挖技术：长距离水平定向钻穿越技术、盾构技术、顶管技术。特殊地段施工及生态治理恢复技术：常年冻土、水网、山区、黄土塬、戈壁、沙漠、沟壑跨越等。

（三）管网运行和调配技术

围绕全国天然气管网系统安全、优化运行问题，以SCADA系统、互联网为基础平台，研发形成了天然气管网运行参数（压力、流量、管存、温度）动态监控技术、清管过程动态监测技术；借助TG-NET及计算编程工具研究形成了天然气管网稳态和动态模拟、天然气管网系统优化运行技术。

"十三五"期间，天然气管网将形成"全国一张网"格局，天然气资源、市场、储备将全部纳入这张网中。在现有技术基础上，通过现代信息技术手段实现对全国骨干管网系统、大型区域管网系统的集中统一调控，以此为平台，集成利用优化、模拟、远程控制等技术实现天然气的高效优化调配，为全国天然气资源整体优化配置和供应安全水平提升提供技术支撑。涉及的关键技术主要有：基于物联网技术的天然气管网系统虚拟技术、天然气管网在线模拟技术，基于技术经济和供应安全的天然气管网运行优化方法。

（四）天然气管道维护管理技术系列

围绕天然气管道本质安全问题开展一系列科技攻关，开发和集成以完整性管理关键技术为重点的天然气管道维护管理技术系列。

管道和站场完整性管理技术集成。目前已形成比较完整的完整性管理技术体系，并已广泛应用于管道运维管理中。

天然气管网系统安全监控与评价。目前已在管道泄漏监测、地质灾害评价与控制、第三方破坏预警等开展了一系列研究，并取得一些成果。未来天然气管网系统更加复杂，必须在安全监控与评价技术上取得实质突破，关键技术包括：基于物联网技术的管网运行环境监控、复杂管网系统可靠性评价、管道泄漏监测和预警。

（五）天然气管道管材与设备

围绕高钢级管材国产化，结合我国管道建设与运营实际情况，研究形成了高钢级（X70、X80钢）、大口径、大壁厚螺旋焊管与直缝管的制管技术系列，标志着我国管道用钢的冶炼与轧制技术已跻身国际先进行列。

"十三五"期间，将进一步自主创新研发新一代管材技术和关键设备。管材技术主要包括：X90和X100板材研发、配套弯管和管件的研制、管道焊接工艺和焊接方法的研究。关键设备国产化主要包括：高压大口径球阀、20MW级电驱压缩机组和30MW级燃驱压缩机组三大关键设备；多相流混输关键设备研发；海底管道水下生产系统开发，包括水下分离设备、水下压缩机。

二、储气库建设与运营技术

（一）孔隙型储气库建库技术

经过10多年探索和实践，目前形成了一套较为系统的枯竭气藏储气库设计建设技术体系，关键技术包括：地质方案设计技术、废弃井封井工艺、钻固完井技术、钻井液技术、储层保护技术、地面工程配套技术。

前期应重点攻克多周期油气相流体平衡与天然气损耗预测、含水层圈闭勘探评价与测试等技术。

（二）盐穴储气库建库技术

围绕造腔设计、造腔工程相关技术开展了一系列技术研究，基本掌握了盐穴型储气库建库主要技术，包括盐层地质评价、单腔优化设计、运行压力区间确定、稳定性评价、库容参数优化、密封性评价等。"十三五"期间，针对国内盐层建库向多夹层低品位和中深层领域拓展的情况，应重点攻克三方面技术难题：复杂盐层造腔优化控制问题，包括造腔模拟预测、双井及水平溶腔造腔控制；深层盐层稳定性预测与控制问题，包括运行过程的蠕变预测、盐层内厚夹层垮塌预测与控制、盐穴运行过程监测等技术；钻完井技术难题，主要有大井筒条件下深部盐层钻井完井与固井技术、大斜度井和丛式井的钻完井和造腔工艺。

（三）储气库注采工程技术

围绕管柱和井下工具选择、注采工艺优化、管柱保护，经过10多年的摸索与现场实践，部分技术已基本成熟。如管柱的高强度多周期注采条件下失效机理与防护技术、一套井网条件下的多层系分注分采工艺技术、保持井筒及盖层完整性基础上的低效储层长效改造技术、大排量高压差条件的高渗储层防砂控砂技术、不同气质和温度压力条件下的注采管柱材质优选及井下工具优选定型等。

(四)储气库完整性评价技术

储气库完整性管理的难点在地下部分,地面系统完整性管理与管道站场完整性管理基本无异。近年来,围绕气藏和盐穴储气库两类主要储气库类型的完整性评价,已初步建立了气藏和盐穴储气库密封性检测等管理体系框架,建立了管柱完整性评价、圈闭密封型静态评价等机制。这与储气库完整性管理的需求还有较大距离,未来亟待解决的关键技术主要有:储气库地质构造完整性监测与评价、井筒完整性检测与评价、储气库运行风险评估与分级。以此为突破口,逐步构建储气库完整性管理技术体系。

三、LNG 接收技术

围绕 LNG 接收站建设、运行系列技术难题,自主研发了国际的双循环混合冷剂液化工艺技术、多级单组分循环制冷工艺等关键技术,实现了冷剂压缩机、BOG 压缩机、冷箱、DCS 控制系统、低温阀门等一系列关键设备以及镍 9 钢、汽化器等材料的国产化,掌握了建造 20 万立方米 LNG 储罐的设计和施工技术,打破了国外技术垄断,使我国成为全球第四个掌握大型 LNG 液化技术的国家。

四、天然气计量技术

天然气计量技术将向着多元化、智能化、自动化、远程化方向发展,"十三五"期间需重点攻关技术是天然气量值溯源体系建立和完善、天然气能量计量及其配套技术与设备研发、天然气能量计量标准体系,为推广实施能量计量提供技术支持。此外,还有天然气单井数值计量技术、大口径流量计检定系列技术、计量系统不确定性评价技术、超声流量计自诊断技术、计量工艺与装置优化等关键技术需研发或完善。在此基础上，形成较为完善的天然气计量技术体系。

五、天然气储运与计量技术发展目标

（一）天然气储运技术

天然气储运技术发展目标：力争到2020年，形成具有核心技术自主研发能力的科研组织创新体系，实现超大型复杂管网集中调控与优化技术、建设技术、完整性管理核心技术、安全环保节能技术、技术经济评价技术、标准体系完善等六大技术领域的集成创新，形成以集成应用互联网＋、大数据等战略新兴技术为研发平台的天然气储运前沿技术储备体系，建成以信息化、生态化、集约化为主要特征的新一代天然气储运技术体系，总体技术水平达到国际先进。

（二）天然气质量控制与能量计量技术

天然气质量控制与能量计量技术发展目标：到2020年，实现天然气量值溯源体系完善，天然气能量计量及配套核心技术成熟、传统计量技术集成完善、计量标准体系完善，形成智能化、自动化、远程化计量技术总体水平较高的天然气计量技术体系，满足中国石油及对计量技术、计量检定校准的需求，实现天然气计量技术与国际先进水平接轨。

第四节 天然气利用技术体系开发与集成

从行业来看，天然气利用主要集中在城市燃气、工业、交通运输业、分布式能源等行业，利用的方式主要是作为燃料或是作为原料。同时，天然气利用与社会经济中的许多行业都存在交叉，因此天然气利用技术研究主体较为分散，主要分布在石油公司、燃气公司、电气公司、高校、设计院所等企事业单位。上述特点使得天然气利用技术体系呈现多元化、专业化的特征。

一、工业利用

从利用的方式来看，天然气在工业领域的利用主要分为燃气锅炉和炉窑、天然气化工两大方面，由此形成了两大技术系列。

（一）工业用燃气锅炉和窑炉技术

燃气锅炉是利用天然气的热能把水加热成为热水或蒸汽的机械设备。燃气锅炉中产生的热水或蒸汽可直接为工业生产和人民生活提供所需要的热能，也可通过蒸汽动力装置转换为机械能，或再通过发电机将机械能转换为电能。提供热水的锅炉称为热水锅炉，主要用于生活，工业生产中也有少量应用。产生蒸汽的锅炉称为蒸汽锅炉，常简称为锅炉，多用于火电站、船舶、机车和工矿企业。

燃气窑炉是在工业生产中，利用天然气燃烧的热量，将物料或工件加热的热工设备。广义地说，锅炉也是一种窑炉，但习惯上人们不把它包括在窑炉范围内。在铸造车间，有熔炼金属的冲天窑炉、感应窑炉、电阻窑炉、电弧窑炉、真空窑炉、平窑炉、坩埚窑炉等；有烘烤砂型的砂型干燥窑炉、铁合金烘窑炉和铸件退火窑炉等。在锻压车间，有对钢锭或钢坯进行锻前加热的各种加热窑炉，和锻后消除应力的热处理窑炉。在金属热处理车间，有改善工件机械性能的各种退火、正火、淬火和回火的热处理窑炉。在焊接车间，有焊件的焊前预热窑炉和焊后回火窑炉。在粉末冶金车间，有烧结金属的加热窑炉等。

大致来看，燃气锅炉和燃气窑炉的区别可以视为前者为用天然气加热水，产生蒸汽来利用，后者用天然气来直接加热工件。

工业用燃气锅炉和窑炉按结构分为锅壳式、水管式，按燃烧器类型分为扩散式、大气式和无焰式，还可分为国外、国产等类型。

从天然气利用和转的顺序上看，工业用燃气锅炉和窑炉技术体系可分为锅炉和窑炉的结构设计技术、锅炉和窑炉振动消除技术、烟气深度冷却技术、冷凝防控技术、余热利用技术、集中供热技术。

从燃气锅炉和窑炉的使用流程来看，其技术体系又可分为燃烧器技术、运行监测与控制技术、运行辅助设施技术、燃料供应技术、试运行技术、运行与维护技术、事故处理技术等。

目前，燃气锅炉和窑炉技术的研究主体主要是上海工业锅炉研究所、辽宁省锅炉技术研究所、西安交通大学等事业单位和高校，大多建成了具有高新技术的科研生产型企业。

(二)天然气化工技术

天然气化工是以天然气为原料生产化学产品的工业。天然气化工主要产品，详见图 4-2。

根据天然气化工的生产步骤，天然气化工技术主要可以分为两大类：第一类是两步法天然气化工技术，指天然气首先转化为符合条件的合成气，再通过合成气生产化工产品。天然气转化合成气技术，指天然气通过与水（或二氧化碳）在一定温度压力条件下反应生成符合条件合成气的控制与生产技术，主要是甲烷水蒸气的转化工艺、催化剂研制、工艺流程、积碳及处理等环节。合成气化工技术，指符合条件的合成气反应生产目标产品的化工技术，例如天然气制乙炔技术，其核心是甲烷部分氧化法、电弧法。第二类是天然气的直接化学转化技术，指通过天然气的直接化学转化，如氧化耦联、选择性氧化等制成烯烃、甲醇、二甲醚、二硫化碳等，进而合成液体燃料。

二、城市燃气利用

城市燃气利用的技术系列主要包括城市燃气工程技术和城市燃气管理技术。

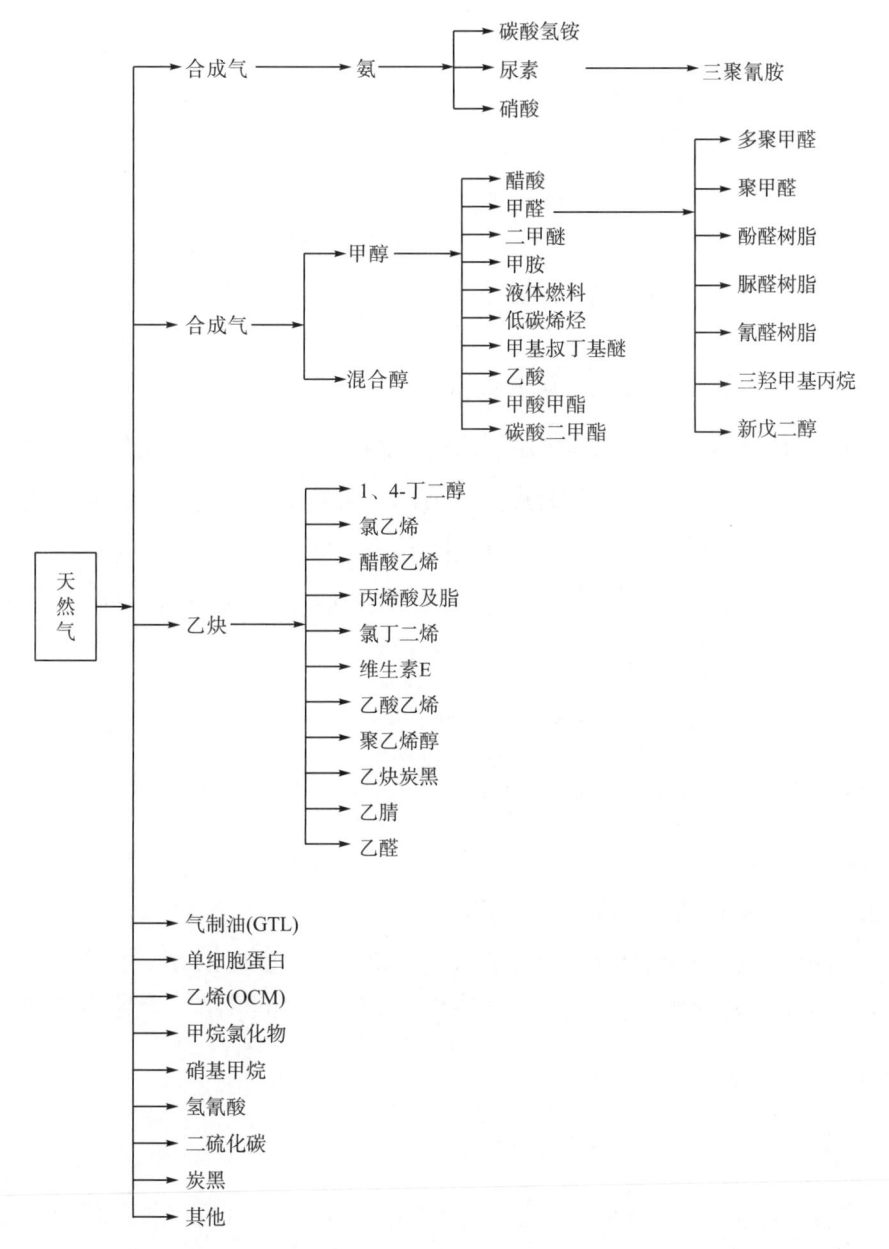

第四章 天然气产业链关键技术体系开发与集成

```
天然气
├─ 合成气 ─ 氨 ┬─ 碳酸氢铵
│              ├─ 尿素 ─ 三聚氰胺
│              └─ 硝酸
├─ 合成气 ┬─ 甲醇 ┬─ 醋酸
│         │       ├─ 甲醛 ┬─ 多聚甲醛
│         │       │       ├─ 聚甲醛
│         │       │       ├─ 酚醛树脂
│         │       │       ├─ 脲醛树脂
│         │       │       ├─ 氰醛树脂
│         │       │       ├─ 三羟甲基丙烷
│         │       │       └─ 新戊二醇
│         │       ├─ 二甲醚
│         │       ├─ 甲胺
│         │       ├─ 液体燃料
│         │       ├─ 低碳烯烃
│         │       ├─ 甲基叔丁基醚
│         │       ├─ 乙酸
│         │       ├─ 甲酸甲酯
│         │       └─ 碳酸二甲酯
│         └─ 混合醇
├─ 乙炔 ┬─ 1、4-丁二醇
│       ├─ 氯乙烯
│       ├─ 醋酸乙烯
│       ├─ 丙烯酸及脂
│       ├─ 氯丁二烯
│       ├─ 维生素E
│       ├─ 乙酸乙烯
│       ├─ 聚乙烯醇
│       ├─ 乙炔炭黑
│       ├─ 乙腈
│       └─ 乙醛
├─ 气制油(GTL)
├─ 单细胞蛋白
├─ 乙烯(OCM)
├─ 甲烷氯化物
├─ 硝基甲烷
├─ 氢氰酸
├─ 二硫化碳
├─ 炭黑
└─ 其他
```

图 4-2 天然气利用树图

（一）城市燃气工程技术

城市燃气管道建设技术主要包括城市高中低压天然气管道建设施工环节的技术体系。

城市燃气储运调峰技术的发展主要依赖于天然气储运技术的发展，是实现购、配、调、用日常一体化运行的工程技术，包括城市燃气输配技术、城市燃气存储技术、城市燃气调峰技术等。

城市燃气设备材料研制技术主要包括居民和城市工商业用的燃具开发技术（如家庭天然气灶、分户采暖燃具、天然气热水器等），以及城市燃气相关材料的研制技术（如配气用 PE 管的开发、钢管道的防腐等）。

城市燃气信息化技术主要是城市燃气西南油气田在运行维护中的信息化技术，如城市燃气整体框架设计、运行数据库的建设及软件开发、自动查表和收费系统、SCADA 和 GIS 系统的完善等。目前信息化技术开始与城市燃气深度融合，例如新奥燃气集团在智能能源、能源互联网、城市燃气信息化方面开展了多项探索工作，已在推进城市燃气信息化技术上取得领先地位。

（二）城市燃气管理技术

城市燃气安全管理技术除与安全管理有关的法令、法规、规范和标准建设外，燃气安全技术发展主要是安全供配气技术、燃气检漏技术和防灾系统抢修技术等方面。

城市燃气市场管理技术包括天然气的购、输、销相关管理技术，主要是围绕城市燃气价格、市场开发、用户管理等方面的技术系列。

三、LNG、CNG

液化天然气是天然气经压缩、冷却，在－160℃下液化而成。其主要成分为甲烷，用专用船或油罐车运输，使用时重新气化或直接使用。天然气在 LNG 和 CNG 领域的技术，主要涉及交通行业、油气田开发行业等。

(一)LNG 技术

1. LNG 生产技术

LNG 生产技术是指利用气田来气,经过净化、脱水等预处理后,在高压、低温下生产液化天然气的技术。

LNG 生产主要有以下几种方式:级联式液化流程、单级混合制冷剂液化流程、丙烷预冷的单级混合制冷液化流程、多极混合制冷液化流程、单级膨胀机液化流程、丙烷预冷的单级膨胀机液化流程、两机膨胀机液化流程等。

2. LNG 储运技术

LNG 储运技术是指将液态天然气经车船等方式运输到目的地及对液态天然气的存储的相关技术。

LNG 船技术。由于 LNG 的密度较小,液货舱不能作为压载,因此运输船的干舷大都很高,易受风浪影响。同时,因 LNG 的温度很低,在 -165℃的状态下,货舱材料不仅要具备一定的强度,而且要有足够的低温延展性,即不脆化、有韧性、常采用含镍 9% 的合金钢或镍铬分别为 18% 和 8% 的合金钢或 36% 的镍钢。正由于有这些特殊性,所以 LNG 船都是经过专门的设计和制造的大型运输船。为了充分保证运输的安全性,船体大多数设计成双层壳体结构;夹层中充填惰性气体并且设置有气体防爆监测装置和严密的装卸操作规程。

LNG 接收站技术。LNG 船到达接收站,通过接收站卸液臂,通过接收站管道将其送到储罐中储存,LNG 接收站的再冷凝工艺处理贮存过程当中生成的蒸发天然气。外输之前通过汽化器汽化,然后通过调压等处理后进入管网。LNG 气化站是另一种形式的 LNG 接收端,主要包括卸载台、低温储罐、压力系统、气化系统、调压、计量和加臭系统。主要过程是通过 LNG 槽车运送到站,卸车、入罐，然后增压系统加压，汽化器实现汽化，再通过调节压力、计量之后输送到管网。

LNG 存储技术。LNG 到达接收站，被储存在储罐中。LNG 储罐分为地面储罐和地下储罐。LNG 地面储罐也可根据储罐储壁结构，分为单容罐、双容罐、全容罐及薄膜罐。单容罐有单层的储存能力，外围一般会伴有围堰，适用的压力较低，安全性较低。双容罐有对 LNG 的双层储存能力，没有围堰，一般适合建设大型储罐，安全性较高。全容罐有对 LNG 的双层储存能力，没有围堰工作压力稍高，应用最为广泛，安全性较高。薄膜罐有对 LNG 的单层储存能力，应用较少，安全性较高。LNG 地下储罐的罐体大部分在地面以下，有着双层结构，储存能力较大，占用地面积较小，安全性较高。

LNG 冷能利用技术。LNG 的利用方法可分为直接利用法和间接利用法。直接利用包括低温饲养和培育、低温除盐、低温发电、生产干冰和空气分离等。间接利用包括储存运输冷冻食品，粉碎塑料和橡胶、粉碎废旧家电和车。此外，LNG 冷能还可以用来发电、空气分离、调整 LNG 热值等。

3. LNG 撬装技术

撬装式 LNG 供气装置的设备由卸车增压撬、储罐增压撬、主汽化调压撬三部分组成。低温槽车将 LNG 运输至站区，通过卸车增压撬将槽车内的 LNG 充装到储罐里，当下游管网开始用气时，储罐内的 LNG 通过主气化调压撬将液态天然气气化成气态，并通过调压器调压至要求压力，再经计量加臭后输送至下游管网。当储罐内气相压力降低时，储罐增压撬会将液态 LNG 气化后输送到储罐里，保持储罐内气相压力稳定，以便连续稳定供气。

对于小型 LNG 撬装，最适宜的工艺是混合制冷剂液化工艺。小型 LNG 撬装式混合制冷剂液化流程的设备简化，而性能参数却丝毫不受影响，仍保持达到或超过丙烷预冷混合制冷剂液化流程的水平。

4. LNG 终端利用技术

由于 LNG 利用领域较广，因此在该技术系列中包括 LNG 可以利用的多种方式和途径，如 LNG 调峰技术、重卡等特种车辆 LNG 利用技术、船舶 LNG 利用技术、钻机 LNG 利用技术等。

(二)CNG 技术

1. CNG 生产技术

是指将低压力天然气通过增压设备加压到 25 兆帕的高压天然气的相关技术。

2. CNG 加气站技术

CNG 加气站设计技术，指设计 CNG 加气站整体框架、工艺流程、场站布局等的技术。根据场站周边情况，CNG 加气站可设计为常规站(直接从天然气管线直接取气加注车辆)、母站(从天然气管线取气，进入储气瓶组储存或通过售气机给子站加注)、子站(通过子站运转车从母站运来的天然气给天然气汽车加气)。

CNG 加气技术，指利用 CNG 加气机向 CNG 汽车中加气的相关技术。

CNG 设备及安全技术，指 CNG 加气站中设备生产、运行、维护等系列技术与安全管理技术，包括压缩机生产与组织管理、CNG 加气机设计与管理等。

3. CNG 汽车技术

CNG 汽车改装技术，即在原有汽车的基础上增加压缩天然气设备实现天然气和汽油双燃料的改装技术，主要包括 CNG 汽车总体布置与设计、专用设备的选择和安装、调试工艺等。

CNG 储气瓶技术，即 CNG 汽车用的储气瓶生产与检测技术，主要包括储气瓶生产技术、气密性检测技术等。

四、天然气分布式能源

分布式能源是指分布在用户端的能源综合利用系统。一次能源以气体燃料为主，可再生能源为辅，利用一切可以利用的资源；二次能源以分布在用户端的热电冷（值）联产为主，其他中央能源供应系统为辅，实现以直接满足用户多种需求的能源梯级利用，并通过中央能源供应系统提供支持和补充；在环境保护上，将部分污染分散化、资源化，争取实现适度排放的目标；在能源的输送和利用上分片布置，减少长距离输送能源的损失，有效提高了能源利用的安全性和灵活性。

分布式能源装置最常见的是燃气-蒸汽联合循环系统。天然气在燃烧室中燃烧产生1100℃以上的高温烟气，进入燃气轮机膨胀做功发电。从燃气轮机排出的500~600℃高温烟气进入余热锅回收余热，产生的中压蒸汽推动蒸汽轮机发电或直接供暖（冬季）。在夏季，采用溴化锂吸收式制冷技术充分利用原用于冬季采暖的蒸汽进行供冷，即构成了热—电—冷多联产系统，其综合能源利用效率能达到70％以上。

天然气分布式能源技术主要包括以下方面。

（一）规划和设计技术

主要包括天然气分布式能源相关的政策研究和咨询、行业技术标准化平台筹建及标准制定、分布式供能系统可行性研究等。

（二）动力与能源转换设备技术

即开展燃气涡轮发动机部件级的特性实验研究，进行仿真、优化设计、制造的工艺及技术，重点在小型燃气轮机、微型燃气轮机、燃气内燃机等系统的研究与开发，其技术系列主要包括：气体润滑轴承、高速高效压气机－涡轮、高速电机转子等关键部件和相关系统研发；燃机压气机、透平、发电机、轴承等集成技术研究；航改型机关键技术及配套技术研究。

(三)余热利用技术

即基于能的梯级利用原理，建立正循环与逆循环耦合结构，研究动力余热驱动的功冷并供循环、正逆循环耦合的机理，寻求适应低品位动力排气余热大温度区间梯级利用、功冷并供的新方法。重点在研究余热锅炉、余热制冷系统、热泵、能量回收系统、余热海水淡化设备等。其技术系列主要包括：余热利用相关技术及装备的研发；余热利用设备运行参数的优化及变工况特性研究；动力余热的功冷并供技术。

(四)蓄能及控制技术

即研发新型高效蓄冰装置与系统，研究并揭示压缩空气蓄能、抽水蓄能、电容蓄能、化学蓄能等蓄能技术的特点，因地制宜优化选择适合分布式能源系统特性的蓄能技术，并研制相应蓄能技术的关键设备和集成措施。重点开展蓄电、蓄热、蓄冷和蓄能4个技术方向的探索。

其技术系列主要包括：新型高效蓄能装置系统研发；蓄能技术在分布式能源系统中的应用技术研究；分布式能源系统的变工况控制技术研究。

(五)系统及测试技术

即开展分布式能源系统集成和检测方法的研究，建立和完善分布式能源系统测试评价体系；搭建分布式能源系统数字和物理模拟试验平台，开展分布式能源系统集成和检测技术研究，研究基于设备性能优化的分布式功能系统运行优化技术和控制技术等。

其技术系列主要包括：分布式供能系统运行优化技术研究；分

布式能源系统负荷分析和全工况运行功率匹配技术研究；分布式能源系统集成技术研究；分布式供能设备和系统性能测试评价方法研究。

（六）电网接入技术

即通过开展对微网物理架构设计、微网控制、管理和保护方面的研究，协调电源、负荷、储能设备，实现平滑功率波动，维持供需平衡和系统稳定，从而保证微网系统内独立安全运行，减少对电网的冲击，最大限度地接纳分布式电源。

其技术系列主要包括：基于多能源互补的电源—储能微网设计方法研究；分布式能源微网系统功率匹配和平衡控制技术研究；分布式能源微网系统电能质量控制和系统保护技术研究。

第五节 天然气经济与管理技术体系开发与集成

天然气经济与管理研究利用现代科学技术提供的信息、方法和手段，采用定性分析与定量分析相结合的方法，研究中国天然气市场、价格和石油天然气企业的天然气业务发展和生产经营的决策、组织和管理问题，为政府部门和企业领导提供决策支持和服务。目前已形成天然气价格研究技术、天然气市场研究技术、天然气战略管理研究技术、天然气项目全生命周期经济评价技术、天然气经济信息研究技术和海外天然气经济研究技术等6大特色技术。其中，天然气价格研究和天然气市场研究技术国内领先，价格研究成果得到了国家和川渝地区价格管理部门的采纳、应用和重视；市场研究成果对中国石油和西南油气田制定天然气市场开发与营销策略、优化用户结构、提高天然气销售收入起到了重要作用。天然气战略管理研究有力支撑了西南油气田转变发展方式和管理体制与机制的创新。

一、天然气市场与价格研究技术

以天然气市场实验室建设为重点，系统集成天然气需求预测、气价承受能力分析、市场风险预警、天然气对国民经济贡献的分析方法与工具，构建天然气经济数据库和市场开发分析技术体系，形成公司天然气市场开发与营销的决策支撑平台；围绕天然气产业政策与改革、天然气市场形势与前景、市场开发与结构优化、市场风险预警与防控、用户用气特征与需求潜力、公司销售盈利模式与体制机制开展前瞻性探索研究；常态化跟踪研究国家和川渝地区的宏观经济形势、天然气行业产销形势及政策动态、重点用气行业的市场发展趋势以及替代能源价格走势；做好重点区域市场、重点行业用户专项调查研究。

依托中国石油的天然气价格研究中心，主要围绕天然气价格市场化后天然气价格管理体制、天然气差别定价、天然气管道与储气库价格、非常规天然气价格、天然气价格市场化推进措施、天然气能量计价、天然气终端价格管理等问题开展研究。开展天然气价格研究工具开发和集成，强化基础研究能力建设。天然气价格机制、天然气价格改革、天然气管道和储气库价格等方面的研究技术保持国内领先。

二、天然气战略与管理研究

重点围绕西南油气田发展和经营管理中存在的难点，以及国内天然气产业发展的热点问题，开展发展战略、规划计划、人事、劳资、党建、内控等领域的研究。

分析西南油气田年度生产经营环境变化及发展趋势，分析天然气经营管理体制机制改革对生产经营的影响，研究虚拟语气在资源、管网、市场等方面的应对策略与措施；分析西南油气田生产经营热点难点问题，重点开展财务管理、文化建设、内控管理、经营模式、党建工作、人力资源管理等方面的专题研究；研究公司长期发展战略与发展规划；研究公司战略规划执行与考核相关问题。

三、天然气技术经济评价与咨询业务

建成西南油气田投资决策的主要技术支撑单位。通过团队建设、学术交流、技术培训等手段，全面提升技术经济评价水平，为西南油气田主营业务的发展提供优质服务，努力打造西南油气田天然气技术经济评估中心。进一步提高经济评价参数研究水平，提出天然气建设项目经济评价参数的研究方法和思路，开展页岩气开发项目投资效益跟踪评价、低效无效井管理措施研究、储气库运营管理及技术经济考核指标研究等课题，进一步扩大成果影响力。研究国内外储气库运营管理模式和先进做法，构建适应西南油气田的储气库运营管理模式，为西南油气田储气库运营管理提供一定的指导作用。研究国内外储气库运行参数及建设投资、运行成本、费用情况，技术经济指标的建立和运用情况，构建适应西南油气田的储气库技术经济评价考核指标。根据页岩气开发井的投入、产出及效益情况，研究页岩气效益开发技术经济评价方法和指标体系，并提出相关措施和建议。以西南油气田及主要生产单位的年度投入产出为主线，测算西南油气田及各主要生产单位投资效果和效益指标，指出影响投资效益的主要因素，并提出相关措施与建议。

第五章 天然气产业链科技创新平台建设与拓展

第一节 天然气专业实验室、试验室(基地)

一、科技基础平台建设成效与适应性

(一)"十二五"期间总体成效

"十二五"以来,通过国家、省、中国石油、西南油气田"四位一体"科技创新平台建设,显著提升了西南油气田科技创新能力和水平,一批实验/试验成果成为西南油气田核心技术,为西南油气田主营业务提供了重要支撑,一批实验/试验装备和手段达到国际领先(先进)水平,提升和丰富了实验室/试验基地的研究基础,一批科研领军人物和青年骨干脱颖而出,为中国石油自主创新能力的提升提供了强有力的保障。平台建设对于推动西南油气田科技创新、科技成果上水平、核心竞争力的提升起到了重要作用。

全面实施西南油气田科技创新平台发展战略,建立有效的"统一规划、严格标准、分类实施、规范管理、开放共享"机制,推动科技平台建设与管理水平再上新台阶。首先是以提升原始创新能力、助力科技创新水平为目的,制定和实施创新平台发展战略,注重自身特点和优势发挥,优化专业布局,做好顶层设计。其次是强化基础管理及过程控制,高度重视基础工作,确保实验室建设从立项、审查、建设、验收评估、运行维护等各项工作都高质量、高水平完成。国家和中国石油的几个重点实验室建设都是以创纪录的高分通

过评审和运行评估，展示了西南油气田创新能力和组织管理实力。再者是加强制度建设，完善机构及职能，为西南油气田重点实验室建设和管理奠定坚实基础。制定和完善各项管理制度，在上级主管部门和各相关二级单位增设平台管理岗位，全面提升西南油气田实验室平台建设和管理水平。最后是加强技术交流、信息发布与宣传，不断提高重点实验室影响力。采取吸纳知名院士和专家进入实验室学术委员会、全面加大与国际知名学术机构的技术交流和项目合作、邀请国内外知名专家召开有重大影响力的国际学术会议等多项措施，提升实验室技术实力和国际上的广泛影响力。

（二）科技平台建设对西南油气田核心竞争力的重要贡献

1. 提升了西南油气田在天然气开发领域的影响力和话语权

"十二五"期间重点建设的集团高含硫气藏开采先导试验基地和中国石油的天然气质量控制和能量计量重点实验室顺利通过运行评估，以中国石油科技条件平台为基础申报的国家能源高含硫气藏开采研发中心正式成立，初步形成了国家、省、中国石油、西南油气田"四位一体"科技创新平台，西南油气田在天然气开发领域的影响力和话语权得到了进一步提升。实验室成果"氧化微库仑法测定总硫含量"经国际标准化组织天然气技术委员会的21个成员国全票通过，成为天然气上游领域的第一个国际标准，实现国际标准化工作获里程碑式突破。

2. 形成了一批实（试）验新技术，提升了研究能力

通过重点设备和装置的引进或研制开发，西南油气田研发手段和实验/试验能力有了显著提高，重点实验室和试验基地整体装备水平达到国内领先。一批重要仪器设备投入运行，解决了长期以来制约西南油气田研发水平提升的实（试）验装备瓶颈。国家能源高含硫气藏开采研发中心在建设中不断完善科研条件，新增设备40项，其中标志性设备12台、丰富测试手段22项，新增和拓展实验功能66项，研究能力不断提升。天然气质量控制和能量计量重点实验室新增天然气凝液组成分析、天然气砷汞含量测定和管道流态研究等8项实验功能，完善了工作级标物研究等6项实验功能，补充了气瓶处理和标物快速称量等5项实验手段。

3. 支撑了重大科技项目攻关，加速了新技术新产品开发

遵循"边建设、边运行、出成果"的原则，已建成的重点实验室和试验基地承担了多项国家和中国石油重大攻关项目，取得了一批重要的科研成果，形成了一批具有自主知识产权的专利技术和产品，获得了多项国家、集团和西南油气田科技奖励。在基础研究、关键技术研究、现场试验等方面取得了突破，提出了一些新理论和新认识，加速了技术的推广和产业化，有力支撑了西南油气田的重大科技攻关。国家能源高含硫气藏开采研发中心建设期间共承担各级科研项目77项，其中国家级8项、省部级26项。获各级科技成果奖励共33项，其中省部级9项。申报专利41项，其中发明专利8项；获发明专利授权4项，计算机软件著作权登记7项，技术秘密3项。起草制订国际标准1项、国家标准3项、行业标准4项。

4. 支撑了西南油气田主营业务的发展

由于西南油气田"十二五"期间加快了龙王庙气藏和页岩气示范区的勘探开发进程，实验室也根据西南油气田主营业务的变化，围绕龙王庙气藏、致密油和页岩气项目攻关及开发现场技术需求，调整了部分实验设备的建设计划；为了适应科技创新平台的快速发展，形成国家、省、中国石油及西南油气田四位一体的新构架，进一步加强西南油气田在天然气领域的领先地位，西南油气田加大了投资力度，完善了实验功能，形成了天然气中硫化合物、烃露点、颗粒物、水露点等系列检测技术和标准。

重点实验室建设运行以西南油气田主营业务发展为导向，针对

西南油气田勘探开发现场面临的技术难题开展室内测试评价，解决了阻碍现场生产的技术难题，一批新工具、液体及工艺技术进过室内评价和中试试验成功应用于现场，为西南油气田的天然气安全高效开发奠定了基础。高含硫气藏开采先导试验基地成果支撑生产作用突出，有力地支撑了磨溪龙王庙组气藏试采工程建设、龙岗气田和土库曼斯坦高含硫气田的安全开发。HSE技术实验室针对重点开发区块生产中安全环保关键技术开展攻关，从气田开发安全评价、环境评价、HSE方案编制、应急预案编制和应急保障平台搭建等方面，为气田开发的安全环保设计、施工和运行提供了技术支持，支撑了国内的川东北气田（罗家寨、滚子坪、铁山坡、渡口河和七里北）、普光气田、龙岗气田、长宁－威远页岩气、龙王庙气藏和国外的阿姆河气田、南约洛坦气田的安全环保开发。

5. 培养了一批高层次拔尖人才

重点实验室/试验基地一方面加大人才引进力度，以实验室为平台，面向国内外凝聚高层次优秀人才；另一方面大力强化人才自主培养，以国家重大课题为纽带，带动和培养年轻科研人员成才，着重在工程示范和产业化应用等方面培养跨学科复合型人才，形成可持续发展的学科人才梯队。实验室开展了大量的学术技术交流活动，主持了多项对外合作科研项目，与国际能源组织、中国计量院、清华大学、美国西南研究院等国内外研发机构建立了合作关系，定期邀请高校学者进行讲座、开展各类技术交流，扩大了影响力，培养了一批科研骨干人才。

（三）实验基础平台适应性

西南油气田重点实验室的现有实验装备、人力资源配置及基础设施等虽能满足西南油气田现阶段科研工作的需要，但还存在以下问题。

1. 需加强基础实验室建设

为适应川渝管道大调整的技术需求,提升管道专业化管理水平,保持技术领先性和行业话语权,亟需建设天然气环网管网工艺技术实验室。

为适应油气田研究院的定位,建设钻完井(测试)业务支撑能力的需要,亟需建设固完井技术实验室。

为提高天然气流量测试能力,为全国范围内天然气流量计检定、校准和测试做好技术支撑,亟待建立湿气流量检测平台。

2. 需加强支撑西南油气田新研究领域的实验设备投入

由于实验室功能定位和发展方向的调整,需要在新领域配套建设实验设备支撑西南油气田新研究领域的发展。根据西南油气田科研研发体系规划,部分实验室需要在功能定位和发展方向上做一定调整,需要配套相应的实验测试设备。鉴于上述原因,要使直属科研院所重点实验室的实验装备能满足西南油气田未来繁重科研任务的需要,亟需针对高含硫天然气和页岩气的特点,更新和新增一部分仪器设备,特别是高精密度、高稳定性的仪器设备以及高性能的数据处理分析软件。

3. 需要更新升级部分老化严重的关键实验设备

根据主营业务发展,为支撑西南油气田300亿立方米战略大气区建设,部分老化严重的关键实验设备需要更新升级。根据西南油气田"十三五"发展战略规划,在"十三五"末要全面建成300亿立方米战略大气区,西南油气田战略目标的实现需要实验基础设备做支撑,推动新技术进步。然而,西南油气田部分实验室存在重点实验支撑设备老化,严重影响测试结果。一是整体新度系数较低,二是部分实验室目前缺乏高精密度和高稳定性的仪器设备。

4. 需加强实验室国家计量认证或其他资质证书办理

部分实验室还未获得国家计量认证或其他资质证书,限制了实验室提供技术服务的范围,制约了实验室的进一步发展,有待创造条件逐步解决这一问题。

二、实验室建设情况与规划目标

(一)实验室分布情况

西南油气田的实验室建设始于20世纪50年代初的地质实验室和开发实验室,经过不断发展完善,"十二五"期间,西南油气田直属科研院所已初步建成了学科和功能基本配套、装备较为先进的实验基础平台,初步形成了国家、省、中国石油、西南油气田"四位一体"的科技创新平台(图5-1)。

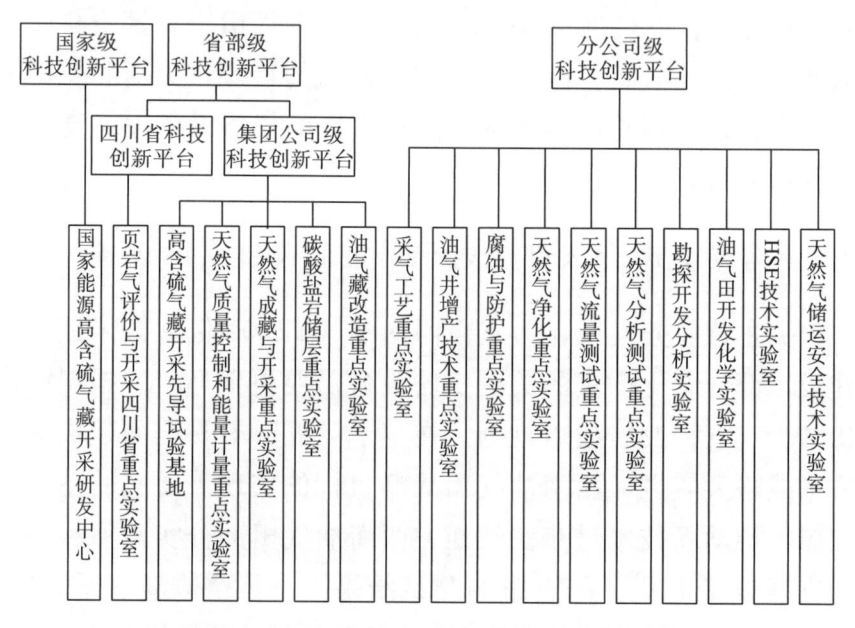

图5-1 西南油气田直属科研院所实验室分布图

目前共有建制实验室 10 个，分别设在勘探开发研究院、工程研究院、天然气研究院及安全环保与技术监督研究院 4 个二级单位。"十二五"期间，在现有建制实验室中优选评估建成了 6 个西南油气田重点实验室。在现有实验室的基础上通过优化整合申报的国家能源高含硫气藏开采研发中心、四川省页岩气重点实验室获批建立；中国石油高含硫气藏开采先导试验基地高分通过批准建设和运行评估；中国石油的天然气质量控制和能量计量重点实验室建设完成。

（二）"十二五"期间实验室建设情况

实验室建设执行情况："十二五"期间，全面建设 17 个国家、省部级、西南油气田重点实验室/试验基地，涵盖科研主要实验/试验领域，整体达到国内领先水平，部分达到国际先进水平。以中国石油的科技基础条件平台建设为基础，成功申请了国家级科技基础条件平台（国家能源高含硫气藏开采研发中心）建设项目，新申报的四川省页岩气重点实验室也获批建立，申请的天然气质量控制和能量计量重点实验室已建成投入运行，强化了西南油气田在国家、集团公司科技创新体系中高含硫、能量计量专业领域的重要地位。

实验设备建设规划执行情况：实际安排中，各专业技术实验室均安排实施了相应的实验装备建设，"十二五"期间新投入 14833 万元，新研制和购置设备 210 台套，其中标志性设备 60 台套，仪器设备新度系数由 0.45 提高到 0.55。新增实验功能 61 项，新增和完善实验方法/手段 84 项，基本完成"十二五"设备建设目标。部分实验设备由于投资渠道问题，设备建设有一定滞后。其中，规划的高温高压井下工具实验平台，目前完成了实验系统方案可行性论证和方案初步设计，通过了中国石油专家组织的审查，2015 年完成详细方案设计和关键模块制造，预计 2016 年完成设备的安装、调试和试运行。

科技攻关情况。2011~2014 年实验室承担西南油气田级以上科研项目 333 项，其中国家级 44 项，股份公司级 39 项，西南油气田课题 208 项。

成果及有形化情况。2011~2014 年各实验室共获得各级奖励 67 项，其中国家级奖 2 项，省部 8 项、集团（股份）西南油气田级 13 项和西南油气田科技奖 44 项。截至 2014 年共申请专利 78 项，授权专利 50 项，认定技术秘密 27 项。

实验室建设目标：完善和提升现有 11 个实验室和 3 个现场基地的整体水平；新建天然气质量控制和能量计量中心。按照国家重点实验室的要求，配套完善天然气质量控制和能量计量中心，申报并建成天然气质量控制和能量计量国家重点实验室。

三、重点实验室分布及功能

（一）国家级科技创新平台——国家能源高含硫气藏开采研发中心

2013 年 2 月 6 日，国家能源高含硫气藏开采研发中心成立，国家能源局以国能科技〔2013〕60 号文正式批准设立国家能源高含硫气藏开采研发中心；授牌仪式于 11 月 24 日在西南油气田科技大厦举行。研发中心组织机构见图 5-2。

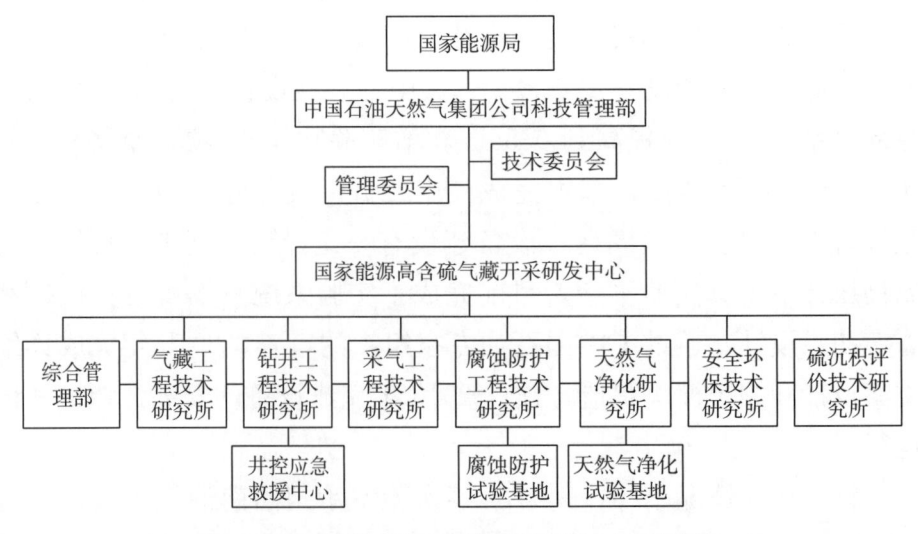

图 5-2　国家能源高含硫气藏开采研发中心组织机构

国家能源高含硫气藏开采研发中心是西南油气田以数十年来开发高含硫气藏形成的气藏工程、完井工程、采气工程、腐蚀与防护、天然气净化、安全环保等核心技术为主体,结合川庆钻探工程有限公司的特色工程技术和西南石油大学的基础研究优势,打造的国内第一个以高含硫气藏开发为重点的国家级研发中心。中心旨在围绕攻克高含硫气藏安全清洁开采过程中的关键瓶颈和技术难题,形成完备的高含硫气藏安全清洁高效开发的技术与标准体系,同时培养一批具有国际竞争力的高含硫气藏开采领军人才,为提升高含硫气藏开采国际竞争力、支撑和海外高含硫气藏的安全清洁高效开采和保障国家能源安全提供重要技术支撑及人才保障。

(二)省部级科技创新平台

1. 页岩气评价与开采四川省重点实验室

页岩气评价与开采四川省重点实验室由西南油气田联合四川省煤田地质局共同建立,定位是:行业的主导者、技术的引领者、标准的制定者、人才的培养者。实验室由地质评价、地球物理勘查、资源勘查、产能评价、储层改造5个分实验室组成(图5-3),紧密围绕页岩气评价方法与效益开采的技术难题开展技术研发、成果转化和人才培养。建成装备一流、技术领先的技术研究和现场试验基地,成为页岩气勘查、评价、开采领域关键共性技术和瓶颈技术的攻关基地,形成页岩气产业技术研发、成果转化、人才培养3大平台,

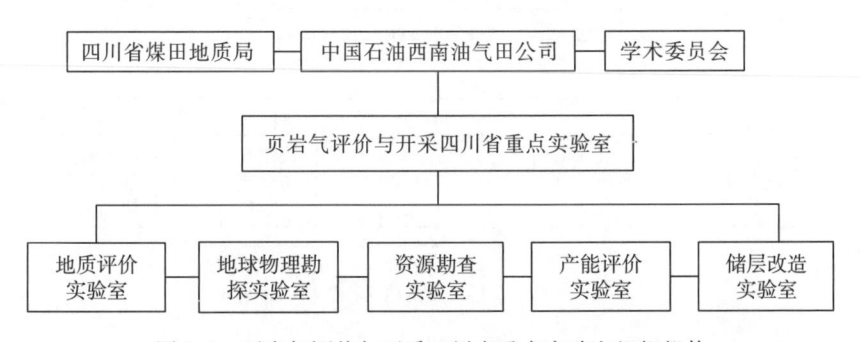

图5-3 页岩气评价与开采四川省重点实验室组织机构

提升页岩气地质评价、装备工具、工程技术、新材料开发及应用、安全环保等5大领域的研发实力，力争达到国内一流水平。

2. 高含硫气藏开采先导试验基地

高含硫气藏开采先导试验基地是中国石油"十一五"期间建设的40个重点实验室和试验基地之一，依托西南油气田，联合西南石油大学承建。试验基地包括采气工艺技术、油气井增产技术、腐蚀与防护、天然气净化、西南石油大学等5个研究室和腐蚀防护、天然气净化等2个现场试验基地。主要功能是进行采气工艺实验评价、抗硫工具研发和井筒完整性评价；岩石力学及地应力特征研究、工作液性能评价、储层伤害评价和压裂酸化材料优选；酸性气田腐蚀基础研究实验技术、腐蚀控制技术和腐蚀监测技术研究；脱硫脱碳、硫磺回收及尾气处理工艺技术以及配套试剂催化剂产品研究；进行材料损伤与腐蚀评价，元素硫沉积评价与防治研究及高酸性流体相态测试与评价。高含硫气藏开采先导试验基地挂牌成立两年多来，在增产、采气、腐蚀与防腐、净化等领域取得重大突破和新进展，为高含硫气藏安全、高效和科学开发提供技术支撑，有力地支撑了龙岗气田、阿姆河气田等国内外高含硫气田的安全、清洁生产(图5-4)。

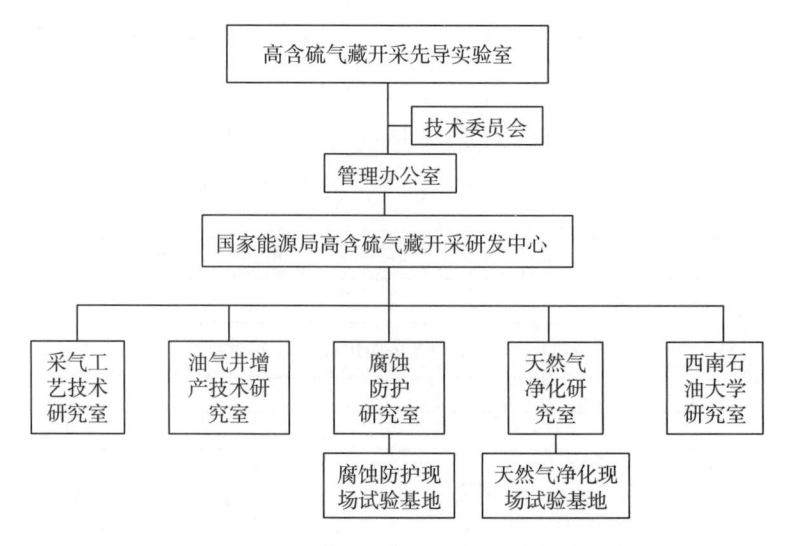

图5-4 高含硫气藏开采先导试验基地组织机构

3. 天然气质量控制和能量计量重点实验室

天然气质量控制和能量计量重点实验室是中国石油"十二五"期间建设的 7 个科技创新平台之一，也是中国石油唯一设在地区公司的重点实验室。目前处于全面建设阶段（图 5-5）。

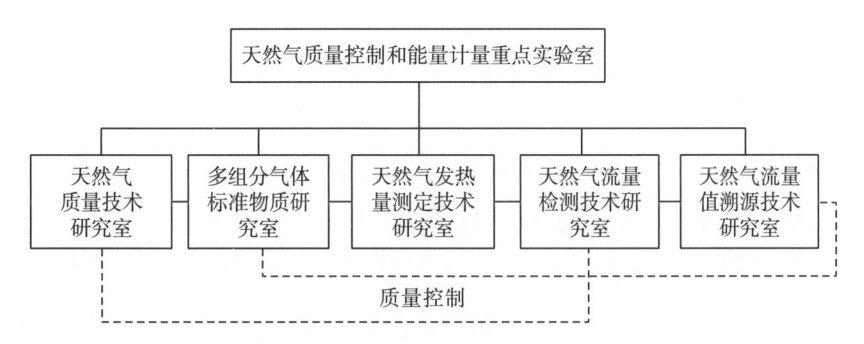

图 5-5　天然气质量控制和能量计量重点实验室组织机构图

（三）油气田级科技创新平台

西南油气田 10 个实验室共有员工 529 人，其中操作人员 46 人。从学历结构看，博士后 12 人，占总人数的 2.27%，博士 35 人，占总人数的 6.61%；硕士 150 人，本科 209 人，专科及以下 87 人。

西南油气田 10 个实验室（采气工艺重点实验室、油气增产技术重点实验室、腐蚀与防护重点实验室、天然气净化重点实验室、天然气流量测试重点实验室、天然气分析测试重点实验室、勘探开发分析实验中心、油气田开发化学实验室、HSE 技术实验室、天然气储运安全技术实验室）现有各类实验仪器设备共 496 台套。西南油气田 10 个实验室现有专用软件 25 套，资产原值 2000 余万元，其中进口的 15 套，国产 10 套。2009~2014 年，西南油气田实验室建设投入共计近 1.2 亿元。

第二节　博士后科研工作站

一、博士后科研工作站现状与适应性

(一)博士后科研工作站现状

2004年5月，西南油气田博士后科研工作站正式揭牌成立。博士后工作站目前分别有勘探开发研究院、天然气研究院、工程研究院、安全环保与技术监督研究院、天然气经济研究所和输气管理处6个博士后分站，"十二五"期间在博士后人才引进和培养方面成效显著，进站博士后水平持续提升，期间首次引入安全环保、物探技术等博士后人才。西南油气田博士后科研工作站2009年顺利通过了全国博士后管委会的评估，成为四川省46个博士后科研工作站的先进典型和优秀代表，2015年被评为全国先进博士后科研工作站。

西南油气田成立了以公司领导为组长的博士后科研工作站协调领导小组，设立了博士后管理办公室和专家小组，与相关职能处室一起构成博士后工作站管理体系，同时制定了《博士后科研工作站管理(暂行)办法》(图5-6)。由上级主管部门和人事处组成的博管办负责日常工作，工作站下辖6个博士后分站，专业面覆盖了勘探、气藏工程、采气工程、自动化、防腐、力学、分析测试、安全环保、经济与管理等与西南油气田勘探生产紧密相关的专业。

西南油气田全部主体专业方向，目前已出站23人，在站12人。博士后工作站多次得到省人事厅、高等院校和企业的高度评价。同时，博士后科技创新能力得到全面提升，5年来承担和参加科研项目15项，博士后工作站已经成为西南油气田高水平人才培养和自主创新的重要平台。

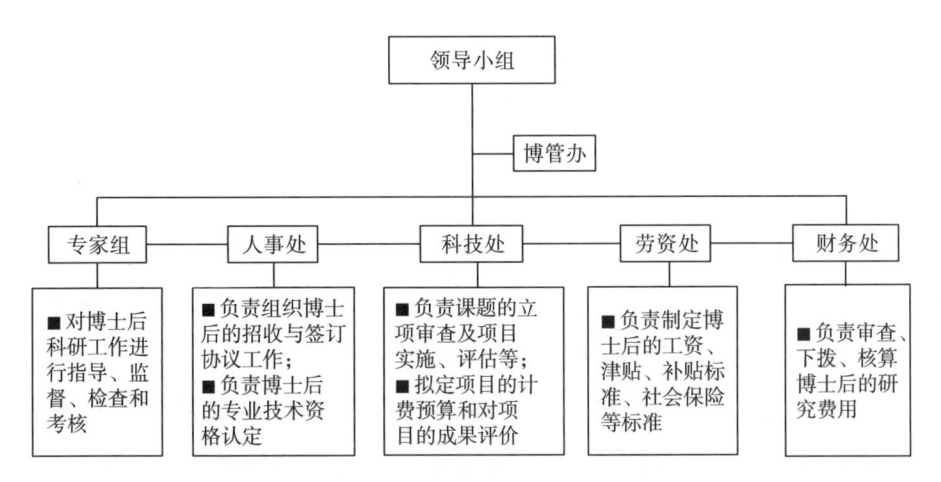

图 5-6 西南油气田博士后工作站组织机构

博士后研究领域涉及天然气勘探、天然气开发、储运、化学与防腐和软科学，2005～2015 年共进站博士 35 人，出站博士 23 人（表 5-1）。

表 5-1 西南油气田博士后分站情况表

博士后分站名称	进站人数	出站人数
勘探开发研究院博士后分站	13	7
工程研究院博士后分站	8	6
天然气研究院博士后分站	7	3
输气管理处博士后分站	2	2
天然气经济研究所博士后分站	3	2
安全环保与技术监督研究院博士后分站	2	3

（二）博士后科研工作站发展成效

博士后工作站近几年来取得了一批重大的创新成果，在生产应用中取得了显著成效；培养了一批高素质学科带头人，促进了学术交流和相关学科的发展。

在科研成果方面，西南油气田博士后研究人员，共承担和参加科研项目 60 项左右，涉及油气勘探、开发、采气、储运、净化、化学与防腐、安全与环保和软科学等领域；博士后参与国家重大专项、国家 973 和国家 863 项目 7 项，中国石油课题及重大科技攻关项目 12 项；同时博士后在站期间，共在各类学术会议和国内外核心刊物上发表论文 60 篇（其中，SCI、EI 和 CSCD 收录的 11 篇），编写和参与编写专著 3 部。

在人才培养方面，西南油气田博士后研究人员在研究过程中，充分发挥了学科带头人的作用，带动了年轻技术骨干们的攻坚啃硬的工作作风，推动了年轻技术骨干的加速成长，通过团队攻关精神解决了一个又一个技术难题，使博士后研究项目取得了一批创新成果。目前出站的 23 名博士后，有 13 名留在了西南油气田工作，一名被推荐到中国石油股份公司北京总部就业，另外 3 名则被西南石油大学作为优秀高层次人才聘用。留下的博士后中，作为研究骨干在各个领域发挥着核心作用。

西南油气田博士后工作站坚持从具体情况出发，学习借鉴国内外有益经验，在探索中前进，在前进中发展，取得了显著的成绩：一是完成博士后工作站管理办法修订。二是持续引进高水平博士后人才进站。三是加强在站博士后管理和项目攻关组织，攻关效率和成果水平持续提升。四是积极推进与知名院校紧密结合的"校企联合培养"的方式。另外，还与加拿大硫磺回收研究院建立了博士后联合培养关系，开启与国外技术领先单位共同培养博士后的先例，提升西南油气田博士后工作站的国际影响力。五是合作交流持续深入，实施"引进来、走出去"合作模式，加强与国内外研发机构的交流与互访。

二、博士后工作体系适应性

博士后工作站已培养出大批高水平博士后人才，在多个重点领域开展系列攻关研究工作，有力支撑相关领域技术进步和西南油气田主营业务发展，起到了较好的技术引领和支撑作用。但针对西南油气田"十三五"业务发展需要和日益复杂的勘探开发对象，在以下几个方面还有待于进一步提升和完善。

（一）博士后项目安排在技术发展与生产结合上有待于进一步优化

面对日益复杂的攻关研究对象和效益开发对技术提出的更高要求，博士后项目在攻关内容安排上既要推动西南油气田重点领域勘探开发技术进步，又要有力支撑业务需求，将科技成果及时转化为生产力。特别是针对当前亟需的物探技术、开发开采工艺等技术的攻关集成和应用，当前针对关键技术的攻关安排和成果应用还有待于进一步强化和优化。

（二）重点专业高水平博士后人才的引进力度有待于进一步加强

目前西南油气田博士后工作站在多个领域引进了多名高水平博士后人才，但在物探技术、开发与开采工艺、安全环保等部分领域的博士后引进力度上还不能完全满足目前西南油气田勘探开发对技术发展的需求，而在重点专业领域的博士后引进上，西南油气田现有的影响力和薪酬待遇尚存在一定的不足和差距。

（三）博士后在站管理和博士后工作环境有待于进一步优化完善

目前西南油气田博士后进出站管理严格规范，但在博士后科研成果有形化集成和应用上还有待于进一步加强。针对博士后创新成果管理和激励机制还有待于结合西南油气田相关管理规定程序进行完善。在近几年博士后引进和培养方面，存在重点领域博士后不愿进站和部分关键技术领域博士后人才出站后，因外部给予更好的待遇而不愿意留在西南油气田工作等情况。因此，在博士后工作环境营造、博士后工作待遇等方面还有待于进一步优化完善，提高博士后进站吸引力，推动进站博士后水平的全面提升，特别是增大关键领域博士后进站吸引力，以进一步提高西南油气田博士后工作站水平和影响力。

第三节 天然气科技管理信息平台

一、科技管理信息系统的信息支持技术

(一)信息支持技术体系

西南区域中心(已由网络中心转变为数据中心)是中国石油下属12个区域中心之一。勘探开发研究院、安全环保与技术监督研究院到信息中心由专线连接(中国石油自建网络),采气院、其他气矿采用电信租用 ADSL 专线,下级单位采用树状结构。上级信息数据中心采用双星型网络(主从)井站(租用地方 ADSL)→气矿级→数据中心。目前西南油气田有3个大的机房:天然气大厦五楼、调度楼一楼、勘研院机房。西南油气田勘探与生产数据中心属于副处级单位,挂靠于研究中心,编制为17人,实际人数为14人(图5-7)。

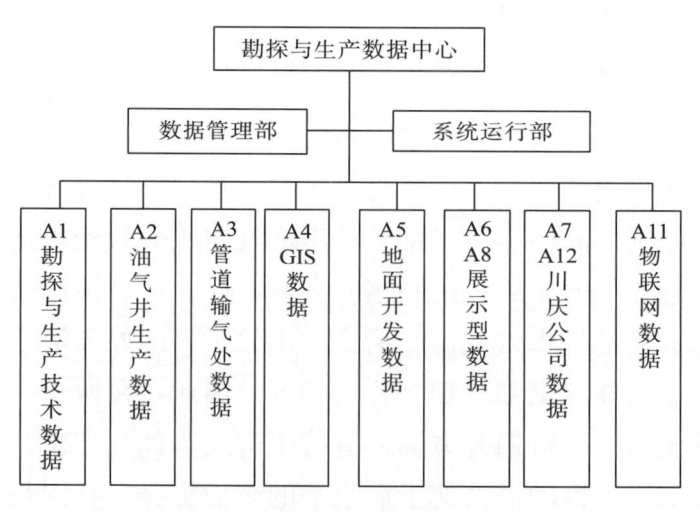

图5-7 数据中心组织机构与管理模式

勘探开发生产信息支持技术:基本建立集中统一的数据管理体系,基本满足多学科协同研究要求。经营管理信息支持技术基本能

满足经营决策要求，办公管理信息支持技术现有系统基本满足办公业务需求，但缺少更为安全、高效的办公应用，有必要开展办公室系统攻关研究、集成和应用，保障办公应用系统的安全高效运行。

(二)科技管理信息系统

1. 科技管理信息系统建设的必要性

近年来，科技管理业务范围扩大、工作量不断增多，科研信息日新月异，这些趋势使得目前的科技管理方式难以及时有效地掌握最新的科研情况。通过信息化的管理手段对日常科研工作进行管理，优化科研工作流程，能够加强各管理环节和人员之间的协同，加快管理信息化、网络化的步伐，并为管理层提供真实有效的科学决策依据。西南油气田正在建设的科技管理信息系统是转变科技管理发展方式，提高西南油气田整体科研工作水平，为科技管理提供高效的计划、组织、协调及决策支持的必要途径。

科技管理信息系统旨在满足西南油气田及二级单位科技管理业务所需要的数据管理、工作规划、流程审批、数据采集、存储、统计分析等功能，实现业务数据的规范化管理以及及时有效地流转，方便管理层了解科技管理工作状态，加大对西南油气田各类科研项目工作开展的管理和支持力度，帮助提高整个西南油气田的科技管理水平，促进科技管理科学化、规范化和标准化。

2. 科技管理信息系统的结构与功能

业务范围包括：规划计划管理、项目管理、重大项目管理、成果管理、经费管理、知识产权管理、科研平台、研发机构、专家库、博士后工作站等十大业务子系统，针对其业务管理流程、管理需求进行系统可行性研究。西南油气田科技管理信息系统功能架构如图 5-8 所示。

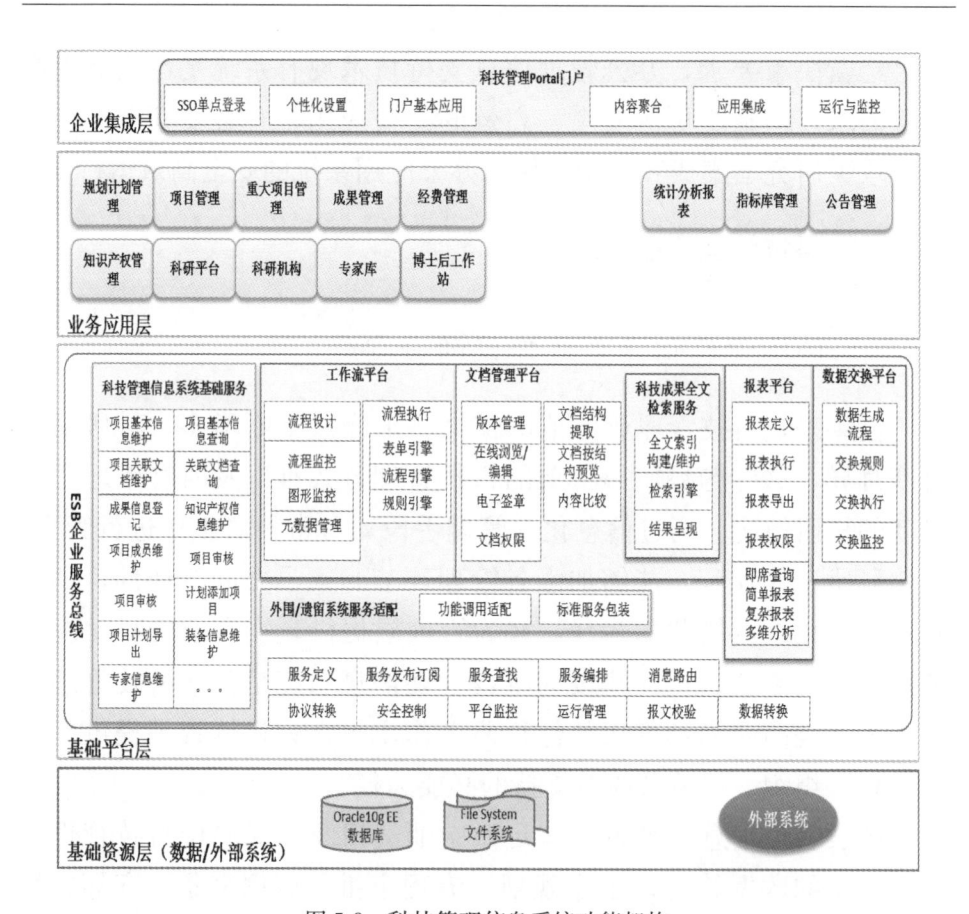

图 5-8　科技管理信息系统功能架构

系统功能架构分 4 个层次：基础资源层、基础平台层、业务应用层、企业集成层。

基础资源层提供科技管理信息系统的基本存储功能，主要由数据库和操作系统完成，另外还包含外部系统的数据资源、服务资源，为科技管理信息系统提供外部支持。

基础平台层完成科技管理业务涉及的基础功能，分为工作流平台、文档管理平台、报表平台、数据交换平台以及科技管理业务基础服务、外部遗留系统适配服务。

业务应用层按业务需求实现相应的业务管理子系统/模块，通过组合基础平台层的基础功能或者单独开发完成。业务应用层是业务用户能够看到的最小应用单位，基础平台层对业务用户是透明的。

企业集成层用于实现科技管理门户的功能，将各个子系统/模块的功能、信息合理组织起来呈现给用户，使用户感觉并非面对多个不同的管理子系统/模块，而是面对一个整体协调一致的、统一的系统。

3. 科研协同平台建设

借助数字油气藏技术和多专业协同研究模式，基于勘探开发项目研究环境建设，实现多专业、多部门、跨地域协同研究；参考勘探开发项目研究环境建设模式，逐步实现对采油气工程、地面工程、安全环保研究、天然气经济研究、重点实验室的信息化支撑；建立科技管理信息系统，实现科技信息的高效率管理。

二、国内外科技信息检索平台

西南油气田现有大量科技文献资源，包括国内外图书期刊、电子图书、缩微胶片、各种外购及自建文献数据库、各二级单位自办科技刊物。

（一）特色资源库建设系统功能

特色资源库建设主要包括：将扫描获得的图像文件和原有的各种格式电子文档进行深度的数据加工；内容加密使之无法随意地拷贝、打印、散发，实现了文档的安全保护；功能强大的加密入库及安全管理引擎，以及重点推荐和读者身份注册等人性化服务；支持电子资源的全文检索；支持网络发布并进行各种统计；授权限定范围内的读者下载阅读。保护图书馆的劳动，保护知识产权，实现特色资源的增值。

（二）特色数据库数据建设及应用

中外石油文献数据库光盘检索系统《中国石油文献数据库》（简

称 CPA)，外文原版期刊数据库，西南油气田——测井数据光盘管理与检索，西南油气田自办期刊和成果汇编数据库。

三、国际国内技术交流平台

以引进和吸收国外先进技术、开拓视野和提升水平为目标，注重国际交流和合作，构建开放式科研环境，积极打造国际化科技人才队伍，为西南油气田发展提供好技术支持。

(一)博士后学术交流

组织博士后及相关技术专家先后赴美国、德国、瑞士、英国等国家进行天然气标准、能量计量、发热量测定与检测等领域的技术交流与培训；与加拿大 Solaris、荷兰壳牌、德国 PTB 以及挪威 IM-PO 等公司和技术机构进行了合作交流；围绕油气田开发涉及的防腐、净化、开发化学、气质分析及计量技术，与石油企业单位和高校进行技术交流 20 余次，参与国内各机构组织的研讨会 20 余次。

充分利用好在站博士后已有科技攻关成果，支撑西南油气田相关领域的业务发展和技术进步。结合西南油气田业务发展需要，继续在物探、地质等专业筛选高水平的博士后进站，提前做好博士后攻关项目的安排。

(二)工程技术学术交流

以引进和吸收国外先进技术、开拓视野和提升水平为目标，注重国际交流和合作，积极打造国际化科技人才队伍，为西南油气田发展提供好技术支持。以土库曼斯坦天然气勘探开发技术支持为主的海外技术服务，为阿姆右岸天然气勘探开发提供了有力技术支撑；注重加强与中国石油休斯敦研发中心合作与交流，开展"三高气井永久式生产封隔器研究"等项目联合攻关研究，利用好中国石油海外技术优势为西南油气田服务；注重发挥在天然气分析测试方面的技术优势，已先后协助国际 ISO/TC193 秘书处在中国召开了 4 次年会和 2 次天然气技术国际研讨会；组织了 2 届中国石油高含硫气藏开采先导试验基地国际学术交流会。

在具体海外技术合作方面，西南油气田已与加拿大阿尔伯塔硫磺研究院(ASRL)、美国西南研究院(SWRI)、美国科罗拉多州工程实验站、德国国家物理实验室(PTB)、英国国家物理实验室(NPL)、瑞士克 Clariant 公司、荷兰 PNS 公司和挪威 DNV 公司等开展了广泛的合作及咨询服务。与 ASRL 和 DNV 合作开展《酸性气田元素硫沉积防治及天然气净化技术研究与应用》《含硫天然气中元素硫测定和克劳斯装置尾气处理新技术研究》等项目研究，与 DNV 合作建立了适应于酸性天然气处理厂的资产完整性管理技术，与美国科罗拉多州工程实验站针对天然气计量检测中心扩容改造中环道检测系统进行技术合作，与 SWRI 针对酸性环境下元素硫垢下腐蚀评价技术进行技术合作，与 PTB 进行了天然气流量国际比对方法及应用合作研究。

例如，天然气研究院 2011~2014 年对外合作交流。天然气研究院是美国石油学会(API)、美国石油工程师协会(SPE)、美国腐蚀工程师协会(NACE)、美国气体加工者协会(GPA)和加拿大阿尔伯塔硫磺研究院(ASRL)会员。与 ASRL、美国西南研究院(SWRI)、德国国家物理实验室(PTB)、英国国家物理实验室(NPL)、瑞士科莱恩公司(Clariant)、荷兰壳牌和 PNS 公司、挪威 DNV 公司和 IMPO 等开展项目合作及咨询服务。与清华大学、北京航空航天大学、北京科技大学、华中科技大学、中国石油大学、四川大学、西南石油大学、中山大学等多所高校建立长期合作关系。

总之，以国家、省、集团、西南油气田四位一体的创新平台体系建设为核心，全面推动平台建设和运维管理。统筹规划、规范管理，将四位一体的平台建设与生产紧密结合，加强实验室配套，将实验室建设与科技项目进行有机结合，设立专题项目，加强成果的形成和应用；围绕西南油气田主营业务和重点工程，以完善实验室基础设施、实验装备建设为核心，以自主创新能力为重点，进一步改善科研条件和研发环境，装备先进、功能完善、开放流动、高效运行的研究开发和成果转化平台，为国家和省重点实验室建设和运行任务提供必要的技术支撑；在高含硫气藏开发、能量计量等方面取得多项成果，西南油气田原始创新能力显著提升；推动西南油气田重点实验室创新体系的建成，西南油气田重点实验室建设全面纳入总体规划，推动重点实验室规范运行管理；强化重点实验室/试验基地的规范管理，充分发挥学术、技术委员会的指导、咨询作用，完善考评管理；每年设置专项经费，形成稳定投入渠道，加大投资渠道对实验室设施设备的投入，同时依托一些重大科研项目购置配套的装置、设备、软件等，以提供设施设备保障；提升国家能源高含硫气藏开采研发中心地位，新建质量控制和能量计量国家级重点实验室。

同时，西南油气田积极发挥中石油整体优势，与中国石油的直属院所、相关油田单位签订战略合作协议，形成战略发展联盟，互取所长，推动中国石油整体技术的快速进步和主营业务的优质快速发展。并且，与国内理论先进、技术水平高的大专院校深入合作，在重大技术攻关、联合申办各级创新平台等方面成效显著。

第六章 天然气产业科技成果推广应用与成效

第一节 天然气产业技术推广应用体系建设

一、天然气科技市场和政策环境建设

（一）建立和完善科技市场体系，推进科技成果有效转化应用

在新的形势下，需要采取培育规范化技术市场，建立多层次多渠道的科技投入体系，加强中介服务机构工作，强化对科技推广能手的培训工作，建立技术创新机制等措施，来解决科技成果转化的问题。

1. 完善技术创新的政策体系，优化市场环境

建立开放的科技成果转化体系，优化科技成果转化的政策环境。科技成果转化过程中的开放性表现在转化主体与外界的人才、信息、资金、技术和物质的交换。改善企业技术创新的市场环境，强化对市场行为的行政监控和舆论监督，同时要强化政府对科技市场流通状况的监控。

加强科技转化应用工作的领导，采用直属院所为主导的科技成果转化应用模式。以经济效益和创新度为核心标准，推进科技成果评价规范化，形成重视应用的政策导向。在鼓励创新成果产业化的过程中，改善和优化科技政策投入结构，切实实现人才的合理流动，完善知识产权法，并严格实施。

2. 通过市场内部化，形成以风险管理为特征的创新管理机制

企业成为技术创新的主体，意味着企业要承担技术创新成败的后果。企业研发组织的运作直接影响技术创新的成败。一方面，对有限的资源进行高效运作，是技术创新过程应首先考虑的问题；另一方面，整个技术创新过程中，风险性是一个最为显著的特征。因此，天然气产业应对技术创新运用市场手段进行资源配置，并对技术创新的全过程进行有效的风险控制。

3. 建立健全技术创新要素市场，实现科技资源的优化配置

技术创新是生产要素的一种重新组合，为了持续不断地进行技术创新活动，需要有健全的要素市场，确保原材料、资金、劳动力、信息、技术等各类生产要素市场的合理运作。天然气产业应建立勘探开发内部技术市场和创新要素市场，天然气企业作为技术创新主体和技术应用主体，应当发挥主导作用。天然气产业要统一协调和组织，加强对供需双方的指导与沟通，不仅可以使各企业得到新工艺、新技术、新产品，而且可以使科研单位走向市场，推动知识、技术价值评价体系的建立，逐步使知识和技术资本化、价值化。

(二)建立起有效的"产、学、研"运行机制，推动技术创新

产学研合作的技术创新也指在技术创新过程中，企业与高等院校、研发机构在风险共担、利益共享、优势互补、共同发展的原则下的创新合作。天然气产业面对着激烈的内外竞争，创新活动中面对的技术问题越来越复杂，技术的综合性和集成性越来越强。产学研的联结和技术市场是对技术源——企业技术中心的补充。尤其在目前市场经济不健全的条件下，产学研一体化对技术创新的展开有很重要的作用。

加强技术创新成果转化调控主体建设。从宏观调控分析，产学研合作受政府调控，调控主体要创造宏观体制、机制、法规、政策、金融、税收、市场竞争等宏观环境。调控主体就是各级政府，调控主体不到位，或者调控力度不够，都会影响产学研合作的发展。将产学研合作的主体，从不同条件区分为执行主体、运行主体、调控主体，有利于把握全局发展动态过程，有利各方主导作用的发挥。主体可以转化，主体角色可以并行多重化，更有利于加强企业的主体地位。

健全战略联盟机制，建立利益风险共担的产学研合作机制。产学研合作有5个基本要素：即科技成果、资金投入、利益分配、商业规范、市场效益。产学研结合要坚持以市场为导向，以企业为主体，抓住科技成果迅速转化为现实生产力这个关键，注重实效，扎实推进。切实发挥企业在促进科技成果产业化方面的主体作用，联合高等院校、科研院所的科技力量，在全社会范围推进科技资源的优化配置。鼓励有条件的高等院校和研发机构与企业联合办技术中心、中试基地，或通过联营、投资、参股等多种方式实现与企业的联合，增强企业的技术创新能力和实力，促进科技与经济结合。

二、天然气科技成果转化系统结构与机制

（一）科技成果转换系统

科技成果转化的过程大致可分为市场预测（西南油气田生产经营需求）确定科研目标、科技成果的产生、科技成果的转移和科技成果的应用4个阶段（图6-1）。科技成果转化的4个阶段是相互联系的、渐进的过程，只有完成了这四个阶段，才能达到科技成果转化为现实生产力的目的。

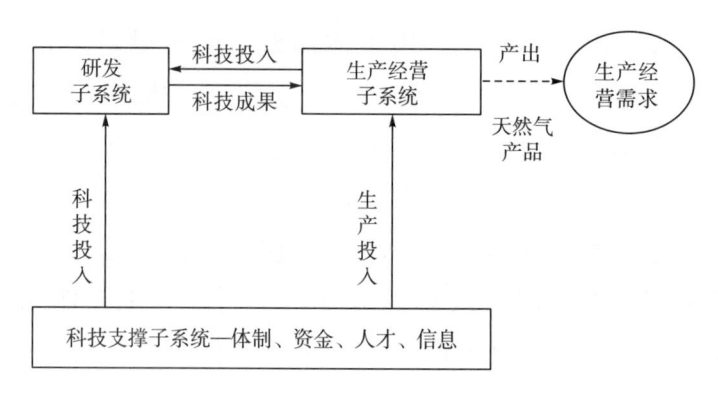

图 6-1　科技成果转化系统结构图

因此，科技成果转化是一个复杂的系统工程，有研究子系统、生产子系统、支撑子系统。3个子系统的完整统一才能形成科技成果的转化。①科研子系统。西南油气田各科研院所是科技成果的供给方，是科技成果转化为现实生产力的源泉和基础。科研开发机构应在市场的牵引下，研发和引进适合西南油气田生产经营需求的科研成果；②生产子系统。各矿区生产单位是科技成果的主要需求方，它的需求能力是科技成果转化的动力，直接影响着科技成果转化的速度和规模；③支撑子系统。支撑子系统在科技成果转化过程中起着调控和组织管理的作用。它包括西南油气田科技管理体制、政策、资金、人才、物资等多方面，是科技成果顺利转化的保障。只靠企业生产经营需求拉动科技成果转化是不够的，还需要有企业有关领导、部门的推动，这是因有关领导、部门在科技成果转化过程中具有领导、协调、参与、支持、规范、管理服务等多种职能，它通过运用经济、行政等手段进行引导、调控。

总之，科技成果转化的过程实质上是技术扩散的过程，也是科技成果商品化的过程，必须以技术进步与创新为核心，从"研究开发—试验生产—技术扩散—商业化生产"整个转化过程着手，合理有效地发挥科技成果转化系统中各相关要素综合与协调的作用。

(二)创新成果推广应用机制

促进科技成果产业化，加强知识的应用与推广。通过技术交易市场、创新驿站、中介服务体系建设，营造自由的市场环境和全面的金融、信息渠道，引导自主创新成果走向市场，转化为终端消费品，并投入大规模产业化生产。

建立产学研合作机制，打破创新成果转化的组织壁垒。通过产学研合作创新平台、产业技术创新基地、产业技术创新联盟、成果转化示范基地等载体建设，促进企业、高校及研发机构之间合作。培养企业风险意识及创新意识，在科技成果转化的中试阶段注入资金支持，加强高校及科研院所知识产权保护意识，引导产学研之间的目标协同。

促进科技成果本地转化。建立天然气产业科技成果转化数据库，打造覆盖科技成果登记、发布、交易的一条龙综合管理服务平台，促进创新成果信息在省域范围内的共享。设立天然气产业科技成果吸纳转化与技术交易专项补贴，健全成果推介与技术交易市场机制和信任机制，定期举办重大成果推介和拍卖会，吸引海外、省外高科技创新成果到天然气产业"落地开花"。

三、天然气工程技术推广应用体系架构

（一）协调发展三种科技成果转化应用模式

1. 科技主管部门为主导的转化应用模式

科技处对西南油气田的技术需求有较为全面的认识和掌握，能更为系统地指导科研和推广工作。同时，主管部门有配套的组织体系和管理规章制度，并且其转化应用主体是自上而下的，转化应用经费主要来源于西南油气田拨款。所以，以这种模式组织实施的科研和转化应用具有较强的针对性和广泛性。

2. 直属院所为主体的转化应用模式

西南油气田直属院所，拥有较为系统的研究成果，所掌握的信

息十分丰富，当生产单位面临困难需要解决时，直属院所将自己的科技成果直接应用到生产单元，并通过生产单位研发机构对科技成果进行推广，以及进行知识理论辅导，为其制定具体操作方案提供专业的方法指导，提高其解决具体问题的能力，以达到科技成果的转化应用。

3. 以矿（厂）研发机构为主的转化应用模式

在西南油气田矿厂的研发机构，拥有一批长期从事油气生产，实践经验丰富的研究队伍，对本单位存在的问题和科技应用情况掌握得非常清楚，能解决一些生产中随时出现的一些问题。但由于日常事务繁忙，而且涉足范围有限，面对一些大的或新的问题，就感到能力和精力有限，无法通过自己的研发机构来解决。

（二）项目基础的科技创新及其成果商业化运行体系

技术创新是从新技术的研究开发到商业化应用的全过程。涉及科技创新发展的思路和重点问题。根据现代科学技术发展趋势和科技发展的现状和特点，在部署上，实现"从以研究开发为主，转向以科技创新、科学普及并重为主"的路径转变。因此，在科技创新的组织和运行上，强调行业和企业的项目基础的科技创新及其成果商业化运行体系（简称"项目基础的运行体系"）的建立和完善。项目基础的运行体系指从立项直到成果推广的全过程中，由各关键业务运行管理成果水平、推广应用的监控和落实。项目基础的运行体系由项目筛选、项目计划管理、项目实施、项目成果转化、项目绩效、项目人力资源、项目经费管理等子体系构成。

项目基础的运行体系是复杂体系价值转化与实现的平台。项目基础的运行体系的功能主要是提升企业自身科研力量，实现科技进步有效结合生产，增强科技战略为企业整体发展服务，提高企业可持续竞争力。知识管理体系是复杂体系的知识创新保障系统。技术创新绩效体系是复杂体系价值提升与激励强度考量的平台。

（三）科技和生产的有机结合与强化采用科技成果内部转化机制，激励企业的自主创新

成果转化难是困扰大多科研企业的一项重大问题，科研成果不能及时转化为生产力，是阻碍企业自主创新发展的重要原因。西南油气田推进科技成果的转化，有效激励自主创新，最大限度减少科技成果市场对接的成本。

加大新技术、新产品推广应用力度，加快成果形成和转化应用效率，切实提升科技成果应用效果、效益。立足勘探开发需求，着力组织和实施好已获攻关成果和引进工艺技术的生产应用、推广和科技现场试验工作，在破解生产难题、突破技术瓶颈的同时，加速成果转化和推广应用。一是在科技成果转化中以提高应用效果、实现应用效益为目标，同时通过应用和试验进一步完善和提升成果技术水平，在生产上发挥更大作用。二是在成果转化中注重集成配套技术，发挥整体技术优势。三是积极推进技术有形化集成，加快先进成熟技术大规模推广。四是西南油气田自主创新成果在生产中应优先采用，着力培育西南油气田具有核心竞争力的优势技术和拳头产品，建立并完善自主创新产品形成机制，加大专家把关和业务主管部门指导，形成和落实激励机制。五是加强外部先进技术的引进和筛选，针对龙王庙、震旦系、盆地下二叠以及页岩气开发，筛选当前成熟技术，加强技术应用引导，切实提高西南油气田油气开发效果和效益。

四、油气科技媒体和科技学会服务工作

（一）科技期刊媒体

西南油气田是中国石油学会天然气专业委员会和四川省石油学会的挂靠单位，学会管理持续打造精品工程，拓展交流平台、科技

咨询、服务会员职能,"全国天然气学术年会"已经成为全国天然气学术交流的重要平台,连续7年获"中国石油学会年度先进集体",连续4年获"四川省学会工作先进集体"。

由西南油气田主办和主管的学术期刊共5个,其中《天然气工业》成为国家级有重大影响力的天然气行业技术刊物,2013年重返EI收录,获"第二届中国出版政府奖期刊提名奖"及"全国百强科技期刊"等荣誉(表6-1)。

表6-1 西南油气田主办期刊杂志统计表

序号	杂志名称	主办单位
1	《天然气工业》	西南油气田
2	《天然气勘探与开发》	勘研院
3	《石油与天然气化工》	天研院
4	《天然气技术与经济》	西南油气田
5	《钻采工艺》	钻采院、采气院合办

(二)行业科技学会与企业科技协会

西南油气田牵头的重点学术技术机构共8个(表6-2)。

表6-2 西南油气田牵头的重点学术技术机构统计表

序号	机构名称	职责	所在单位
1	国际标准化组织天然气技术委员会(ISO/TC193)	国内归口	天研院
2	国际标准化组织天然气技术委员会(ISO/TC193/SC3)	秘书处	
3	全国天然气标准化技术委员会(SAC/TC244)	秘书处	
4	国家能源行业页岩气标准化技术委员会(NEA/TC26)	秘书处	
5	国家石油天然气标准化委员会天然气开发分标委	秘书处	勘研院
6	中国石油天然气价格研究中心	牵头	经研所
7	中国石油学会天然气专业委员会	牵头	西南油气田
8	四川省石油学会	牵头	

第二节　天然气产业技术有形化

一、技术有形化概述

（一）技术有形化基本内涵

中国石油主营业务不断发展有力地驱动了科技进步，取得了许多重大科技成果，形成一批先进实用的成熟技术，但许多技术依然存在集成不足、配套不够，隐藏在专家脑海里，技术传承受人约束等问题。随着综合性国际能源公司的建设需要，开展技术有形化工作使隐性技术显性化，把技术从个人手中、脑中挖掘出来，利用有形载体推广技术规模应用，形成技术资产传承共享，是中国石油科技工作一项重要的创新任务。

技术有形化是指把技术、产品、服务、解决方案、经验规律等物质或非物质形态的事物，通过标准化、规范化、流程化等知识管理手段，形成一种可以复制、生产和发表的能力，使分散、隐性、依赖于少数专家的自用技术变成可共享和可传承的显形技术，并通过有效的载体和手段，形成技术品牌，提升核心竞争力，实现技术价值最大化。特别是在国际技术交流与合作、海外项目招投标及商业化集成中，优势明显。从广义上讲，技术有形化涵盖能反映特色技术的声、像、图、文、形（形象）、境（环境）等形象识别系统，是科技文化建设的重要内容与主要载体。

技术有形化工作是实践中国石油创建综合性国际能源公司的重要举措。中国石油创建综合性国际能源公司必须有强劲的核心技术体系和技术品牌作为支撑。通过综合集成，将成熟、先进、适用的技术推广应用于国内外油气业务。技术有形化有利于促进国际合作与交流，有利于进一步促进海外油气业务的发展。

(二)技术有形化主要工作内容

有形化构成：技术有形化主要由"技术载体、技术持有人和技术表征"三位一体构成。技术有形化流程包括"技术开发、技术集成和技术应用"三个环节。

有形化目标：探索技术有形化实施运作机制，建立技术有形化商业化流程；创造技术有形化模板与表现形式，如技术手册、宣传册、DVD宣传片、展板、模型等形式；推动集成配套、先进适用的有形化技术走向国内外市场，提升中国石油自主创新能力和核心竞争力。

有形化原则：技术有形化按照"顶层设计、突出特色、明确载体、形成资产、共享传承、重在应用"的原则开展工作。

有形化方案：针对国内外主营业务对技术的需求，盘点科技成果档案，聚焦中国石油重大科技奖励成果，集合专家智慧，进行技术筛选，研究设计了技术有形化总体规划方案，包括配套技术30项和单项技术100项。

有形化实施：科技计划项目已全面有序有节开展有形化工作，先期示范性完成了低渗油气田开发、聚合物驱、润滑油等30项特色技术的有形化集成。2013～2014年，针对技术利器进行内涵特征实质刻画梳理和外延使用价值美化包装的有形化工作。

有形化成果：中国石油技术有形化探索与实践，加速了技术资产沉淀和共享；凝练了有形化理论与方法，塑造了有形化载体表征，创造了有形化模板流程；推进了有形化技术宣传展示，搭建了技术市场桥梁。组织有形化技术海外应用交流，在苏丹、哈萨克斯坦、土库曼斯坦、加拿大和阿联酋等国深受欢迎；促进了有形化工作常态化转变，带动了中国石油重大专项有形化工作，引领影响了企业自觉开展有形化，感知共识了有形化作用与价值。

(三)天然气技术有形化的意义与工作重点

在中国石油科技管理部的领导下，首次实现天然气勘探开发技术科学集成与有形化,它将有力推动天然气勘探开发技术进步与创新。此次有形化工作以四川盆地为重点,面向中国石油,从技术系列的离散到集中、从隐形到有形、从关联度低到高、从复杂到优化,首次科学系统总结集成中国石油的天然气勘探开发特色技术系列。它必将有力促进中国石油的天然气勘探开发领域科技创新体系建设。同时,推进了中国石油的天然气勘探开发科技文化体系建设。

技术有形化是天然气科技创新的新趋势。天然气技术有形化是天然气科技文化建设不可替代的强有力手段和途径。因此,重视天然气技术有形化顶层设计与规划执行,加强天然气技术有形化资源开发投入与平台建设,建立天然气技术有形化专业人才队伍培养与激励机制,推进天然气技术有形化成果转化应用与信息共享。总之,通过技术有形化,积极开发科技文化所蕴藏的强大力量,以推动天然气科技企业和产业科学发展、和谐发展。

天然气产业技术有形化工作重点是:针对中国石油天然气勘探、钻(完)井工程、气藏工程、采气工程、集输工程等5大专业领域,50余年的科技创新和技术积累的一大批高水平、具有自主知识产权的创新成果。加强科技项目攻关成果有形化考核和集成,全面推动技术成果的配套完善,为规模化应用创造条件。将成果的有形化纳入科研项目指标考核,持续开展技术有形化系列工作,完善配套技术序列。

天然气技术要走在世界油气科技发展的前列,应建立天然气专业领域的知识产权服务中心,把技术有形化工作与天然气企业技术秘密认定、重要创新产品认定工作结合起来。

二、天然气技术有形化成果与经验

(一)技术有形化成果

注重科技成果有形化集成,持续提升西南油气田科技成果应用效果和影响力。例如,开展天然气勘探开发技术有形化集成(图6-2),严格按照中国石油科技管理部技术有形化工作的宗旨进行。即:实现技术的系列化、标准化、通用化、模块化、品牌化,为中国石油的海内外市场推广应用创造条件,提升西南油气田的形象和竞争力。

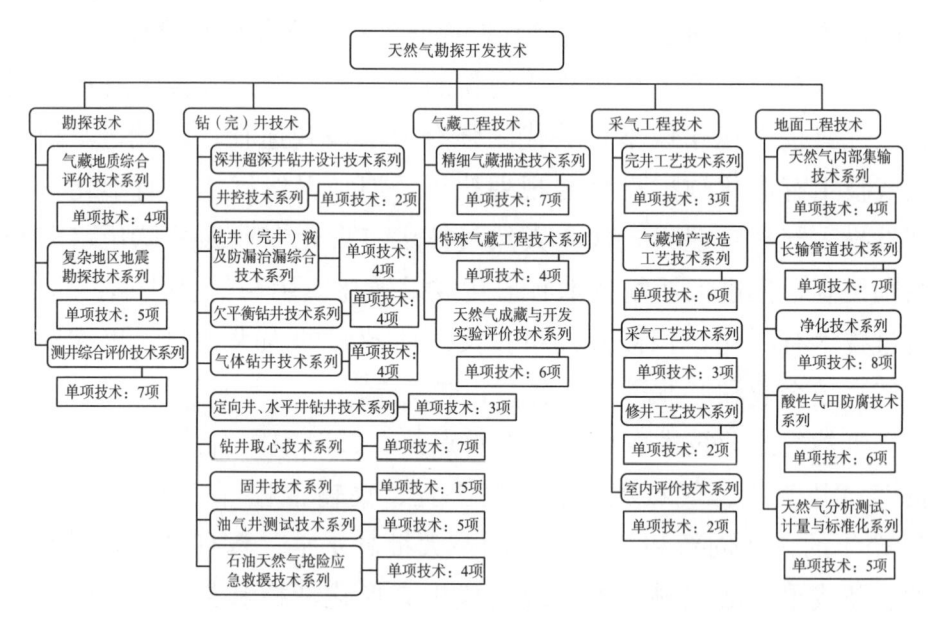

图6-2 天然气勘探开发技术图

强化新技术、新产品有形化考核,进一步促进成果推广应用。2010年开始组织编制年度技术进展图册并逐步完善,有效集成重点技术成果。2013年,系统梳理70余项重点技术,为扩大推广范围提供了新的平台。西南油气田把新技术、新产品推广纳入院所、生产部门年度考核任务,推动科技成果有形化的应用和效益转化,2013年将6项新技术、产品分解落实到具体负责单位和部门并纳入年度考核,进一步加大了新技术推广力度。强化科技成果质量提升、奖励申报的组织工作,拓展成果申报领域,彰显西南油气田科技成果水平及影响力,西南油气田获得的国家、省部级奖励数量和质量都稳步提升。

（二）主要经验借鉴

天然气勘探开发技术有形化工作的经验对深入开展有形化工作具有重要的指导作用。技术有形化工作即将成为一项长期的常态化工作，针对不同国家、不同对象的技术有形化工作任务十分艰巨，此次工作经验有重要的借鉴意义。主要表现在4个方面：一是此次有形化工作时间紧、任务重，得益于中国石油科技管理部和地区公司领导高度重视，确保工作按期完成；二是天然气勘探开发特色技术视角全球化、规范化、商业化集成是重要的工作思路；三是组织、任务、责任、经费、时间、检查等6个落实是基础；四是各专业的专家有效沟通互动是关键。

第三节 知识产权保护与利用成效

一、积极实施知识产权战略

（一）知识产权规划思路

强化布局和成果培育，以各级科技攻关项目为载体，突出攻关全过程的知识产权形成、保护和管理，实现由看重数量到注重质量的转变，成绩屡创新高，不断提高西南油气田核心竞争力。针对重点领域有计划有步骤地推进专利申请，将知识产权工作贯穿于科技攻关全过程，鼓励申报发明专利和国外专利，进一步提升知识产权创造、应用、管理和保护能力。完善天然气主体技术建设，稳步推进关键技术，加强技术有形化集成及推广应用，加快科技成果向现实生产力的转化。组织好科技奖励评审，切实发挥科技奖励的激励和导向作用。建立成立知识产权服务中心，为西南油气田提供知识产权培训、咨询、文献检索和申报服务。加强知识产权培训，提升科技人才知识产权创造、保护和推广的意识和能力。鼓励和支持科研人员参加国家专利代理人资质考试。

（二）知识产权规划目标

西南油气田规划在"十三五"期间，在油气勘探、钻完井、油气田开发、天然气储运与计量、天然气净化与化工、HSE与节能减排等专业技术领域申请专利219件，其中发明专利100件，实用新型专利119件；申报计算机软件著作权50项。"十三五"期间成立西南油气田知识产权服务中心，为西南油气田知识产权工作提供人员培训、咨询、信息检索、专利和计算机软件著作权申报服务。

以地球物理技术、增产改造工艺技术、排水采气工艺技术、油气田开发化学技术、天然气净化脱硫技术等特色技术系列为重点，进行专利群布局，形成地球物理技术、页岩气增产改造技术、排水采气技术、油气田开发化学技术、天然气脱硫技术和硫磺回收技术等特色技术专利群。

（三）知识产权的申请、利用与保护

1. 围绕核心技术组织好专利申请与保护

西南油气田所有科学研究和技术开发项目（课题）在立项或开题之前，应严格按照本企业的有关规定，进行国内外文献查新及知识产权的调研分析，编制《科技项目知识产权报告》或提交《国内外文献查新和专利检索分析报告》，作为立项审查、论证的主要依据之一。经过论证批准立项或开题并要求取得知识产权的科研项目和技术开发项目，应在科研项目开题报告或技术开发合同中予以明确。

在项目开展过程中，研究人员需对国内外最新相关技术进展进行定期跟踪调查，每半年形成《项目专利跟踪报告》，并报上级主管部门。如发现在相同技术（或技术构思）领域已申请知识产权，则从发现之日起一周内，由项目负责人提出对策报告，经所在单位主管

领导签署后报上级主管部门审议。(《西南油气田公司科技知识产权管理实施细则》)

项目(课题)开展过程中,上级主管部门监督专利开发工作,项目(课题)负责人为项目(课题)专利责任人。项目(课题)组对实施过程中产生的发明创造应进行评估分析,适于申请专利的,应及时提出专利申报。

项目(课题)验收时应对专利开发任务完成情况进行验收。项目(课题)组应按照专利开发任务提交专利申请受理通知书、专利授权证书等相关证明材料。项目(课题)验收应有知识产权管理人员参加。未完成预定知识产权(如专利申报数量)指标的课题,不能通过验收。

2. 对专利权的保护

西南油气田员工应保护所在企业的专利权不受侵害。专职和兼职专利管理人员、专利工作人员、项目(课题)长、主要科研人员(发明人、设计人)及学术委员会或专家组对申请专利的整个形成、论证过程的详细内容有保密义务。对外合作研发项目(课题)除在研发合同中对形成的知识产权进行约定外,针对项目(课题)研发的具体内容还应签订《知识产权协议》,对相关知识产权内容进行详细约定。西南油气田依法维护企业权益,发生专利被侵权或者与他方产生专利侵权纠纷时,及时采取措施,会同有关单位请求专利管理机关处理、或将相关情况报告上级企业请求处理。

3. 对技术秘密的保护

科研项目(课题)及技术研发人员应通过正当渠道合法取得技术信息,并保守科研项目(课题)中的技术秘密。西南油气田员工劳动合同终止或因退休、调离、离职等原因离开单位前,应按西南油气田保密管理规定将全部技术资料(包括技术报告、图纸、实验记录、材料、样品、装备、计算机软件等)交回所在单位后,才能办理有关手续。上述人员不得向西南油气田外任何人以任何方式直接或间接披露企业及所属单位的技术秘密。各下属企业在引进人才时，应要求其如实说明在原单位签订保密协议或竞业限制协议的情况，并承诺对调离所引起的法律后果负责。技术秘密一经认定，涉及该技术秘密的相关涉密资料，应根据技术秘密的密级，对涉密载体的存放、使用、转移等采取有效的管控措施。技术秘密资料档案应由专人管理，严格借阅制度，重要、关键技术秘密须实施分人接触、分段管理，限制知情者。严禁使用普通传真、明传电报、公共电子邮箱、广域网电子邮箱、普通邮政（包括挂号和特快专递）传递或在行李包裹中夹带涉及技术秘密的资料等。西南油气田所属单位的研究院所、实验室、技术档案室等重点涉密单位和要害部位，要制定保密制度或规定，并采取严格的保密措施。在工程设计、设备制造等涉密关键环节实行保护措施。

建立风险防范和预警机制，积极推进转化与应用。建立知识产权风险防范和预警机制，组织好知识产权的实施与转化，加强对知识产权的动态利用。

4. 加强知识产权人才培养与激励机制建设

加强人才培养，提高 4 种能力。即加快提升天然气企业原始创新、集成创新和引进消化吸收再创新的自主创新能力，提升知识产权成果产业化的转化应用能力，提升运用知识产权提高产品占有率的市场竞争能力，提升依法保护知识产权的战略管理能力。

强化激励和惩罚机制，促进知识产权创造、应用和保护。建立知识产权激励机制，采取"一奖两酬"为核心的激励政策，重奖知识产权的保护和应用项目，激励科技人才创新精神，给予知识产权创造（发明）业绩激励，尊重知识产权，严格责任追究，保护知识产权。

二、知识产权保护与利用成效

天然气企业在加大保护知识产权开发工作力度的同时，还应着重抓知识产权的开发利用工作。通过将专利技术、技术秘密应用于生产，将产品推广到市场，将市场信息反馈到科研这一良性循环，形成一批自有技术支持、符合用户需求的产品系列，在此基础上逐步形成具有天然气特色的核心技术。

(一)科技成果有形化集成与奖励申报

强化科技成果质量提升、奖励申报的组织工作，拓展成果申报领域，彰显西南油气田科技成果水平及影响力。"十二五"期间，西南油气田获奖成果数量不断增加，质量不断提升，累计获得上级各级奖励296项，其中国家科技进步二等奖3项，省部级科技进步一等奖3项，中国石油科技进步特等奖2项，一等奖7项。从2014年起设置技术发明奖以来，共获得省部级技术发明三等奖1项，中国石油技术发明二等奖1项，西南油气田技术发明一等奖1项(表6-3)。

加强科技项目攻关成果有形化考核和集成，全面推动技术成果的配套完善，为规模化应用创造条件。将成果的有形化纳入科研项目指标考核，持续开展技术有形化系列工作，完善配套技术序列。

表6-3 "十二五"期间获得奖励统计表

年度	国家		省部级科技进步奖			省部级技术发明奖			中国石油科技进步奖				中国石油技术发明奖		
	一等	二等	一等	二等	三等	一等	二等	三等	特等	一等	二等	三等	一等	二等	三等
2011		1	1	1	5					3	2	4			
2012			1	2	3					2	3	3			
2013			1	4	5					1	4	3			
2014		2		1	1			1	2	1	3	2		1	
2015															
总计	3			25			1			33				1	

(二)专利及技术秘密申请与授权

"十二五"期间,西南油气田强化"科研项目专利挖掘和布局"深化知识产权管理与科研全过程融合,拓展专利群序列。通过知识产权周活动、培训班、交流会等多渠道增强知识产权保护意识;强化知识产权培育,专利形成呈快速增产态势。累计获得中国授权专利129项,其中发明专利30项,获得国家计算机软件著作权登记33件,认定技术秘密86项,形成自主创新产品8件。西南油气田知识产权成绩在2006年后进入快速上升通道,实现了"三增长、一扩展、一突破":专利申请数量与质量、专利授权数量与质量,以及认定技术秘密数量快速增长;申请及授权专利的单位向生产型单位扩展;计算机软件著作权登记在"十二五"期间实现了零的突破(表6-4)。

表6-4 "十二五"期间申请专利与技术秘密统计表

年度	授权专利项(发明专利)	软件著作权	技术秘密	自主创新产品
2011	5	1	32	
2012	31(3)	6	18	3
2013	50(15)	9	28	2
2014	18(7)	1	8	3
2015	25(5)	16	16	
合计	129(30)	33	86	8

(三)技术机构及取得资质

截至2014年10月,西南油气田在工程设计、管道及特种设备检测、安全环境评价、天然气计量检测、工程质量监督、油品危化品检测以及标准气制备等8个专业获得各级资质(格)32项,重点学术技术机构8家,为油气生产与建设提供了优质服务,做出了重要贡献(表6-5)。

表 6-5　西南油气田各专业已取得资质一览表

专业	资质名称	所属单位	颁证单位
实验室	国家实验室资质认定	勘研院	国家实验室认监委
工程设计	甲级工程咨询资格证书		国家发展和改革委员会
	石油天然气行业油气处理加工乙级工程设计资质证书		建设部
	压力管道设计资质证书		四川省质量技术监督局
	丙级工程测绘证书		四川省测绘局
	特种设备设计许可证		国家质量监督检验检疫总局
天然气计量检测	资质认定计量认证证书（天然气检测、油田化学剂检测、金属材料抗硫评价）	天研院	中国国家认证认可质量监督管理委员会
	中国合格评定国家认可委员会实验室认可证书		中国合格评定国家认可委员会
	国家石油天然气大流量计量站成都分站		国家质量监督检验检疫总局
	石油工业天然气流量计量站		中国石油
	中国石油天然气股份有限公司天然气流量计量站		股份公司
油品、危化品检测	危险化学品石油产品生产许可证的检验机构		全国工业产品生产许可证办公室
标准气制备	制造计量器具许可证		国家质量监督检验检疫总局
安全环保	环评资质证书（甲级）	安研院	国家环境保护部
	安全评价资质证书（甲级）		国家安全生产监督管理总局
	环境监测国家计量认证合格证书		国家认监委员会
	水土保持方案编制资格证书		中国水土保持学会
	环境污染工程治理资格证书（甲级）		四川省环境保护产业协会
	CNAS-C101《国家机构能力认可准则》B类检测机构证		中国合格评定国家认可委员会
	CNAS-CL01《检测和校准实验室能力认可准则》实验室认可证书		中国合格评定国家认可委员会
	DD1类特种设备检验检测机构证书		国家质量监督检验检疫总局
	川计授 2008（0003）号计量授权证书		四川省质量技术监督局

续表

专业	资质名称	所属单位	颁证单位
	一、二类在用压力容器定期检验（RD4）及安全阀校验（FD3）资质证书		国家质量监督检验检疫总局
	石油天然气川渝工程质量监督站		石油天然气工程质量监督总站
	四川省建设工程质量安全监督石油分站		四川省建设工程质量安全监督总站
	HSE 西南工作站		勘探与生产分公司
	四川省二级安全生产培训机构		四川省安全监督管理局
	HSE 监督中心		西南油气田公司
经济与管理	中国石油天然气价格研究中心	经研所	中国石油股份公司财务部

第四节　天然气产业科技成果转化与应用成效

一、天然气科技驱动经济效益提升

西南油气田大力实施科技创新战略，加速科技成果转化，"技术发展、研发组织、科技保障"三大体系逐步完善，突破一批制约生产关键技术难题，科技实力和水平显著提升，为西南油气田主营业务有质量、有效益、可持续发展提供了强有力的技术支撑和保障。

（一）科技攻关推进技术发展，为高效勘探开发发挥了重要的技术支撑作用

经测算，西南油气田"十二五"期间科技进步贡献率为53.34%~57%，科技进步贡献对生产经营产生的经济效益按照增量法计算，预计增量比率为科技进步贡献率的30%，则2006~2014年西南油气田科技进步贡献产生的收入在509.09亿~543.90亿元。例如：2011~2015年西南油气田天然气产业科技创新体系对储量、延缓产能递减、新井产能优化、降本增效的经济效益贡献，按照贴现率12%进行测算分别为86.12亿元、16.30亿元、32.46亿元和0.53亿元。

以油气成藏地质理论为指导，强化勘探开发一体化技术攻关研究和集成应用，突破多项技术瓶颈，实现技术成果向生产力的快速转化，支撑龙王庙组4403.83亿立方米储量探明，支撑龙王庙气藏10个月时间建成10亿立方米试采工程、40亿立方米产能建设工程15个月建成并成功投运以及1年时间完成60亿立方米产能建设，创造了含硫气藏单井测试日产量的全国第一，为进军又一个"磨溪区块龙王庙组气藏"积累了技术和经验。

以岩性油气藏理论为指导，强化勘探开发配套技术攻关，发展形成致密砂岩气藏开发优化技术，提升了大川中须家河组气藏开发效果。支撑了国内首个高含水中含凝析油致密砂岩气藏——安岳须二气藏规模效益开发，安岳须二开发井成功率超过86%，井均测试产量20万立方米/天；合川须二开发井成功率100%（2014年），井均测试产量22万立方米/天超预期达到方案制定生产规模。

以国家科技重大专项龙岗示范工程为依托，强化礁滩高含硫气藏开发技术攻关及应用，取得多项重要技术突破，形成开发配套技术，形成13项创新技术，解决6大生产问题，明确龙岗地区礁滩气藏开发潜力，支撑了龙岗礁滩气藏安全清洁生产，"十二五"期间采出天然气超过45亿立方米。

持续深化高含硫气藏开发技术攻关，突出特色、强化技术配套，引领高含硫气藏开发技术发展，进一步巩固西南油气田在高含硫气藏开发领域领先地位。建立6套分析评价方法，开发出具有自主知识产权的生物脱硫溶液和工艺技术，整体技术达到国际先进水平；开发出砜胺溶液脱硫工艺模拟系统，填补国内空白。支撑龙岗净化厂、阿姆河第一处理厂等的节能减排和安全平稳运行。主体技术在磨溪龙王庙气藏进行示范，支撑磨溪龙王庙气藏的安全、清洁、高效开发。

以精细气藏描述为核心，深化气藏开发特征认识，强化采油气工艺、工具自主研发和推广应用，提高了低渗储量动用程度，有效减缓了老气田产量递减，"十二五"期间，老气田对西南油气田产量贡献超过70%。

狠抓老气田数字化改造升级和新气田同步建设，已覆盖全部41个作业区、6套轻烃装置和超过80%的净化厂、站场和生产井；初步建成磨溪龙王庙组气田数字化气藏、井筒、地面一体化管理示范工程。

(二)研究成果支撑了长宁—威远国家级页岩气示范区建设

从2006年开始，西南油气田围绕"落实资源、评价产能、攻克技术、效益开发"的工作方针，针对页岩气勘探开发所面临的技术难题，采用地质评价、地震、测井、钻完井、实验分析等多学科的有机结合，通过各项技术的攻关突破，逐步形成了适宜于页岩气勘探开发的页岩气综合地质评价技术、页岩气开发优化技术、页岩气水平井钻完井技术、页岩气水平井大型体积压裂技术、页岩气压裂微地震监测技术和页岩气地面集输技术。各项创新技术均达到国内领先水平，有效支撑和推进了长宁—威远国家级页岩气示范区建设。

长宁—威远区块大力推行"井位部署平台化、钻井压裂工厂化、采输设备撬装化、工程服务市场化、组织管理一体化"的高效勘探开发"五化"模式，实现了气井快建快投、节能降耗和"零放空"生产。大力推行地质工程一体化工作，形成了各井区高产井培育技术，支撑了3500米以浅资源的有效动用。

(三)典型技术创新降本增效

1. 钻井工程

围绕页岩气、龙王庙等气藏开发需要和地质特点，强化丛式水平井安全快速钻井技术研究和水平井完井技术攻关，实现关键工艺、工具国产化，有力支撑和推进龙王庙、页岩气产能建设的加快。

高磨区块形成了以"个性化高效 PDC 钻头＋长寿命螺杆＋优质钻井液"为主体的钻井提速模式。同时深化特色工程技术配套完善，集成应用先进适用技术，探索尝试新型提速工具，不断攻克提速瓶颈地层难题，进一步优化、完善、形成了高石梯－磨溪区块提速模板和适合各层位进口钻头序列，震旦系深井钻井周期从高石1井的301天缩短到149天，全面实现一年两开两完，龙王庙专层井钻井周期控制在100天以内，全面实现一年三开两完，为高磨区块寒武系—震旦系万亿规模气藏群含气范围整体明晰、磨溪龙王庙气藏两年实现探明建产奠定了坚实基础。

面对非常规油气资源勘探开发新挑战，借鉴高石梯－磨溪等区块提速经验，针对四大工程地质难点，通过不断技术攻关、优化集成，形成了"PDC 钻头＋螺杆＋油基钻井液＋旋转地质导向"优快钻井技术，积极推动页岩气示范区建设。长宁区块钻井周期由147天降至78天，威远区块钻井周期由196天降至93天，机械钻速由2.99米/小时提高至5.36米/小时。

2. 增产改造技术

水平井分段改造技术自2008年引进试验成功以来获得了快速发展，已成为西南油气田提高水平井单井产量的主体技术。通过持续技术攻关，实现了裸眼封隔器由国外引进到自主研发，由普通滑套向可取式滑套、可溶性滑套的发展，保证施工管柱全通径，满足了后期生产测井及排水采气的需要，其中自主研制裸眼封隔器及其配套工具，可满足压差70兆帕、耐温150℃，最多可分15段，相对于国外引进降低成本50%。同时，形成了裸眼封隔器分段压裂酸化工艺技术，并配套了可降解暂堵颗粒、可降解暂堵纤维等暂堵材料，实现了机械分段及段内的暂堵转向的结合，进一步提高了储层动用程度，在此基础上，自主研制适合不同井眼尺寸的复合桥塞，开展多簇射孔＋桥塞分段体积压裂工艺技术试验，首次在四川盆地开展拉链压裂工厂化作业，现场试验取得成功，为非常规致密油气储层改造提供技术储备。

针对长宁威远页岩气区块，基本形成了页岩气水平井组工厂化压裂技术，长宁地区 26 口试采井井均测试日产量 17.89 万立方米，建产期 18 口井优于方案设计；建成了国内首个日产量超百万立方米平台——长宁 H6 平台；建成了第一个井均测试日产量超 30 万立方米平台——长宁 H10 平台。威远地区单井产量获得突破，高产井培育模式基本形成，"Ⅰ+Ⅱ"类井比例提高至 56%。

针对高磨龙王庙组勘探直井，形成了以高温胶凝酸为主的储层改造技术，实施 44 层，施工成功率 100%，单层最高获气 154.29 万立方米/天。针对以大斜度井、水平井为主的开发井，针对不同的储层，形成了不同完井方式与改造技术，效果显著。磨溪龙王庙组气藏开发井共 23 口，平均增产 2.12 倍。其中对于储层条件好、缝洞发育、逾期高产气井，采用衬管完井+不同转向剂浓度转向酸储层改造技术，现场推广应用 7 口，平均增产 1.75 倍；对于储层条件次之，缝洞欠发育，Ⅰ、Ⅱ、Ⅲ类储层交替存在，采用射孔完井+转向酸+可降解暂堵球储层改造技术，现场应用 16 口，平均增产 2.42 倍。

针对高磨灯影组储层，形成了高温胶凝酸酸压、前置液酸压和复杂网缝酸压工艺、分层酸压工艺技术，获得了较好的增产效果。灯影组探井及评价井共实施 48 口/56 井次，施工成功率 100%，平均单井气产量 29.30 万立方米/天。其中灯二段已完成 16 口井/19 井次，平均单井 14.685 万立方米/天；灯四段已完成 32 口井/37 井次，平均单井 25.57 万立方米/天。灯影组开发井现场试验了 2 口斜井（3 井次）机械分层酸压工艺，高石 001-X3 井裸眼完井，裸眼封隔器分层酸压后测试产量 26.80 万立方米/天，高石 001-X1 井射孔完井，机械封隔器分层酸压后测试产量 27.77 万立方米/天。

3. 老气田稳产技术

西南油气田通过精心生产组织，精细开发管理，加强老区综合地质研究，加强精细气藏描述，加大深化勘探、开发地震和滚动勘探开发力度,充分发挥老气田生产潜力。通过主动实施生产调整,降低老气田生产负荷,对沙坪场、五百梯等重点气田进行了生产负荷调整,恢复了重点气田、气井的关井复压工作,老区负荷因子已下降到0.90;加强了生产成本写实和单井效益评价,有序推进无效井治理,关、停了165口无效气井;大力开展整体治水和措施挖潜,新上采油气工艺措施610井次,2015年当年增产天然气12亿立方米,降低气田综合递减6.3百分点。

在川东北石炭系、蜀南灵音寺实施水平井裸眼封隔器分段酸化+转向酸技术,并结合可降解纤维技术进行现场应用,实现机械分层的同时还能进行物理、化学双重转向;同时加大了分段酸化段数及施工规模,进一步提高了单井产量,低渗区储量获得有效动用。现场应用10井次,获测试产量226.8万立方米/天。

在川东石炭系气藏,实施水平井裸眼封隔器分段酸化+转向酸技术,同时针对部分井压力较低的特点,试验了自生泡沫转向酸技术,进一步提高了单井产量,助推老气田实现持续稳产。现场应用16井次,获测试产量279.8万立方米/天。

在磨溪雷一^{1}气藏,实施水平井裸眼分段改造工具+可打捞可开关滑套分段改造技术,实现水平井分段改造后管柱通径不受限制,同时结合钻录测等资料,优化改造段数及施工规模,进一步提高了单井产量。现场共实施45井次,获测试产量1280.5万立方米/天。

在水平井分段酸压工艺取得成功的基础上,推广应用至须家河组气藏加砂压裂工艺,在岳101-H1井探索试验多级大规模压裂技术取得成功。岳101-H1井分10段压裂,测试产量37.01万立方米/天,该井的成功为以后该区块水平井加砂压裂的有效实施提供重要经验,通过工艺技术持续深化,水平井裸眼封隔器分段加砂压裂在安岳须二气藏共实施40井次,累计获测试产量730.4万立方米/天。

二、科技驱动低碳清洁生产和污染治理

(一)扎实开展低碳行动,努力实现清洁生产

开展能源管理体系建设试点,完成节能示范样板建设,组织龙王庙组试采净化厂工程等3个重点项目的节能评估。在33口新建产能井推广应用井下节流技术,减少天然气消耗165万立方米/年。推动太阳能发电技术在生产现场应用,年节能5.4万千瓦时。新增技措节能项目28个,新增节能能力5741吨标煤,提升了西南油气田的能源利用效率。

大力实施节能技术改造。新增技措节能项目28个,新增节能能力11541吨标煤。在部分井站推动节能采气工艺、太阳能等新能源应用,推广节能泵、柱塞气举等技术,实现了气田高效开发和节能降耗。

全面推进钻井清洁生产,污水池修筑量减少约70%,钻井废水大部分回用,外运及处置量减少约60%。中国石油"钻井废弃物与压裂返排液无害化处理及资源化利用示范工程"在磨溪009-3-X3井有序推进;加强固体废弃物合规处置管理,2015年以来新产生的干法脱硫富剂已全面采取水泥掺烧方式进行处置,危险废弃物管理进一步规范;积极开展热脱附处理和溶剂脱附处理等油基岩屑处置技术现场试验,页岩气开发污染控制和资源综合利用取得较好效果。

(二)强化污染防治,绿色气田建设呈现出新面貌

修订《西南油气田公司HSE监督管理办法》,强化HSE监督机构环境保护监督责任。召开环境监测工作推进会议,组织环境监督、监测能力调研,开展计量认证和实验室资质认证,加强环境监测机构能力建设。

持续开展环境风险排查。对西南油气田主要环境风险源和环境

敏感目标进行识别清理，分级管控。狠抓气田水回注风险管控，完成气田水回注风险评估，安排龙王庙气田水回注区块地下水监测系统建设，完成行业标准《气田水注入技术要求》、中国石油标准《气田水回注技术规范》编制任务，连续8年保持气田水零排放。

完善排污口在线监测系统建设，并与地方环保部门和中国石油监控系统联网，加强运维管理，10个天然气净化厂已经安装或正在安装污染源在线监测仪器设备。

组织页岩气工作现场专项环保检查，发现的环保问题全部完成整改；重庆净化总厂所属4个分厂开展环境风险评估，蜀南气矿对64条输（油气）水管道开展环境现状评估，实行环境风险分级、分类管理。

第七章 天然气产业科技创新体系支撑与保障

第一节 天然气科技政策制度保障体系

一、政策制度体系架构及主要内容

(一)科技投融资政策

以金融创新为支撑,促进金融资本运作。加快天然气产业发展,必须健全财税金融政策支撑体系,鼓励和引导社会资金的投入。推进金融创新可以从发展创业投资、健全风险投资、设立产业投资基金和建立广泛天然气碳金融体系等4方面着手。

优化天然气产业科技金融投资环境与服务。建立天然气高新技术企业综合评估的工作机制。培育天然气高新技术产权交易市场,加强天然气科技金融工作创新研究,建立科技金融工作联系制度。

试点和完善科技投融资政策,营造科技投融资环境。一是营造良好的科技投融资环境,加强科技、金融管理部门的合作,加强对科技金融合作的引导,明确金融支持科技的重点和科技金融合作的途径。二是建立和完善风险分担、收益共享的制度设计。三是推进科技金融结合试点工作,鼓励和支持天然气骨干企业积极争取国家促进科技和金融结合试点。

(二)国际科技项目合作政策

十八大报告明确指出:要加快走出去步伐,统筹双边、多边、区域次区域开放合作，提高抵御国际经济风险能力。国家"十二五"科技规划也指出：要引导企业成为国际科技合作主体，要支持有较强国际竞争力的企业通过建立海外研发中心、合资、参股等方式，有效利用当地科技资源。

天然气产业应加快制定国际科技项目合作战略规划，确定以需求为导向的国际科技合作战略，明确合作的重点领域和国家，培养有海外工作经验的经营性、研发性人才。开展天然气科技国际合作，健全和完善国际学术交流政策、海外高校毕业生成才政策、知识产权保护政策。

（三）科技人才激励与科技领军人才引进政策

人才投资优先保证的预算政策。引导科技人才向天然气勘探开发新区、新领域和科研生产一线流动政策，做好海内外人才的文化融合，建立有效的激励和约束机制，研究制定高层次天然气科技人才引进的特殊政策。

建立有利于科研人员潜心研究和创新的政策。设立天然气产业科技研发中心、人才与技能培训中心。设立天然气技术、技能专家序列，并对天然气重点研发单位给予倾斜。

构建开放式科研环境，天然气重点项目实行国内外公开招标，构建一套凝聚人才、激励创业的有效机制，抓紧中青年技术专家和领军人才培养。

二、科技研发与自主创新投入

（一）加大天然气科学技术研发与转化投入，促进集成创新与应用

建立天然气技术开发、技术制造和技术使用三位一体的创新机制，加大资金投入力度，提高发展天然气科学技术政策措施的实施

保障能力。激励石油院校开设天然气科学技术相关专业，引导天然气绿色发展的风险投资，鼓励油气企业与石油院校建立天然气科学技术的重点实验室和工程试验室。

紧紧围绕天然气产业发展战略目标，对关键领域核心科学技术，着力自主创新，注重天然气科学技术的引进、消化和吸收，努力提升集成化、系列化和工程化水平，同时加快天然气技术成果集成转化、有形化和成熟科学技术的推广应用。

(二)完善投入体制机制，加强科技经费管理

科技投入按照统筹兼顾、全面安排、保证重点、照顾一般、可持续发展、层次管理、专款专用的原则；强化统揽全局的协调管理机制，统筹科技计划以及科技投入的分配；严格科技投入的规划、计划和预算制度，强化科技投入的过程管理，将科技投入列为财务预算的重点，保证科研经费的持续增长。

加大天然气科技创新投入力度，逐步增加天然气研发投入在销售收入中的比例，形成多元化、多渠道、稳定的科技投入体系。调整和优化科技投入结构，加强对天然气产业链应用基础研究、前沿创新技术研究，以及科技创新基础条件和科学技术普及的资金支持。西南油气田科研投入包括科研费用、科研条件配套费用和科研基础设施建设费三个方面，"十三五"期间各院所科技投入将达到13亿元。加大对天然气科技平台与基础设施的投入，由国家支持建设重大天然气科技基础设施，服务于科研、工程设计、装备制造等单位的长期攻关，支撑技术的自主研发和不断创新，逐步形成"基础研究、应用研究、装备制造、工程示范"四位一体的天然气科技创新体系，大力促进科技成果转化和应用。建立平台和基础设施的共享机制，避免重复建设造成的浪费。

同时，企业还需制定相关政策以加强引进技术后的消化吸收，实现引进消化吸收再创新的投入统筹协调，组织产学研联合创新，注重重大项目技术引进的选择，在减少重复引进的同时注意增加对

所引入技术的消化吸收投入。

(三)加强科技经费预算管理和内部审计

重视并加强科研项目预算管理工作,确保经费预算真实、合理、有效,严肃预算执行。严格执行国家政策和经费管理办法规定,保障资金安全,降低财务风险。编制科技投入管理实施细则,全面贯彻执行上级相关规定,建立科技投入及回报机制,进一步推动科技成果的高效形成。规范经费管理,强化预算编制,建立经费使用月报、季报及相关审核制度。

加强科技经费内部审计。加强财务监督管理,确保科研项目经费专款专用,严禁违反规定自行调整预算和挤占科研经费,严禁各项支出超出规定开支范围和开支标准,严禁层层转拨和违反外协要求。开展西南油气田承担的国家和中国石油等各级项目的内外部审计,从项目管理的规范性、预算执行的符合性、经费使用的合理性、成本核算的合规性、物资管理的规范性等方面,提出整改意见,督促项目承担单位加以改进和完善。

三、科技基础制度建设与规划

(一)科技规章制度建设情况

科研管理制度建设是科技创新的重要支撑,制度创新是科技创新的有力保证。"十二五"期间,西南油气田进一步强化科技制度管理工作,有力推动制度持续改进。制(修)订科技投入、项目管理、经费管理、科研津贴管理、科技知识产权管理、专家库管理办法、重点实验室及博士后管理等多项管理办法或实施细则,进一步明确细化职责范围,优化了流程,统一了管理标准,规范了科技管理,有效提升科技管理质量、效率和水平,为西南油气田科技创新发展提供了有力保障。

探索创新和不断完善科技基础管理，强化制度建设，有力提高科技管理水平和效率。强化科技管理制度建设，建立包括科技项目管理、新技术推广和科技现场试验管理、知识产权管理、科技创新奖励、科技先进评选等多方面的管理办法及实施细则，推动科技管理的规范化和效率提高，激发一线研发人员和科技管理人员的积极性和创造力。

（二）"十三五"科技规章制度

"十三五"是天然气处于增储上产大发展时期，积极营造尊重知识、建设高效创新的研发体系，优化科技资源配置、促进公平竞争的良好科研环境，必须以科技发展战略规划为指导，出台更加符合实际的科研管理制度，满足西南油气田快速发展需要。根据天然气产业发展规划，结合企业科技发展情况，修订和制定科技政策和管理制度，为"十三五"科技发展提供有力保障。

西南油气田需要制定和完善的规章制度共 8 项，其中，科技项目管理拟制（修）订 3 项制度，科技成果管理 1 项，科技基础条件管理 2 项，人力资源机制 1 项，新技术推广应用 1 项（表 7-1）。

表 7-1 "十三五"期间制度建设规划表

科技管理制度体系	管理制度	规划年限	类别
科技项目管理	西南油气田公司科技项目完全项目制管理实施细则	2019	新建
	西南油气田公司科技项目经费管理实施细则	2018	修订
	西南油气田公司科学研究与技术开发项目对外合作管理办法	2018	新建
科技成果管理	西南油气田公司科技成果转化与应用管理制度	2016	修订
科技基础条件管理	西南油气田公司科技成果评估管理（试行）办法	2017	修订
	西南油气田公司重点实验室及科研设备管理办法	2017	新建
人才激励机制	西南油气田公司科技人才引进管理办法	2018	新建
新技术推广应用	西南油气田公司技术引进及推广应用管理办法	2019	新建

第二节 人才开发体系

一、科技人才开发规划与保障

(一)科技人才开发规划

为充分发挥科技人才开发规划的引领作用,从科技人才开发依据、指导思想、原则、发展目标、规划部署重点、保障措施、实施步骤和远景规划等明确科技人才开发规划的思路,从体系设计、素质开发、机制保障、综合评价和人才维护等搭建科技人才开发规划体系框架,并从组织、制度、内控体系、信息、主要政策取向5个方面构建人才资源规划的实施保障。

加大专业人才的吸引、选拔、培养和使用工作力度,努力构建各类人才脱颖而出、各展其能的平台,分层次、分专业开展天然气科技人才专业培训,积极组织各类学术、技术交流活动,扩大科技人才视野,提升队伍整体素质,着力建设国际一流的高素质科技创新队伍。

人才发展的主要目标是优化科技人才梯级结构,积极推进领军人才、创新人才和国际化人才3支队伍建设,增强企业综合竞争力。实施天然气科技人才队伍高级复合型人才培养工程、高端技术研发人才培养工程、专业技术人员培养工程和职业培训工程等3大工程建设,以及国际研发科技人才开发。

(二)科技人才开发保障措施

1. 营造良好的天然气科技人才成长环境

完善政策和法律环境,形成以人才培养、人才集聚、人才使用、人才激励、人才辐射为主要内容的分系统多层次的政策法规体系框架，尤其要加快与天然气产业相关的政策和法律的建设。结合天然气产业的发展，促进专业教育发展、加强基础研究和重大应用研究、健全社会保障体系、完善公共基础设施、促进科技成果和专利技术转化、维护社会治安等，为人才的发展提供良好外部环境。营造良好社会氛围，共同关心、支持和促进天然气产业各类人才队伍建设工作。

2. 建立天然气科技人才发展机制

完善天然气专业教育和培养机制，创新人才使用机制，构建人才汇集机制，完善人才服务机制，建立或完善人才吸纳、激励、培养机制。"十三五"期间，西南油气田人员增长以高校毕业生引进为主，构建合理的人才结构，逐步形成博士生、研究生、本科生的菱形人才结构；建立起以勘探、开发主营业务为核心的专业门类齐全的技术队伍，按照业务层次培养和造就各专业领域的技术带头人，提高专业技术人才的自主创新能力，全力打造一支勇于创新、业务过硬、结构优化的科技人才队伍；重点培养技术带头人，逐步建立分层次、专业配套的专家队伍。优化专业结构，形成合理的科技人才梯级结构。

3. 加强科技人才的组织和领导

通过有效的组织把培养人才、用好用活现有科技人才与引进人才和智力有机结合起来，为天然气产业的快速发展提供强有力的人才保障和智力支持。进一步落实"党管人才"原则，各级企业要充分发挥职能作用，加强对相关人才发展规划和政策的执行和落实等工作的领导，形成有关企业和单位各司其职、密切配合，社会力量广泛参与的新格局，促进人才规划落到实处。加大人力资源投入，组建天然气科技人才库。

4. 建立合理的人才培养投入机制

树立"人才投入是效益最大的投入"的意识，建立以政府为主导，用人单位和个人合理分担的人才投入机制，不断加大人才的培养、吸引和使用等工作的投入力度，加大教育和科研投入强度。

天然气产业的主管部门要引导相关部门加大人才投入的强度，各级企业要确保每年按照利润的一定比例提取人才基金，用于本企业的人才培养和引进。各项人才资金均列入部门预算，保证经费足额到位，并逐年增加。制定人才专项资金管理办法，确保资金集中使用在高层次天然气科技人才引进、培养、奖励、重大科学研究、技术开发、科技成果转化等领域。

二、天然气科技人才培训与成效

(一)培训组织制度与协调机制建设

1. 培训组织机制

分级分层管理，明确培训职责。组织保障的核心是理顺管理职责，分级分层组织实施。强化人力资源内部控制与管理；加强非人力资源管理部门的沟通协调；按业务流程管理要求，畅通本部门与人力资源管理部门和员工之间的信息沟通渠道；建立完善以文化为引领的人才培养动力机制。

2. 完善教育培训规章制度体系

完善的教育培训制度是统筹规划培训资源、激励与约束职业、确保培训有效运行的关键，建立完善的教育培训规章制度是教育培训与开发的基础。因此，要面向教育培训与开发的全过程，完善两级教育培训规章制度，建立包括顶层管理制度、师资管理制度、激励与约束制度等在内的一系列规章制度。如岗位管理制度、员工配置与开发制度、培训经费保障制度、培训激励制度、资质与认证。

（二）科技人才培训方式优化

围绕天然气业务发展需求，全面强化培训的组织领导，落实培训直线责任与措施，持续开展天然气科技人才培训流程设计，完善培训体系，进一步明确培训方向和重点。创新科技人才培训开发机制，健全完善人才学习与激励机制，建立科技人才培训模式和学习与选拔任用挂钩办法，完善挂职锻炼、轮岗学习等人才培养晋升机制；制定个人能力提升计划，畅通人才职业发展通道，建立师徒责任机制。完善岗位评价制度，提高岗位适应能力，实现培训与岗位相链接、培训与使用相链接，发挥人才作用。以培训推进人才流动工作，推动人才向生产和科研一线、条件相对艰苦、人才相对匮乏的基层、重点项目、新区和海外市场流动。

针对生产经营中的难点热点问题，分析判断培训需求，创新培训方法，积极探索岗位与轮换培训、产培研模式、跨国培训模式、项目培训、直线指导、岗位实践、合作研究、离岗培训等灵活培训形式，推行培训需求矩阵等先进的培训管理工具与方法，加大研究式、体验式教学力度，大力推行"走出去、请进来"的培训交流方式，加大培训考核力度，切实提高培训针对性、实效性。

西南油气田高层次人才培养和优秀科研团队建设取得新成绩。一是博士后工作站目前已经成为西南油气田的一张"金名片"，在省内外和行业内外已形成较大的影响力。工作站已经吸引了海内外众多优秀博士后，2014年7名进站博士中，海归博士达到3人；二是探索技术人员发展的"双轨"制，着力提高技术人员积极性和创造力。在天研院5个特色专业设立21个首席专家岗位，并制定实施了相应配套方案；在工程技术研究院7个专业技术方向、3个操作岗位分别聘任技术专家和技能专家，激发高素质人才创新动力；三是科技奖励向自主创新领域倾斜，近年来科技奖励重点考虑具有自主知识产权的创新项目,提高自主创新意识和积极性,2013年两项具有自主创新产品的研发工具均获得西南油气田最高奖励。

(三)培训平台网络建设成效

1. 建立天然气科技人才培训中心

整合培训资源,打造立足川渝、面向全国、走向海外的天然气科技人才培训中心。一是整合川渝地区钻井及配套地面建设、物探、采气、输气、净化、采油、安全消防等多个培训基地资源,本着先松散后紧密的原则,构建专业配套、设施完善、功能齐全、综合性与专业特色互补的国内一流天然气技术培训中心。二是大力推进培训基础设施建设,满足员工理论和实作培训需求,年培训能力达到近10万人次。三是持续加强技术培训基地软件建设,建立完善教材体系和仿真培训系统,形成各级技术(能)专家、技术带头人、技师、高级技师和技能骨干内部培训师队伍,实现培训软实力的大幅提升。以员工素质能力提升培训为着力点,健全科技人才培训开发机制,建立完善天然气科技人才培训模式,打造国内一流的天然气科技人才培训中心,促进人力资源向人才资源转化。

进一步推进培训基地标准化建设。根据西南油气田人力资源开发规划,分类制定党政管理、经营管理、专业技术、操作技能四类培训基地建设标准,按标准进行规划投入和评估认证。优化培训基地的专业布局,提升适应性;对培训基地进行资源整合,加大改造好建设投入力度,满足西南油气田科技人才培训需要;规范企校共建和社会师资聘用管理,高效有序开发利用社会优质培训资源。择优确定培训项目承办机构,提高培训项目的实施层次。

有序推进数字化培训平台建设。以ERP人力资源管理系统培训模块使用推进为契机,充分利用信息化技术手段,发挥专业特色,按岗位、专业、工种、装置和工艺流程等开发建立仿真模拟培训系统,推进员工数字化培训学习平台建设。

2. 培训师资队伍优化配置机制

按《西南油气田公司内部培训师管理办法》，严格实行师资准入和退出机制，推行持证上岗制度，打造"名师"队伍。坚持专兼结合，面向中国石油、西南油气田内部和社会，选聘优秀领导干部、知名专家学者和骨干人才担任内部培训师。强化培训师资队伍的培养，畅通"进出口"，形成常态化的培训师考评激励机制，搭建平台，规范培训师的职业生涯设计和培训师晋阶模式。有计划、分步骤选拔部分优秀教师特别是中青年骨干教师，到国内外知名高校和培训机构学习进修。通过生产现场挂职锻炼、实地调研、跟班学习等途径，提高培训师的业务能力，促进产学研一体化发展。

3. 积极推广应用中国石油远程培训网

中国石油远程培训网（下称培训网）由中国石油天然气中国石油主办，是中国石油外部网站的特色子网站，是面向中国石油广大员工进行远程教育培训的、可分级管理的多功能网络平台，是方便社会公众学习了解石油知识的一个窗口。培训网采用符合SCORM标准的学习管理系统（LMS），中国石油总部及所属各企事业单位共同使用，分级管理，整合和共享网络资源和课程资源，不断丰富培训网的课程资源，形成便捷、开放的学习环境，满足广大员工日益增长的学习需求。各单位和广大员工，关注、利用和支持培训网，使培训网在加强员工队伍建设、提升员工素质和能力水平方面，发挥其应有的作用。

第三节　天然气科技文化培育与传播

一、天然气科技文化内涵与功能

天然气科技文化是在天然气技术研发和生产经营过程中所表现

出来人的知识结构、劳动技能、生产设备、工艺流程、实验装置、计量测试手段的总和。它包括天然气生产过程中的科技物化形态，也包括科技意识形态，还包括物化形态中所体现出来的许多天然气知识技能形态，所有这一切构成了天然气科技文化的全部内容。天然气科技文化的功能有 3 个方面：一是对天然气企业物质文化与精神文化建设的巨大功能。二是科学技术通过广泛渗透到天然气企业的各个子系统所表现出来的文化功能。三是天然气科技文化的价值观，对天然气产业精神文明建设的独特意义。

二、天然气科技文化结构

(一)价值观层次的科技文化

天然气科技文化的价值观系统是天然气科技文化体系的基本内核。理性是科技文化价值观的基础和最基本的特征，求真唯实是科技文化的本质与价值观核心，批判创新是科技文化的根本使命，思想自由与宽容是科技文化的突出特点，效率是科技文化的功能要求与价值体现。它们构成了科技文化价值观系统的基本构架。

价值观层次的科技文化，集中体现在由 2000 年以来的天然气科学技术发展所产生的行业精神和意识形态领域的巨大变革中。科技文化所包含的理性、规范、公平、宽容、批判、创新、效率、协作等科学精神，构成了广大科技人才本性中最成熟，最重要，最基本的精神基础。

(二)制度层次的科技文化

制度层次的科技文化体现在现代天然气科学技术和天然气政治、经济、文化、生态文明等社会各个领域的体制与组织管理的一系列变革中。制度文化是企业科技工作的保障机制，是企业科技价值观文化的外化表现，是企业科技行为文化的规范和准则，是实现企业科技物质文化的依据。

科技制度文化包括科研制度及其执行过程中的活动，是建设科技文化的基本保障。只有科研热情而没有切实可行的制度是难以形成科技文化的。

(三) 行为层次的科技文化

行为层次的科技文化就是天然气企业科技工作者在科研工作及学习娱乐中产生的活动文化，它不仅是科技工作者精神面貌的动态表现，也是企业科研风气、科技价值观的折射。

对于天然气产业企业而言，科技行为文化可以从领导者的行为、科研管理者的行为、科技工作者的集体行为、先进科技工作者的个体行为等方面来展现。科研整体行为是天然气产业为了实现一定的科研目标而采取的对策和行动，包括招贤纳才、教育培训、研究发展、科研管理、知识宣传、人才储备、技术保密、应用推广等方面。天然气产业企业组织参与这些行为活动，就会形成相应的文化，也就是天然气行为文化。全体科技人员的集体行为决定了整体科研风气和精神风貌，集体行为的塑造是天然气科技文化建设的重要组成部分。通过各种激励措施，促使科研员工提高自身知识素质、能力素质、道德素质、心理素质和身体素质，将个人目标与企业科研目标结合起来，形成合力。先进科技工作者是天然气科研精神的化身，是天然气科技文化价值观的综合体现，其行为在各方面都应当成为企业所有科研员工的行为规范。

(四) 物质层次的科技文化

物质文化是由科技人才创造的产品和各种物质设施等构成的物质文化，是一种以物质形态为主要研究物件的表层科技文化，是形成价值观文化、制度文化和行为文化的条件。天然气生产经营每一个环节都有配套的一系列设施和一套相应的技术，这些都属于物质文化的范畴。

物质层次的天然气科技文化，体现在由天然气科学技术进步所不断创造出来的一系列人工自然物质成就当中。如钻井工程与工艺技术的进步，推动了天然气勘探开发发展；由电子计算机科技革命引发的当代物探科技革命，则在扩大科技工作者的体能革命的基础上，进一步揭开了天然气勘探开发和智能扩展的新篇章。

三、天然气科技文化建设途径

提高天然气企业领导人的创新素质，培育企业家技术创新精神。科学精神与人文精神相结合，树立先进的科技理念。营造创新激励环境是科技文化环境建设的重点。建立创新驱动发展体制机制及政策体系，加速天然气产业企业转型升级。

第四节 天然气科技创新绩效评估体系

一、研发机构创新能力评估

（一）评估指标体系的选择

天然气产业研发机构自主创新能力涉及因素众多、结构复杂，应该从多个角度和多个层面来设计指标体系。科技绩效评估指标的选择和量化是建立评价模型的基础，也是决定评价结果优劣的关键一步，指标选择是否科学、合理直接关系到评价质量的好坏，所以评价指标体系的设立应从全面性、动态性上努力探索。

天然气研发机构的自主创新能力由核心能力和支撑能力组成。对核心能力而言，分为研究开发能力、工程化能力、营销能力，企业分别通过人力投入、财力投入和实现效益来实现核心能力的提高。而支撑能力则是由创新资金筹措和运用能力、关键人才的吸纳和凝聚能力、企业家精神和战略管理能力和以界面管理为重点的组织与协调能力组成。企业自主创新除了上述4种支撑能力还包括很多其他的因素，如企业信息管理能力，知识产权管理能力、创新机制等。创新资金的筹集与应用与创新人才的吸纳、培训和激励属于企业创新资源管理内容。

评价本着激发各单位科技创新积极性，提高科技创新能力，促进天然气产业科技创新可持续发展。在建立评价指标体系时要遵循以下几个基本原则：科学性与现实性原则、可比性原则、可操作性原则、多目标性原则[①]。

科技创新能力评价指标体系包括科技创新财力投入指标、科技创新人力投入指标、科技创新实现和效益指标，共选择3大类25个指标来对天然气产业科技创新力进行综合评价(表7-2)。

表7-2 天然气科技创新能力评估指标体系

一级指标	二级指标
科技创新财力投入指标	科技创新总费用在产品销售收入中所占比例
	科技活动经费支出总额
	研究与发展经费支出占科技活动经费支出总额的比例
	新产品开发经费支出占科技活动经费支出总额的比例
	产学研联合开发项目经费
	外部支出费用
	技术改造经费支出
	设备占生产经营用机器设备的比例
	科研设备新度(净资产/固定资产原值)
	技术引进经费支出
	消化吸收经费支出
	购买国内技术经费支出
	自有科技机构的企业比例
	信息化建设投入经费

---

① 天然气研发机构自主创新能力评价涉及人力、物力、财力，涉及到科技活动投入、实施、产出和企业经营状况、经济效益等方方面面，因素众多、结构复杂，所以需要建立一个评价指标体系，从多个角度和多个层面系统地描述自主创新能力，从整体上反映企业自主创新能力的水平。

续表

一级指标	二级指标
科技创新人力投入指标	技术专家人数
	高中级技术职称人员
	研究与试验发展人员
	工程技术人员占全部产业链相关从业人员的比例
	为生产新产品和应用新工艺发生的培训费支出
科技创新实现和效益指标	新产品销售利润
	新产品产值占工业总产值的比例
	新产品创汇率
	全部科技项目数
	省部级及以上科研项目数
	发明专利数

(二)评估模型与方法

多年来，国内学者在企业技术创新能力评价方法上做了许多有益的尝试，所采用的方法主要有模糊综合评价法、层次分析法、主成分分析法、物元分析法、人工神经网络技术、灰色关联度法、综合指数法等。

(三)研发机构建设成效

1. 建成5大技术研发体系

以增强自主创新能力为目标，以完善科技创新组织体系为重点，建设以专业技术研发体系、实验基础平台、博士后工作站为主体的科技研发体系。以完善现有5大科研院所职能为基础，构建7大专业技术研发体系(见图3-1)。以提升原始创新能力为重点，建设完善11个重点实验室和3个现场试验基地。以攻克重大核心技术、瓶颈技术和人才培养为目的，健全完善6个博士后分站。

科研领域涵盖油气勘探、钻完井工程、油气开发、储运与计量、净化与化工、HSE与节能减排、信息技术、经济与管理等从上游到下游的8大专业技术方向。通过持续的攻关组织和加大科技投入，不断攻克各项瓶颈技术难题，突出技术优势，在12个技术系列形成97项特色技术。其中海相克拉通盆地台内裂陷形成、演化重建等4项技术达到国际领先水平；天然气能量计量配套技术等18项技术达到国际先进水平；页岩气水平井钻完井技术等60项技术达到国内领先水平；天然气战略管理研究技术等15项达到国内先进水平。

"十二五"期间，西南油气田获得专利授权呈强劲上涨势头，知识产权数量和质量都显著提升，获奖成果数量不断增加，质量不断提升(详见第六章第四节)。

2. 人才培养成效显著

"十二五"期间，西南油气田坚持抓科技发展必须抓人才队伍建设的理念，创建作风过硬、能力突出的科研人才队伍，夯实西南油气田核心技术发展人才基础。利用好各级项目，培养高效的科技攻关团队和技术人才。

优化科技人才梯级结构，积极推进领军人才、创新人才和国际化人才3支队伍建设，努力打造一支敢于创新、业务过硬、结构优化、国内一流的科技人才队伍。"十二五"期间5大科研院所新增科技人才500人，培养中国石油高级技术专家8人、西南油气田级技术专家70人、厂矿级技术专家200人。

利用好博士后工作站，培养科技领军人才，引领和推动技术发展。利用好技术高端学术研讨和交流平台，拓展人才视野，提高科技人才水平。组织优秀拔尖人高端论坛和学术研讨，选派优秀人员参加与国际交流；举办全国高含硫气藏开采交流会，选择优秀论文进行大会交流。选派优秀人才与国外知名油气田进行交流，甄选高水平人才参加各项高级别研讨会议。举办高水平学术研讨会议，为科技人才提供发挥舞台。

3. 科技基础平台建设成效位列行业先进

"十二五"以来，通过国家、省、中国石油、西南油气田"四位一体"科技创新平台建设，显著提升了西南油气田科技创新能力和水平，一批实验/试验成果成为核心技术，为西南油气田主营业务提供了重要支撑，一批实验/试验装备和手段达到国际领先（先进）水平，提升和丰富了实验室/试验基地的研究基础，一批科研领军人物和青年骨干脱颖而出，为中国石油自主创新能力的提升提供了强有力的保障。

科技平台建设对于推动西南油气田科技创新、科技成果上水平、核心竞争力的提升起到了重要作用，主要成效是：重点实验室建设提升了西南油气田在天然气开发领域的影响力和话语权，形成了一批实（试）验新技术，提升了研究能力，支撑了重大科技项目攻关，加速了新技术新产品开发，支撑了西南油气田主营业务的发展，培养了一批高层次拔尖人才。

技术机构及取得资质成果，详见表 6-4。

二、科技对勘探开发经济效益评估

天然气科技创新体系创造的经济效益主要集中体现在 4 大方面：一是通过构建科技创新体系，加强了对油气成藏规律的认识，实现了理论与实践突破，从而发现新的经济可采储量、增加企业资产；二是通过管理创新和科技进步延缓了老气田产量递减，维持和提升了气田的现有产量；三是经过科学论证优化了新井建设和布局，大幅度提高了新增天然气产量而贡献了新的价值；四是天然气科技创新体系对降本增效起到了积极影响。

天然气产业科技经济效益评估的具体测算是采用逐层剥离的方式，即首先测算储量、延缓老气田产量递减、新井产量、降本增效的总体效益，再根据科技进步率剥离出科技进步的贡献，最后再在科技进步贡献中提取出天然气科技创新体系的贡献。其经济效益计算公式为：

$$R = \sum_{i=1}^{n} R_i = \sum_{i=1}^{n}\sum_{t=1}^{m} A_i^t \times K_i \times P_i \qquad (7\text{-}1)$$

式中，A_i^t 为第 i 领域中第 t 年新增贡献的净现值；K_i 为第 i 领域中的科技进步贡献率；P_i 为第 i 领域中天然气科技创新体系在科技进步贡献中所占比例。

本测算中主要分为储量、老气田延缓递减、新井产量、降本增效 4 个经济效益贡献的领域。其中，储量净现值按 SEC 口径下的年新增储量净现值计算，对老气田延缓递减的贡献按老气田产量净现值扣除自然递减产量净现值来测算，新井产量净现值和降本增效净现值按实际值来测算。

三、科技对经济社会发展贡献评估

（一）评估指标体系

基于指标体系设计的理论依据和原则，将天然气科技对区域经济社会发展贡献的指标体系划分 3 个层次，共 10 个指标（表 7-3）。一级指标，即研究目标，为天然气科技对区域经济社会发展的贡献；二级指标共 3 个指标，是从经济社会的可持续发展，节能减排，能源结构调整，建立安全、稳定、经济、清洁的能源供应保障体系这 4 个方面进行构建，具体包括天然气科技对经济社会发展的贡献、天然气科技对减排的贡献、天然气科技对能源结构优化的贡献；三级指标，共 10 个指标。

其中，评估天然气科技对经济社会发展贡献从产业对经济增长、财政收入、居民收入和就业的角度来进行选择指标，最终选择的指标有 4 个，分别为天然气产业链增加值占地区生产总值的比例、天然气产业链上缴税金占地区财政收入的比例、天然气产业链工资总额占地区居民收入的比例以及天然气产业链产业链相关从业人员占地区就业人数的比例。

评估天然气对减排贡献从天然气相对于煤炭、石油减少污染物排放量的角度进行选择指标，最终选择的指标有3个，分别为单位地区生产总值天然气综合减排量、人均天然气综合减排量以及单位土地面积天然气综合减排量。

表7-3　天然气科技发展对经济社会发展贡献评估指标体系

一级指标	二级指标	三级指标
天然气产业科技发展对经济社会发展的贡献	经济社会发展的贡献	1. 天然气利用产业增加值占地区生产总值的比例
		2. 天然气利用产业上缴税金占地区财政收入的比例
		3. 天然气利用产业链工资总额占地区居民收入的比例
		4. 天然气利用产业链相关从业人员占地区就业人数的比例
	减排的贡献	5. 单位地区生产总值天然气综合减排量
		6. 人均天然气综合减排量
		7. 单位土地面积天然气综合减排量
	能源结构优化的贡献	8. 天然气占一次性能源消费的比例
		9. 城市气化率
		10. 车用CNG比例

评估能源结构优化贡献从天然气在能源消费中的结构，以及在具体能源应用领域（如用于城市燃气、天然气发电等）中的结构等角度进行选择指标，最终选取的指标有3个，分别为天然气占一次性能源消费的比例、城市气化率以及车用CNG比例。

(二)评估模型与方法

1. 天然气科技对经济社会发展的贡献评估

天然气科技对经济社会发展的贡献主要是站在生产的角度来考量天然气对地区经济社会发展的贡献。基于国民经济理论，一个产业的发展首先为地区经济创造了价值，包括企业利润、劳动报酬、政府税收，与此同时，提供了诸多的就业岗位；其次，该产业的发展需要国民经济其他行业的支持，包括物资、技术、劳务的支持，即该产业的上游行业的支持；最后，该产业的发展为国民经济其他行业提供支持，包括物资、技术、劳务，即为该产业的下游行业提供支持。

基于以上分析，天然气科技对经济社会发展的贡献包括天然气对国民经济的直接贡献以及间接贡献两方面。其中，天然气产业的直接贡献是指天然气产业的发展直接增加了地区生产总值、财政收入、居民收入，并提供了就业；天然气产业的间接贡献是指因天然气的生产所引发的对原材料、燃料、技术、劳务等的需求，以及因天然气产品的供给所形成的以天然气为燃料原材料产品的生产。天然气产业的直接贡献与间接贡献的总和即构成了天然气产业链对区域经济社会发展的贡献。

具体来说，天然气科技对经济社会发展的贡献评估指标分别为：天然气产业链对地区生产总值的贡献、天然气产业链对地方财政收入的贡献、天然气产业链对地区居民收入的贡献、天然气产业链对地区就业的贡献。

2. 天然气科技对减排的贡献评估

减排量计算中所指的主要污染物，是指《国民经济和社会发展第十一个五年规划纲要》所确定的实施总量控制的两项污染物，即化学需氧量（COD）和二氧化硫。国家环保总局依据《国务院节能减排综合性工作方案》《"十一五"主要污染物总量减排统计、监测和考核办法》和《"十一五"主要污染物总量减排核查办法（试行）》的有关规定，制定出了《主要污染物总量减排核算细则（试行）》。根据以上文件，确定污染物排放的4个指标：二氧化碳、二氧化硫、氮氧化物和粉尘。

本书侧重对比在生产相同有效产物的条件下，天然气、标煤煤炭和常压原油的污染物排放量，即上面所确定的二氧化碳、二氧化硫、氮氧化物和粉尘 4 项指标的排放量，继而计算天然气与标煤煤炭、常压原油相比的减排量。

3. 天然气科技对区域环境贡献评估

1)改善大气质量对人体健康的贡献评价

本书采用支付意愿法评估身体健康的经济价值。支付意愿法是在市场条件下评估生命及健康的价值，它包含了人们为降低伤残及健康危险所采取的各种方式（如火警器、安全带等）及人们为降低某种风险愿意支付的资金（如寿命、健康与乘飞机的保险等）。随着环境经济学的不断进步，支付意愿法已成为评估生命与健康价值的较合理的方法。

天然气替代燃煤改善大气质量对人身体健康带来的经济贡献为总悬浮颗粒减少对大气环境的贡献价值和 SO_2 减少对大气环境的贡献价值之和。

2)改善大气质量对农林等的贡献

根据天然气替代煤减少硫沉降对天然气利用地区农作物和林业的损失、当年对农作物和林业的损失价值、天然气替代煤使硫沉降减少率等，可计算天然气替代煤后对农作物和林业的贡献价值。

4. 天然气科技对能源结构优化的贡献评估

能源结构调整是能源发展面临的重要任务之一，也是保证中国能源安全的重要组成部分。调整中国能源结构就是要减少对石化能源资源的需求与消费，降低对国际石油的依赖，降低煤电的比例，大力发展天然气、水电、新能源、可再生能源和绿色能源。而从环境保护、可持续发展的角度来看，增加天然气消费可改善大气环境、减少污染，实现绿色低碳排放。因此，应用天然气技术，增加天然气能源的生产和改善消费结构，合理安排天然气开采投资和计划，掌握天然气生产和消费状况，为天然气供需平衡奠定基础，以及分配和利用天然气提供科学依据。

(三)对川渝社会经济发展的贡献评价

"十一五"以来,川渝地区是全国最大的天然气区域市场之一,天然气在一次能源消费结构中的比例位居全国第一,天然气利用产业集群规模居全国之首,形成了全国最大的城市燃气使用区,全国最大的化肥生产基地,全国最大的化工生产基地,世界最大的建材基地,全国最大的医药食品制造基地;内燃机燃料替换利用规模居国内第一。

区域经济效益。2006~2014年,西南油气田共销售天然气1272.57亿立方米,为区域经济社会发展做出了重要贡献。根据国家发改委发布的每1立方米天然气对城市经济的拉动比率1∶13计算,为川渝地区带动16543.41亿元的直接经济效益。

社会效益。2006~2014年,2014西南油气田天然气产业对GDP的贡献率达到4.23%,对居民收入增长平均贡献率达到8.17%,对川渝地区就业的贡献率达到1.54%。

环保效益。2006~2014年,西南油气田销售的天然气可替代用煤1.69亿吨标准煤,相当于减少二氧化碳排放量1.68亿吨,减少二氧化硫排放量1267.53万吨,减氮氧化物排放量571.22万吨,减少总悬浮颗粒1.15亿吨,极大地改善了空气质量。

四、管理创新绩效评估

(一)指标体系设计的思路、原则与内容

管理创新绩效具有复杂的内涵,结合天然气产业科技发展的特点,管理创新绩效评价时应当考虑以下方面:从应用基础技术研发的管理活动全过程来考虑管理创新绩效的评估,必须考虑到企业管理创新绩效的动态进化规律,企业整合利用外部管理创新资源,知识的能力应成为企业管理创新绩效评价的重要内容。

在建立管理创新绩效评价指标体系时，应遵循可操作性原则、系统性原则、可比性原则、层次性原则、动态性原则、突出重点原则、绝对指标与相对指标相结合原则。

基于管理创新成果的特点，从效益、创新度、推广性和创新能力四方面对管理创新成果进行评价，形成应用导向的管理创新成果评估体系。

管理创新绩效主要表现在三方面：一是在天然气产业发展战略框架下，各单位、各部门结合自身经营管理实际在深化改革、转换经营机制、经营决策、制度创新、业务流程等方面所作的，具有针对性、指导性和前瞻性的，符合国内关于科技文献编辑规范和出版标准的理论与应用性研究结果；二是运用现代管理科学理论，在企业生产经营管理各个业务领域内，对过程和方法、标准、工具等采取的具有改进、创新因素的措施，既包括对新型理论的学习应用，也包括对实践经验的提炼和总结，并经济效益和社会效益为主要衡量指标的实际工作成果；三是提高管理创新能力的成果。

（二）管理创新绩效评价指标体系

根据天然气产业经济增长方式转变的战略目标，判断和衡量经济增长的指标体系来评估管理创新绩效，主要包括三方面内容：一是反映要素组合创新经济增长效率类指标，如产出量及其产出增长率、要素组合投入量及其投入增长率、资本生产率等；二是反映要素组合创新经济结构及其变化类指标，如产品结构、技术结构及其变动情况、集约度和粗放度、增效率和节约率、增效量和节约量等；三是反映要素组合创新经济运行质量类指标，如经济景气波动情况、安全运行指标、环境污染指标等。

根据分析，共选择 3 大类 15 个指标来对天然气企业管理创新绩效进行综合评价。其中，一级指标的权重系根据经验法进行估算。各项二级指标则采取算术平均方法进行加权（表 7-4）。

表 7-4　天然气企业管理创新绩效评价指标体系

一级指标	二级指标
1. 管理创新投入	1. 管理创新经费总额
	2. 管理人员总数
	3. 管理创新人员占总员工人数百分比
	4. 企业增加值年增加额
	5. 管理创新经费年增长率
2. 管理创新产出效益	6. 影响力
	7. 产量综合递减率
	8. 成本降低额
	9. 管理创新增产量
	10. 管理创新收益
3. 管理创新能力	11. 分析能力
	12. 技术研究开发能力
	13. 投资能力
	14. 组织能力
	15. 营销能力

管理创新财力投入。财力投入方面选择了 3 个指标。风险投资对于快速成长时期的企业的发展起着十分重要的作用，因此，将风险投资总额作为评价管理创新能力的一个指标。

经济效益。经济效益方面，选择了多项指标，大多为绝对指标。它反映管理创新以达到的经济规模，从总体上反映技术的业绩。这一指标的选取也是针对技术的特点而特别选取的。人均总收入是用来衡量管理创新的经济效益。

管理创新能力。所谓创新能力是指企业根据市场需求、竞争状况以及自身的条件，组织人员进行技术研究开发、研制新产品、开拓新市场的创新意识、创新观念，分析能力、技术研究开发能力、投资能力、组织能力和营销能力，它是创新过程中一系列能力的综合体现。管理创新能力的大小最终体现在其市场实现程度和带来的商业利益。创新能力指标是最重要的指标。

五、科技人才培训评估

(一)科技人才培训综合评价指标体系

1. 建立科技人才资源开发考评体系

为了衡量科技人才培训工作的综合水平、考核培训工作的效率效果、判断其培训工作的运行状况,有必要建立合理的指标体系,对科技人才培训工作的状况进行定量评估。

构建天然气科技人才开发评估模型(图 7-1)。该模型是在客观公正评估出天然气产业目前的科技人才开发现状,分析出未来的人才的总量、素质和结构需求基础上,制定相应的指标体系,使用主成份分析法对输入指标进行处理,评估现有科技人才开发绩效,持续推动天然气科技人才开发。

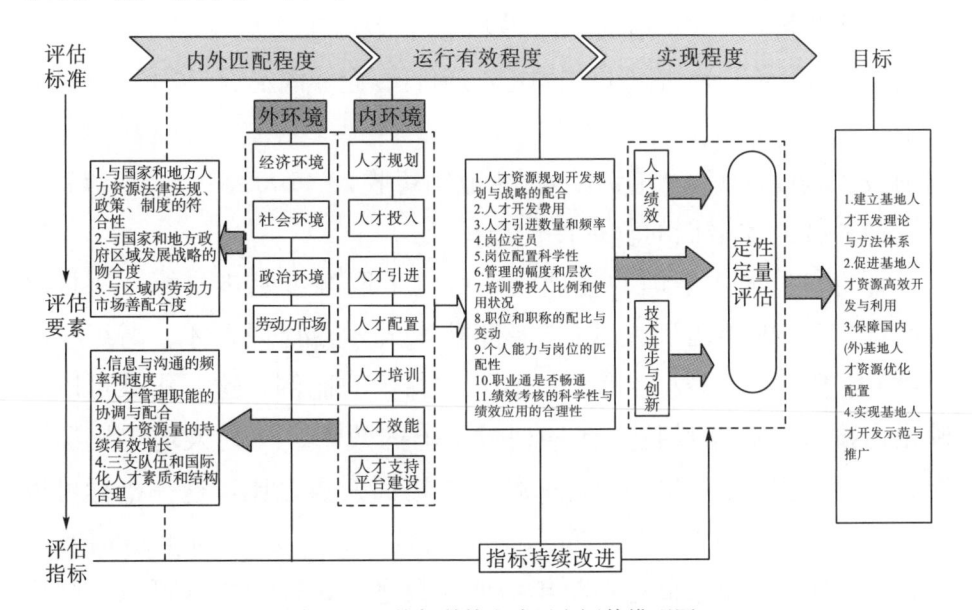

图 7-1 天然气科技人才开发评估模型图

为了衡量科技人才培训工作的综合水平、考核培训工作的效率效果、判断其培训工作的运行状况，有必要建立合理的指标体系，对科技人才培训工作的状况进行定量评估。首先需要有一套比较全面的、客观的数据指标，根据科技人才培训工作的投入、管理、效果3大过程的特点，将反映科技人才培训工作状况的指标分为3大类，即科技人才培训的投入评价、管理评价和效果评价指标。

1）科技人才培训的投入评价指标(B1)

评价科技人才培训的投入可以从三个角度出发：一是考察培训的人力投入程度(C11)，即从事培训工作的人员占企业员工总数的比例，这一指标反映企业在科技人才培训工作上的人力投入力度；二是考察培训的物力投入程度(C12)，即培训中心的固定资产价值占企业总固定资产价值的比例，这一指标反映企业在科技人才培训工作上的物力投入力度；三是考察培训的财力投入程度(C13)，即培训经费占企业销售收入的比例，这一指标反映企业在科技人才培训工作上的财力投入力度。各指标的计算公式如下：

人力投入程度(C11)＝培训工作的人员/企业员工总数×100％　　(7-2)

物力投入程度(C12)＝培训机构固定资产价值/企业固定资产总值×100％

(7-3)

财力投入程度(C13)＝培训经费/企业销售收入×100％　　(7-4)

2）科技人才培训的管理评价指标(B2)

评价科技人才培训的管理效率可以采取四个基本指标：一是培训率(C21)，即年培训人数(指专业技术人才、管理人才、高级技能人才)人才、管理人才、高级技能人才总数的比例，这一指标可以反映出占技术企业在科技人才培训数量上的效率；二是人均年培训课时(C22)，即企业年培训总课时数与年培训人数之比，这一指标可以反映出企业在人均培训时间水平上的效率；三是人均年培训费用(C23)，即年培训经费总额与年培训人数之比，这一指标可以反映出企业在科技人才培训费用水平上的效率；四是人才外送培养力度(C24)，即企业年选送攻读硕士及以上学历的人数占专业技术人才、管理人才总数的比例，这一指标可以反映出企业在高级科技人才培训工作上的效率。各指标的计算公式如下：

培训率(C21)＝年培训人数/人才总数×100％ (7-5)

人均年培训课时(C22)＝年培训总课时数/年培训人数×100％ (7-6)

人均年培训费用(C23)＝年培训经费总额/年培训人数×100％ (7-7)

人才外送培养力度(C24)＝企业外送培养人才数/人才总数×100％

(7-8)

3) 科技人才培训的效果评价指标(B3)

评价科技人才培训的效果可以采取 4 个基本指标：首先是科技人才培训的技能培训效果，分为两个指标：一是在岗受训人才合格率(C31)，即在岗参加培训的合格人数占培训总人数的比例；二是计算机、外语受训人才合格率(C32)，即参加计算机、外语培训的合格人数占培训总人数的比例，这两个指标可以反映出科技人才培训技能上的培训效果。其次是科技人才培训的高学历培养效果(C33)，即企业年毕业硕士及以上学历人数占专业技术人才、管理人才总数的比例，这一指标反映出企业在高级人才学历培养上的培养效果。最后是科技人才培训的投资与企业盈利相关性指标(C34)，即一定时期内(本书中为 3 年)，企业盈利总额与用于培训各类人才的投资额的比率。各指标的计算公式为：

在岗受训人才合格率(C31)＝合格人数/培训总人数 (7-9)

计算机、外语受训人才合格率(C32)＝合格人数/总人数 (7-10)

高学历培养效果(C33)＝年毕业的外送培养人才数/人才总数 (7-11)

科技人才培训投资与企业盈利比率(C34)＝企业盈利总额(3 年)/科技人才培训投资总额 (7-12)

由此，建立科技人才培训状况综合评价指标体系如图 7-2 所示。

```
企业人才培训综合效果评价 A
├── 人才培训的投入 B₁
│   ├── 人才投入程度 C₁₁
│   ├── 物力投入程度 C₁₂
│   └── 财力投入程度 C₁₃
├── 人才培训的管理 B₂
│   ├── 培训率 C₂₁
│   ├── 人均年培训课时 C₂₂
│   ├── 人均年培训费用 C₂₃
│   └── 人才外送培训力度 C₂₄
└── 人才培训的效果 B₃
    ├── 在岗受训人才合格率 C₃₁
    ├── 计算机、外语受训人才合格率 C₃₂
    ├── 高学历培养效果 C₃₃
    └── 人才培训投资与企业盈利相关性 C₃₄
```

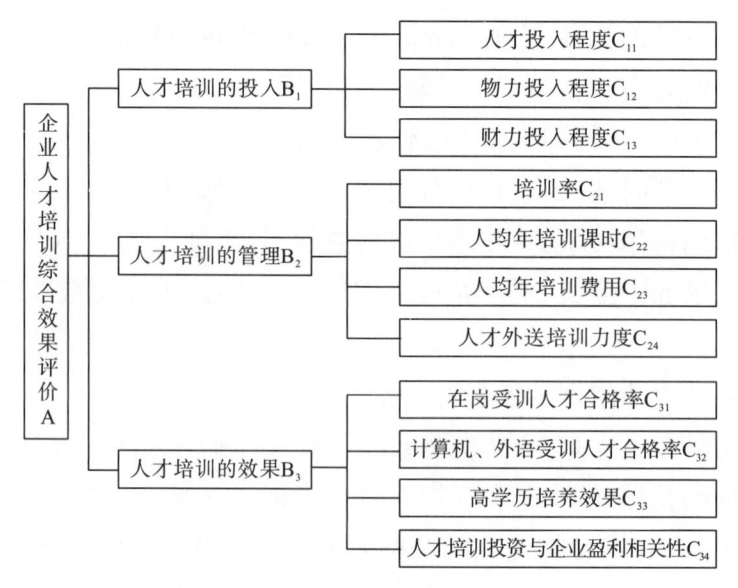

图 7-2　科技人才培训状况综合评价指标体系

2. 评价标准与等级划分的界定

参考国内外先进科技人才培训有关数据，针对科技人才培训工作的总体发展水平和现实状况，拟建立各个分指标的评价标准。其中，各个指标都分别分为优、良、中、及格、差 5 个等级，这 5 个等级元素构成了评价等级集合。考虑到不同时期、各单位之间的差别，以及企业人才—培训工作的动态发展变化，该指标体系及其标准和等级的界定需遵循实用性、可比性等原则，采用科学的分析方法进行调整。

（二）指标体系权重的计算方法

关于评价指标的权数，可以采用德尔菲法，向有关专家、学者、企业领导和管理人员发出咨询函，打分填写各评价指标子集的权数，并排出重要程度的顺序，然后对咨询结果进行研究并确定评价指标子集的权数。

六、科技贡献率评估

自 20 世纪 20 年代柯布-道格拉斯提出生产函数以后，国际上逐步开始探讨定量测量科技进步在经济增长中作用的方法。科技进步贡献率测量的理论各有千秋，但是鉴于增长速度方程法操作方法简便，得到了广泛使用，国家统计局也推荐采用索洛的增长速度方程。

(一)评估模型与方法－柯布－道格拉斯生产函数

1. 计算方法

目前，国内外测算科技进步贡献率一般都采用柯布－道格拉斯(Cobb-Douglas)生产函数(C-D生产函数)和索洛余值法相结合的方法。

C-D 生产函数的一般表达式为

$$Y = A_0 e^{rt} K^\alpha L^v \tag{7-13}$$

对 C-D 生产函数两边取对数：

$$\ln Y = \ln A_0 + rt + \alpha \ln K + \beta \ln L \tag{7-14}$$

生产函数用来确定资金和劳动力投入弹性系数等计算科技进步贡献率所需的参数。运用多年的数据可用多元回归方法测算 α、β 等参数值。通过 C-D 生产函数和索洛余值法相结合，计算西南油气田科技贡献率。

2. 基础数据的选取

产出取西南油气田上市企业原油和天然气的工业总产值，资金投入量取西南油气田上市企业的总资产(固定资产＋流动资产)，劳动力投入量取西南油气田上市企业的职工总数。

3. 参数选择

根据前面科技进步贡献率的测算方法，利用专业的统计分析软件 SPSS，估算方程中的 α、β 等参数。

（二）西南油气田科技贡献率测算

从测算的结果看，西南油气田发展的动力主要来源于科技进步，"十一五"期间其贡献率达到了 50.57%。主要原因是重组改制以来，西南油气田特别重视科技创新和管理变革，加大了科技研发的投入，控制职工总数并重视科技成果的转化，取得了很好的效果。

根据上述科技进步贡献率、资金贡献率、劳动力贡献率的计算公式，测算"十二五"期间西南油气田科技进步贡献率的结果，如表 7-5 所示。

表 7-5　2011~2015 年科技进步贡献率测算结果

年份	科技进步贡献率	资金贡献率	劳动力贡献率
2011 年	53.34%	31.18%	15.48%
2012 年	54.84%	26.47%	18.69%
2013 年	55.20%	22.55%	22.25%
2014 年	56.13%	17.84%	26.03%
2015 年	57.10%	16.12%	26.78%

第五节　科技创新激励与约束机制

一、科技创新激励制度与激励方式

（一）完善人才激励制度

激励是西南油气田人才资源管理的核心，是吸引人才、留住人才的重要手段。为此，需要创新激励机制，吸引优秀人才，激发人才的能量，充分发挥人才的积极性和创造性。修订完善现有的分配制度，调整薪酬分配方式，搞好工资总额的管理调控。着重完善以鼓励创新和业绩贡献为导向的激励机制，增强激励的针对性。对在科技创新中取得突破的科技人才和高技能人才实行重奖。健全完善破格晋升、带薪休假、进修学习、出国考察等多种人才激励办法。严格科技评奖条件，提高技术创新成果奖励标准。强化优秀科技人才特殊津贴突出贡献奖。专门制定优秀科技人才评选和特殊津贴发放办法，评选出天然气学术带头人、技术带头人和优秀科研骨干，在其中优选出突出贡献者，参照同类先进单位相关办法，给予特殊津贴和突出贡献奖金。加大过程激励力度，实施科技成果效益提成，促进成果快速转化。

(二)合理采用多种激励方式

坚持精神奖励与物质激励相结合，激励与惩戒相结合，建立并规范有效的人才激励制度体系。可以根据企业实际情况，合理采用薪酬激励、奖惩激励、福利激励、理念激励、目标激励、形象激励、情感激励、自我激励、双梯阶激励、政府政策激励、产权激励、市场激励等12种激励方式。

二、建立健全科技约束机制

(一)科技责任约束

科研院所领导和科技项目经理岗位，就承担着一定的责任(包括对企业、对社会的责任、对科技的责任)，这些责任不仅在有关的法律、法规(如企业法、公司法、合同法)中作了原则性规定，而且在诸如公司章程、聘用合约、任期目标责任书等文件中作了具体明确的规定，院所领导和科技项目经理必须信守合约，承担责任，履行义务，否则将受到法律或合约的制裁。

（二）科技预算约束

采取有效手段约束经营者和科技项目经理行为主要是增大预算执行力，降低经营者和科技项目经理获取非法非货币收入的可能，使经营者和科技项目经理自我约束，切实为企业资产保值增值负责。为此，必须提高科研经费预算准确性、合理性，对各单位科技项目开题经费进行严格的逐一审查，确保预算符合实际，规范科技经费合理使用，提高科技经费使用效率，建立科研经费使用台账，定期分析考评。

（三）科技制度约束

全面推行生产与科研相结合的科技攻关项目制管理模式，加强全过程管理与控制，不断提高科研攻关及成果的水平和质量。加强技术有形化集成及推广应用，加快科技成果向现实生产力的转化，将知识产权工作贯穿于科技攻关全过程，鼓励申报发明专利和国外专利，进一步提升知识产权创造、应用、管理和保护能力。

加大重大科技专项管理力度，推进项目管理新模式，强化重大攻关项目管理机制，与业务主管部门的联合管控，与生产单位无缝衔接，落实月报汇报制度和季度检查机制，切实提高科研成果应用效率，实现科技向生产力的快速转化。加强基础台账建立，管理流程规范和优化，培养服务意识，全面提高科技管理效率。

加快科技管理信息系统完善，增加科技经费、科技激励、专利和技术秘密等数据共享、查询、汇总统计等功能。进一步加载科技项目信息数据，补充完善科技信息系统数据库，达到优化科技管理流程，细化主管部门和研发机构的功能定位、职责分工、业务范围与协作关系，促进科技管理工作的规范化、标准化的目的。进一步强化科技项目的HSE管理以及过程控制与监督。

（四）科技道德约束

科技道德约束可以说是一种无形的、软性的约束。科技道德的约束主要表现为一种自我的、内在的约束，这种约束对于减少科技活动中的道德风险更为有效。科技道德约束发挥作用的形式既有社会公德、企业道德、职业道德等舆论压力的外部约束，又有自我理性、德性和品格保持的自我约束。

第八章　天然气产业科技创新体系探索与展望

第一节　天然气产业技术研究院创建与运营

一、建设天然气产业技术研究院的重要性和必要性

(一)组建意义

四川盆地有较长的石油天然气勘探开发历史,在钻采工程领域,川渝地区有一批科研实力雄厚、创新能力强的企业、院校和研发机构,承担了大量国家及省部级重大专项和科技攻关项目,代表了国内在该领域的先进水平,为国内石油天然气勘探开发做出了积极贡献。但是,石油天然气研发机构结构多样,分属于不同的企业和院校、不同行政管辖、不同的所有制,造成共性技术与装备研发分散、重复投入、利用率低,缺乏交流与合作,研发与产业化脱节,科技成果转化周期长。因此,需要建立天然气产业技术研究院,为石油行业搭建联合研发的平台,汇聚省内外行业创新资源,形成区域创新体系,增强企业的创新能力,带动行业整体技术进步。

组建的天然气产业技术研究院,将引领和带动天然气勘探开发行业的技术进步,促进产业结构优化升级,发展川渝优势特色产业,推动新能源战略性新兴产业的发展,加快推进川渝政府科学与技术发展规划,为川渝经济的发展发挥重要的支撑作用。

（二）技术优势和现有基础条件

天然气产业技术研究院依托川渝地区骨干油气企业，如中国石油集团川庆钻探工程有限公司、中国石油天然气股份公司、西南油气田、西南石油大学、成都理工大学、宏华集团有限公司，提供科研场所、关键设备仪器、科研人员、高端专业软件等，以及依托国内国外业务一体化、研发实力雄厚的专业化公司。

天然气产业技术参与单位：川渝地区具有竞争实力的油气企业、高等院校和科研院所。

二、产业技术研究院发展规划思路

（一）产业技术研究院性质、功能定位

天然气产业技术研究院经济性质：具有独立法人的科技民办非企业单位。

天然气产业技术研究院宗旨：开放、创新、协同、共享。

天然气产业技术研究院功能定位：研究院以汇聚川渝为主的行业创新资源，形成产学研用一体化能力的创新平台，具备引领和带动油气钻采工程领域的技术进步，孵化、推动技术成果转化和产业化的功能，围绕天然气勘探开发关键技术研发、系统集成及核心装备和技术，开展科技成果转化，打造产业链，着力把川渝建成中国重要的天然气高技术产业研发基地。

（二）发展目标

1. "十三五"目标

到 2020 年，建成制度完善、运行有效的民办非企业性质的天然气产业技术研究院。遴选一批具备转化条件的石油天然气钻采工程

共性技术与装备。引领整个产业技术进步，带动川渝天然气产业和经济社会发展提供强有力的技术支撑。

"十三五"期间，天然气技术要大幅缩小与国外先进技术的差距，进一步提升国际化水平，要在智能化、环保、高端领域、高精度、高安全度、复杂条件高适应性、绿色低碳、低成本等方面有所突破，特别是在页岩气、低渗致密气、储气库、管道、天然气利用等工程建设领域要有重大技术创新。

2. 长期目标

建成国内领先、国际一流的天然气科技创新研发体系。通过集成创新、引进消化吸收再创新和自主创新，形成系列的复杂油气藏钻完井、增产改造、采气等核心技术及装备、行业技术标准，培育一批新产品、配套装备和技术服务能力，引领整个天然气产业技术进步，为天然气产业发展提供强有力的技术支持。

（三）主要任务和内容

1. 研究内容

1) 钻井关键技术及核心装备

特殊工艺钻井。一是实施全过程欠平衡，雾化钻井，可循环泡沫钻井，碳酸盐岩地质导向钻井，高温深井定向井等钻井技术的产业化。二是重点开展控压钻井，气体反循环钻井，深井电磁波随钻测量，气体钻水平井，页岩气、致密气、煤层气水平井，多分支井，套管钻井7项关键技术研究。三是研制随钻压力监测（PWD）、地面压力自动控制系统、钻井液密闭分离装置、机械式快速井下套管阀、电磁波接力传输随钻测量系统（EM-MWD）、自转式空气锤6项产品系列。四是储备密闭循环钻井、旋转导向技术。

安全快速钻井。在复杂深井超深井方面，集成应用气体/欠平衡钻井技术，深化完善欠平衡钻井、防漏治漏、事故复杂预防处理、动力钻具+PDC钻头、井身结构优化等技术。重点突破PDC钻头个性化设计、深部高研磨地层快速钻井、垂直钻井、多压力系统安全钻井等技术。

固井工艺。一是实施"三高、三低"、深井超深井、多压力系统、大斜度井、水平井、干井筒固井技术的产业化。二是重点开发带封隔器全通径高压密封悬挂器、高压力分级箍、非标套管固井工具、内置式浮箍、水泥基浮箍浮鞋、大温差缓凝剂、超高温降失水剂7项产品，形成系列固井技术。三是储备超深井、大位移井、煤层气井固井配套技术。

钻井液。一是实施气体钻井配套钻井液转化、超高密度钻井液、油基钻井液、重晶石成塞等复杂井钻井液技术的产业化。二是重点开展硅基防塌、聚合物复合盐、抗高温高密度饱和盐水钻井液、气体钻井化学固壁及化学堵水研究应用。开发满足煤层气、页岩气勘探开发的钻井液；开展绿色环保钻井液技术研究，加强钻井液回收再利用等技术研究。

新型的石油钻机。一是复合连续管钻机。二是液压单根拖挂钻机。三是节能型钻井泵组。四是JACKUP9000m海洋钻井模块。五是钻井船钻井包。六是页岩气整体解决方案。

2）增产与开采技术及核心装备

压裂酸化。实施高效环保特色压裂液、酸液体系的研制，完善泡沫压裂配套技术的产业化。重点开展水平井、分支井分段压裂酸化工艺、工具、装置研究，连续油管增产工艺技术研究，二氧化碳干法压裂技术研究，压裂酸化裂缝监测评价技术及储层地质综合评价技术研究，建立储层增产改造评价方法体系。

测试与修井。实施高温高压高含硫深井测试配套技术的产业化，重点开展油气水井带压作业技术、工具及装备研究，及地层测试无线地面直读技术研究。

3）安全环保节能关键技术及装备

安全技术及装备。一是重点开展作业现场安全预警和应急控制技术、现场图像传输系统开发等关键技术研究。二是检测技术及装备。重点开展在役钻机、井口装置、压力容器、连续油管在线检测及安全评估技术研究。三是环保技术及装备。开展柴油机尾气和噪声治理技术，施工作业环境应急监测、污染应急控制与远程监控技术研究。页岩气压裂返排液的回收利用技术，废弃油基钻井液和油基钻屑处理技术。四是节能技术及装备。重点开展钻机油改气、油改电、双燃料等节能技术研究，钻井系统余热利用技术研究，以及钻井系统能耗监测及评价技术研究。

2. 开放服务

天然气产业技术研究院实行研究环境开放、研究队伍开放和研究课题开放的模式，建立参与单位资源共享的机制，加强行业内外的合作与交流，全面提升创新能力，持续提高研究水平。

(四) 管理体制及运行机制

1. 管理体制

1) 利益相关者界定

川渝政府科技厅是天然气产业技术研究院的归口管理单位，政府引导与市场化配置依托单位、参与单位。研究院实行所有权与经营权分离，所有权归依托单位与参与单位，研究院独立经营。

2) 组织机构

由依托单位和参与单位共同组建研究院理事会、监事会和技术委员会。经营管理实行理事会领导下的院长负责制。

理事会是天然气产业技术研究院的决策机构，理事单位以民主平等、共建共享、利益合理分配的方式共同管理，集体决策。通过技术研发、技术引进、成果转化、产业实施等多种方式助力川渝天然气产业发展，为川渝经济产业发展和社会建设服务。

监事会是天然气产业技术研究院的监督机构，其主要职责监督研究院有效、合规运行。

技术委员会旨在保证石油天然气、页岩气产业重大决策和重大项目实施的科学性和准确性，完善决策机制，提高决策的科学化水平。天然气产业技术研究院技术委员会成员由国内相关知名专家组成，实行动态管理，是研究院重要的咨询机构和智囊团，实行聘任制。

天然气产业技术研究院实行院长负责制，全面落实理事会的决策，院长实行聘任制。天然气产业技术研究院下设三部一室四中心：项目部、产业部、财务部和办公室，研发中心、新技术推广中心、产业化中心、培训咨询中心。

2. 运行机制

建立和完善研究院规章制度。制定科研项目管理、成果知识产权保护、科技成果转化、研发人员津贴与奖酬金和技术咨询服务等管理制度。

建立研究院薪酬制度。专职工作人员实行聘任制和年薪制，兼职工作人员实行薪酬制。

实行项目长负责制。建立开放式的项目团队模式，立项经费由项目长按照相关规定进行管理和开支，实行目标管理，经费包干，实行专款专用，单独核算。

多渠道资金筹集方式。包括申请政府拨款，吸纳社会资金，参与单位现金投入、技术投入和资产投入，成果转化收入的积累等方式。

知识产权归属。研究院开展的所有项目，其成果形成的知识产权归属于研究院及项目投资单位。

分配原则。对成果转化和产业化形成的净收入，由理事会决定预留研究院运行费和研究开发经费。其余部分依照参与单位按综合投入比例进行分配。

第二节　天然气产业链技术生态化发展

一、勘探开发生态技术研发

(一)绿色钻完井技术

近年来,随着石油勘探进程的不断推进,油气勘探难度的不断加大,碳酸盐岩、高陡构造、复杂山地、黄土塬等诸多复杂地表条件和难题需要破解,即对于复杂山地区地震勘探。钻井的目的不只是构建油气通道,更重要的是发现更多的天然气资源和尽量提高气产量和采收率。钻井工程面临的问题始终是如何确保"优、快、省、HSE"。"优"指优质,也就是如何提高工程质量,更好地保护油气层,准确地监控井眼轨迹。"快"指高效,也就是如何提高钻井效率。"快"是油气公司、钻井承包商和技术服务公司一贯追求的重要目标。"省"指经济,也就是如何节省钻井完井成本,降低吨油成本,实现效益的最大化。"HSE"指健康、安全和环保,贯穿于钻完井全过程。

高效钻井系列技术研发。在生态环境脆弱的地区,高效钻井既利于加快产能建设、缩短生态环境影响周期,又利于降低钻井成本。针对不同地质条件,具体研究适应性强的高效钻井及配套技术,形成系列技术。"十三五"期间,天然气勘探技术的重点发展方向将包括前沿化随钻测井技术(异性测井技术)、微地震监测技术、全自动智能控制技术、可以深入到储藏层的纳米侦探测量技术以及数字化油田勘探开发技术。天然气钻井技术将重点发展复杂气田钻井工程关键技术和仿生技术。

钻井液减排及回收利用系列技术研发。钻井液的排放及处理是钻井环保工程的重点内容,实现钻井液减排及回收利用将极大地减小井工程的环境影响程度。除此，气田水配置压裂液技术取得突破已初步显现可能。

非常规天然气勘探开发关键技术亟待突破，如非常规气藏精细描述、丛式钻井、新型压裂技术、环保技术、经济可采储量评估技术、技术经济评估技术等。

页岩气开采的技术装备已有一定基础，在钻机、压裂车组、井下设备等装备制造方面已有较强的技术和生产能力，国内公司的钻井设备已批量出口美国用于页岩气开发。但长水平段的水平井钻井技术、分段压裂技术及微地震监测技术等3大核心技术尚未完全掌握。页岩气技术发展方向方面要向标准化、一体化、配套化方向发展，向安全优质、高效低成本成井方向发展，向提高压裂有效性的方向发展，向重视环境保护技术的方向发展，向无水压裂技术的方向发展。

此外，还从其他方面加强钻井工程环境保护，主要有：加强钻井液和洗井液选择与控制，即选择环境可接受钻井液或称为环境友好型钻井液并注意跟踪检查；加强完井、修井、试井中污物排放处理，例如，完井后将气井连接到敞开的地沟或储罐中收集砂粒、钻屑和油藏流体以便进行处理，试井过程中将产出的天然气点火炬燃烧掉。

(二)绿色采气技术

气田生态化发展要以总体高效开发、提高净化水平、降低三废排放、减小生态空间占用、加强回收或循环利用等方面技术或管理手段推动气田生态化开发来实现。新发现油气田的开采难度日益增大，油气田开发中后期的稳产和提高采收率难度增大，环境保护要求愈来愈严格。采气技术的重点发展方向将包括无水压裂技术、大型碳酸盐岩油藏高效开发采油工程关键技术和数字化采气技术。

天然气集输过程中的生态影响主要有两方面：集输站场生态空间占用、生产作业或生活产生的"三废"排放；集输管道腐蚀穿孔、人为事故、自然灾害事故导致天然气泄漏、爆管破坏周边环境。集输系统生态影响控制技术主要从以下3个领域深入开展研究天然气集输系统节能减排、大罐抽气及轻烃回收工艺、站场污物集中处理设计和火炬放空技术等。

集输工艺系统优化简化。简化工艺系统可有效减小集输站场生态空间占用和环境影响，同时节约成本。例如，通过实施单井数值计量技术，可拆除单井分离设备和污水罐，极大地降低土地成本、环境成本和经济成本，目前该技术在国外已有应用；采用标准化站场设计、撬装装置等可节约土地占用。

（三）绿色天然气净化处理技术

完善配套的天然气净化工艺技术、减少天然气净化厂净化处理所带来的环境污染已成为天然气净化环节环保工作当务之急，具体表现在优化总工艺技术路线、脱硫溶剂的选择、硫磺回收和尾气处理工艺的选择、工艺设备和材料的选型以及硫磺成型工艺等方面都必须上一个新的技术台阶。

目前已实施天然气净化废水回收利用技术[1]、天然气净化废气处理技术[2]。天然气处理厂脱油脱水装置循环注醇工艺，该工艺使气田采出污水达到回注标准，减排效果显著。含汞气田水脱汞技术，该技术可有效地脱除含汞气田水中无机汞离子和有机汞离子，降低含汞气田水可能破坏生态环境。

（四）污水和温室气体减排技术集成

气田要致力于最大程度实现钻、采、集、净过程污物的综合减

---

[1] 发明专利"天然气生产废水处理及循环回收利用应用技术"（申请号/专利号：200610021213），将物化法、化学法以及生物法的优势有机结合起来，应用在处理天然气工业生产污水中，并使处理后的工业废水可循环回用于天然气生产。

[2] 零排放的酸气回注技术，通过设计经济技术可行的的气体处理工艺，将含硫天然气净化产生的酸气压缩到足够高的压力，再通过管道输送到回注井，然后通过井筒注入预先选定的储藏地层。该技术是一种替代硫磺回收工艺的经济可行的酸气处理方法，也是一个减少温室气体排放的环保方法。

排和循环利用,并主要集中在气田污水和温室气体的减排和回收利用。

首先,要对钻、采、集、净过程的污水,温室气体的产生、去向及环境影响进行全面系统的分析研究,为实施综合减排与循环利用技术开发提供基础。气田开发过程污水包括:钻井污水、气田采出水、站场作业生产污水及生活污水等。油气田温室气体排放源包括:过程与放空排放源、逸散排放源。过程排放指工艺过程排放,诸如放空火炬燃烧排放、生产工艺中脱水装置的排放、天然气净化过程等正常或非正常工况下的工艺排放,主要有火炬与放空系统、增压机、锅炉和CO_2过程排放。逸散排放主要包括:天然气在开采、运输、处理等过程中由于管道裂痕、法兰及装置密闭性问题等出现的无意泄漏,这部分温室气体主要是CH_4;废物(废气、废水、固废等)处置所产生的温室气体排放。

其次,要针对重点环节进行技术开发与应用。例如,前面提到的钻井液减排及回收利用系列技术、天然气集输系统节能减排、零排放的酸气回注技术、气田水配置压力液技术等重点环节的减排技术。除此,还有气井排液技术、天然气管道抽吸技术、控制压缩机活塞杆密封系统泄漏、压缩机放空气回收减排技术、锅炉节能增效技术、烟气碳捕获技术、二氧化碳封存技术、火炬气回收减排技术等。

最后,要从气田开发全过程优化与系统控制、技术集成创新方面着手研究气田减排工艺与技术。但这方面的意识还比较薄弱,需要投入更大的力量。

(五)减少土地占用和污染土壤的修复技术

油气田的开发是从钻每一口井开始的,对于油气田的钻井所占用的土地,一个重要的处理办法就是最小化原则,即加强管理、实行集成化模式,使所占用的操作面积减到最小。例如通过建立陆上平台式操作模式,尽量缩小生活区的占地面积等。对于油污土壤和含油污泥,目前国内不同的油田和单位的具体对策都有所差别，但不外乎两个方面，一是对油污土壤和含油污泥的处理，二是对所含污油进行回收。概括来说，对于油污土壤和含油污泥的修复技术主要有以下几种：焚烧法、土地耕作法（生物降解法）、固化法、干化法、热脱附法、溶剂萃取法、洗涤法、离心法、化学破乳法以及热滤法。

（六）环境影响的技术经济评价技术

天然气勘探开发的环境影响评价实际上就是按环境科学观点及其相关的价值取向，就工程项目影响引起的自然生态、社会生态和环境的价值变化，进行评判预断，因此在整个研究和评价的过程中，从研究范围的圈定，研究重点的选择，评价体系和边界的确定，评价因子的筛选，到权重的权衡，环境经济分析的定值等，都以一定的价值观贯穿其中。

工程引起的资源和环境变化应作为经济发展的一个成本因素、经济价值因素加以研究和评价，开展环境影响的损益、机会成本、综合投资效益、开展风险对策、投资风险、动态过程的风险、环境保护方面的设计，逐步加大投资力度。

在环境影响评价中，还必须针对价值的时效性进行探讨，每一种具体的价值都有主体的时间性，随着主体的每一变化和发展，一定客体对主体的价值，或者在性质和方向上，或者在程度上都会随之改变。

二、绿色储运技术体系开发

随着管道建设的规模越来越大，管道向更大口径、更高钢级发展，对管道的安全要求越来越高。同时，国家对环境保护、节能减排及公共安全的要求也越来越高。但是，国内的设计单位对于大型地下储气库的经验尚显不足，且不同类型地下储气库的现有技术水平参差不齐，一些关键技术的解决还需要与国外公司合作完成。

(一)绿色集输过程控制技术

管道技术的重点发展方向将包括：①研究开发新一代管道技术；②进一步完善管网的数字化、智能化技术；③加大国产设备的开发和推广力度；④开展海洋管道技术研究；⑤集输管道安全运行管控。管道第三方破坏安全预警技术、管道腐蚀防护与控制技术、泄漏检测技术、管道不停输带压封堵抢维修技术等。

为了推动天然气储运技术走生态化发展之路，构建以储运设计技术、建设技术、生产管理技术和评价技术为主要内容的绿色储运技术支持体系(图 8-1)。

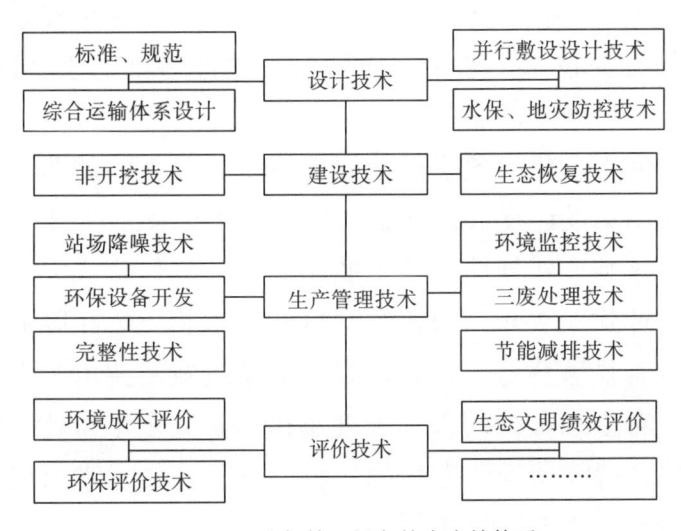

图 8-1 天然气储运绿色技术支持体系

大力发展生态化天然气储运技术应当遵循以自主研发和改进为主、合理引进吸收国外先进技术、促进技术集成的总体思路和原则。主要措施有以下几方面。

倡导技术理念生态化。天然气储运的所有技术，都融入生态化的理念，按生态学原理和方法设计和开发技术，在技术应用过程中全面引入生态思想，以可更新资源为主要能源和材料，力求做到资源最大限度地转化为产品，废弃物排放最小化，从而节约资源，避免或减少环境污染。

优先发展和完善天然气储运生态评价技术，主要包括环境成本评价技术和生态文明绩效评价技术。该两项技术没有解决好，生态文明建设的动力不足、生态补偿机制难以建立。

总结、发展、完善天然气储运环节中直接用于解决环境问题的技术。主要包括生态环境监控、节能减排、回收利用、废物处理、生态恢复等5个类别。生态环境监控技术基于数字化手段，实现对天然气储运生态系统的动态监控；节能减排技术如压缩机组降耗技术、管道减阻技术、输气站场降噪技术等；回收利用技术如放空回收利用、压力能回收利用等；废物处理技术如施工废物处理、储气库污水处理等；生态恢复技术是指已发生生态破坏事实条件下实现生态恢复的有关技术，如对定向钻施工中被污染的土壤进行恢复、地质滑坡生态环境恢复技术等。

积极发展生态化的建设运营管理技术。典型的如非开挖施工技术、标准化站场设计技术、内腐蚀直接评价技术、TMT非接触式检测技术等。这类天然气储运技术能以最小环境代价或无需任何环境代价达到生产建设要求，与传统同目标技术相比，在降低生态环境成本方面具有显著优势。例如，非开挖穿越施工技术与大开挖施工技术相比，对生态环境的破坏程度小得多，完全不可比。应当进一步开拓思路，持续研发生态化的建设运营管理技术来取代传统的对生态环境极易造成破坏的技术。

(二) 储气库技术

地下储气库的发展、数量的增加及容量的增大与科技进步有着密切的关系。科技进步能缩短储气库的建造时间，节约储气库的投资费用，改善储气库的技术经济指标。

欧美地区很多地下储气库已经运行多年，现在其地下储气库技术主要向延长地下储气库使用寿命、减少地下储气库对环境的影响和增强地下储气库运行的灵活性方向发展。国外在地下储气库技术方面呈现以下几种研究与发展方向：①用惰性气体代替天然气作储气库的垫底气；②地下储气库工艺设计的统一化和标准化；③采用 SCADA 系统和现代测量技术；④加强数值模拟研究；⑤重视对地下储气库开发风险的研究；⑥加强地下储气库建设方案优选的研究；⑦研制开发新的地面工艺和设备。国外地下储气库建设方面的科技进步还有采用模块化施工技术，加快施工进度，降低劳动力消耗。研究各类储气库生产过程集约化的理论基础通过技术装备改造，可实现生产过程集约化，改善技术经济指标。

我国在建设天然气战略储备管理体系过程中，应加强国际合作。应积极参与亚洲能源协作，协调各国天然气储备政策，共同应对区域能源储备危机。国际上，地下储气库越来越向"战略储备向大型化，民用储存向灵活性大、周转率较高的小型气库，多个气库联网统一调度"方向发展。因此，优质枯竭气藏储气库、盐穴储气库和新型民用地下储气库等建设技术将成为研究重点。

加强储气库的上下游协调优化，提高储气库的协调能力。加强地下储气库优化管理，提高储气库的利用效率。在油藏和含水层储气库领域进行实验和摸索。在天然气储运领域，管道建设突出定向钻、盾构、顶管和穿跨越技术攻关，加强集输管道优化、完整性管理研究等。

全国规模的管网形成后，以调峰储备为功能的大型储库技术将得到大力发展，由于 LNG 存储效率上的优势，应加紧研究陆地 LNG 接收站的核心关键技术，并追踪研究海上 LNG 接收站的相关技术，特别是预应力混凝土外罐设计与施工技术、LNG 接收站风险评估技术等。

三、绿色低碳利用技术开发

(一)积极研发绿色低碳相关利用技术系列

围绕天然气利用产业生态化发展，立足自主攻关研发，积极引进、消化和应用国际领先技术、工艺、设备和材料，力求形成具有自主知识产权的天然气利用产业绿色低碳发展技术系列。首先应开展天然气高效利用技术与设备研发。例如，天然气发电、燃气轮机、内燃机效率提高技术，既利于节能减排又利于天然气市场开发。其次应开发天然气利用产业节能减排技术。针对节能减排的瓶颈问题，以天然气利用化工、天然气利用工程技术服务、天然气利用装备制造等为重点，开展以天然气利用节能和替代燃料为重点的利用技术研究与推广，优先开发新型、高效的利用技术，突破一批天然气利用节能减排关键技术。最后应加强天然气利用技术国际交流合作，引进、消化先进的天然气利用技术、高能效技术和可再生能源技术。积极参与国际天然气利用技术和碳交易市场，特别是应加强与欧盟、美国及国际大石油公司的天然气利用合作，包括学术、研究、管理、培训机构以及其他非政府组织和协会之间的合作。

(二)加强企业技术改造和创新，大力发展天然气循环经济技术

改进生产技术、提高生产效能、降低产品耗能是天然气企业节能减排的重要手段。加强天然气企业与科研院校紧密合作，构建技术研发服务平台。同时，围绕资源高效循环利用，积极开展替代技术、减量技术、资源化技术、系统化技术等关键技术研究和创新，突破制约天然气产业节能减排发展的技术瓶颈。

(三)积极推进天然气分布式能源技术

"分布式能源系统"(简称 DES)是一种新型的以能源梯级利用为主要特征的能源综合高效利用系统。它以天然气、沼气等清洁燃料作为能源(包括可再生能源)，以分布在用户端的发展热电冷联产为主，其他中央能源供应系统为辅，实现以直接满足用户多种需求的能源梯级利用，并通过中央能源供应系统提供支持和补充。分布式能源系统还具有能源多样化特点，天然气、煤层气或沼气、太阳能、风能等都可以在分布式能源系统中推广利用，将电力、热力、制冷

与蓄能技术结合,实现多能源容错,并将每一系统的冗余限制在最低状态,使利用效率发挥到最大状态。

目前,天然气分布式能源利用的主要方式是冷热电联供系统,涉及的技术关键是能源系统集成。动力技术是天然气分布式能源系统集成的核心技术。冷热电联供系统的动力主要包括中小型燃气轮机、微型燃气轮机、内燃机、燃料电池。制冷机与热泵是天然气分布式能源不可或缺的重要构成。吸收式制冷机组、吸收式热泵、吸收式除湿和蓄冷技术等都是改善分布式冷热电联产系统能源综合利用效率的重要技术手段。天然气分布式能源利用发展趋势是:以天然气分布式能源为核心,结合可再生能源构建"小型化区域能源供应网络",形成多功能互补的智能电网(微电网)与智能冷、热气供应网络。

推广实施天然气分布式能源技术是天然气利用产业发展的重要方向。一是高效节能[1];二是提高供电安全、可靠性,分布式能源系统设置在用户侧,运行可靠稳定,可大幅度提高用户的用电可靠性;三是发展分布式能源系统,既可大幅削减电力供应高峰,还可提升燃气管网使用率,达到削峰填谷、优化城市能源结构的目的。

(四)构建天然气利用产业的绿色低碳服务技术

绿色低碳产业是绿色低碳发展模式下以绿色低碳技术为核心的新兴产业,而绿色低碳产业创新体系为企业绿色低碳技术创新提供平台。

建立绿色低碳技术研究组织机构。建立专门的绿色低碳技术研发机构或在现有研发体系内充实研发人员和编制的方式;采取开放式研究,加强与企业外部权威研发机构的合作,形成产学研战略联盟,搞好分工与协作,集中力量取得优势技术的突破。

---

[1] 据测算,天然气分布式能源系统的天然气利用效率可达到80%~90%,而供应大型发电厂的天然气终端实际利用效率仅为30%~47%。

推进绿色低碳制度创新，完善技术标准体系。参与国家相关领域技术标准的制定，逐步建立完善绿色低碳技术攻关研发和成果转化机制，加强知识产权保护，推进成果共享，把握绿色低碳发展的主动权。

整合绿色低碳技术资源，完善绿色低碳技术服务体系，加强绿色低碳技术研发与能源信息网络和信息管理系统的建设。选择1~2家大型天然气企业建立绿色低碳科技信息中心，负责绿色低碳科技研发与能源利用信息、碳排放信息、扩散及各种数据库的维护，并对这些信息进行收集、处理、分析、发布和交流，为绿色低碳技术研发等科学决策提供及时有效的支持。

绿色低碳技术创新与产业化具有高风险性，已成为制约绿色低碳技术产业化发展的重要因素。天然气企业应扶持建立绿色低碳技术风险投资机构，由这些机构承担绿色低碳技术成果研究、开发和产业化过程中的风险，若绿色低碳技术开发应用成功，投资机构可从企业生产新产品所得利润中提取一定比例作为风险投资的回报。

第三节　天然气产业科技信息与智库建设

一、天然气工业技术经济数据库

(一)建设天然气工业技术经济数据库的必要性

1. 天然气经济发展对信息化的要求

随着经济全球化新态势发展和在世界经济发展中的地位上升，天然气的需求，尤其是洁净燃料的需求正发生着深刻变化，进而影响到天然气经济的快速发展，天然气需求将进一步增大，天然气的勘探、开采、供应是保持天然气需求稳定的关键环节。高度关注天然气经济战略问题,如非常规天然气规模效益开发、天然气高效利用、油气对外合作业务跟踪评价等。天然气基础设施公平开放政策的实施和天然气价格市场化快速发展趋势等带来了诸多需要研究的课题。

2. 信息技术发展为信息化带来的机遇

云计算、物联网、移动互联等新技术综合利用,将给天然气经济的理念和方式带来深刻变化。现代天然气产业体系构建急需发展天然气经济研究理论、方法、体系、工具等。天然气经济发展正向着更加注重精细化管理、更加注重发展质量、更加注重天然气服务水平提升、更加注重解决深层次和全局性问题的方向转变。为了提高管理水平和工作效率,提升服务效能,迫切需要加强信息化建设,优化资源配置,将先进的技术手段引入天然气信息化业务中。

(二)数据库建设目标

充分发挥科技信息化的引领作用,利用网络互联等先进技术,强化信息共享和资源综合利用,构建统一的天然气经济研发机构管理和服务力量,着力打造统一的天然气经济研发机构信息化支撑平台,提升服务能力,降低成本,提高办事效率,为行政、科研相关人提供更直接、更快捷、更便利的服务。

- 实现数据资源的统一管理分配
- 最大限度地保障数据的完整性、一致性和可靠性
- 保证数据库结构的可扩展性
- 数据查询、入库的及时性、高效性
- 数据的可供挖掘性
- 便于报表可供进行数据汇总和分析

(三)天然气工业技术经济数据库架构

根据天然气经济研发机构业务范围,初步设想天然气工业技术经济数据库包括以下 4 个系统。

1. 基础信息系统

基础信息系统的建设目的，主要是收集国内外天然气工业技术经济领域中有价值的文献资料等，其主要内容包括：国外天然气产业信息、国内天然气产业信息、国外天然气经济信息、国内天然气经济信息、咨询与评估信息。其中，国外天然气产业信息可以根据中东、北美、南美、欧洲、亚太、非洲等地区进行分类；国内天然气产业信息则按照中石油、中石化、中海油等公司进行划分，同时西南油气田单独作为一个小类与之并列；国外天然气经济信息主要包含主要国家的天然气政策与法规、天然气公司的管理体制、天然气贸易等；国内天然气经济信息主要包含天然气政策与法规、宏观经济与政策、地区经济发展、相关产业信息等；咨询与评估信息包括法律法规、标准与规范、方法与参数、咨询项目数据信息等。

2. 成果管理系统

成果管理系统主要是对天然气经济研发机构拥有的科研成果进行集成管理，其内容主要包括：天然气价格与市场、战略管理与政策、技术经济评价、经济信息、海外战略与经济。该系统按照天然气经济研究所的业务范围进行划分，天然气经济研发机构主要从事企业和行业发展战略、政策法规、天然气市场与价格、企业经营管理、体制改革和国内外能源及其产品技术经济信息等方面的研究和建设项目技术经济咨询。经过20余年的技术积累和创新，形成了天然气价格研究、天然气市场研究、天然气战略管理研究、天然气技术经济评价和天然气经济信息研究5大特色技术。其中，天然气价格研究全国领先，天然气市场研究行业一流。

3. 数据分析系统

数据分析系统主要是针对前两个系统中的资料进行二次处理，对其中所包含的数据信息进行分析和整合，其主要内容包括：调查报告、分析报告、历史图表、咨询工具。系统根据用户的需求，对某一篇文档或者某几篇文档进行分析，提炼文档中的数据，生成所需的报告、报表等。

4. 图书管理系统

图书管理系统主要是对天然气经济研发机构拥有的图书、期刊、杂志等实物资料进行管理，同时可以管理借阅情况。

(三)科技创新信息共享机制建设

信息化管理是知识管理的基础，知识管理是信息化管理的高级形态，天然气经济研发机构的信息化建设最终也将走向知识管理。因此为了以后更快更好地推进知识管理，天然气经济研发机构在加强信息化建设的同时，应注意结合知识管理的理念，推进知识共享。

1. 大力加强天然气产业信息化建设，强化信息和知识集成的理念

天然气产业信息网络化的内容主要有：①加强信息基础设施建设包括生产设备自动化、数字化，企业局部网络建设计算机硬件更新等一系列内容；②管理信息系统升级加强信息采集、分析的科学性及时性。为企业高层决策提供准确、及时的信息；③通过业务流程再造优化企业业务流程；④开发信息集成技术，解决信息孤岛问题，使信息系统具备开放性、可扩充性、互操作性、跨平台性、动态配置性，从而实现内部的信息流统一和顺畅统一的用户信息管理、统一分级的权限管理、统一的资源控制和授权、统一的验证识别及单点登陆。

2. 充分利用现代技术手段，建立高效、灵活的网络管理系统

天然气产业实施知识管理具备一定的基础条件，尤其是在高级

管理层的积极领导和支持、知识员工群、推进知识共享的信息网络技术等方面。积极加速推进优秀的天然气产业企业文化建设，营造一种知识共享的文化氛围，激励员工与他人共享自己拥有的知识，承认个人在知识开发中的独特性，激发员工将知识转化为有利于企业发展的创新力。制定出以激励政策为主的有利于知识共享的相关措施，促使企业成长为学习型组织，加大对员工的职业培训，鼓励共同合作和团队学习，建立学习及学习共享系统，以增强企业的学习力和创新力。加大信息网络和知识库建设力度，以提供丰富的可共享的知识资源，支撑的企业知识交流平台，为企业知识共享提供友好的界面，促使企业知识实行无障碍交流，让知识流动起来，建立递增收益网络。加强培训考核，提高员工的技能素质，改善知识分享的行为规范。制定转变绩效管理办法，使知识分享制度化。

3. 引进和开发科技知识资源，促进员工使用知识管理系统

科技资源共享是提高广大科技人才的学习能力、应变能力和创新能力的有效途径。天然气产业要进一步加大科技创新基础平台建设力度，科技管理系统要在现有基础上进一步完善，做到各级科技管理信息能够高效互动。根据用户反馈和实际需求，不断完善知识管理系统的内容和功能，知识管理部门必须广开言路并及时有效地吸收用户的意见反馈和调整建议，提高平台质量和服务质量。

科技成果共享系统要在天然气产业范围内实现共享，要与勘探开发生产信息系统实现资源共享。同时，做好信息安全工作，既要保证气田核心科技信息的安全，又要方便广大科技人才使用。

4. 建立天然气产业创新信息和技术服务体系

信息网络平台是科技创新的重要环境条件。建立天然气产业创新信息平台，及时向社会发布天然气产业创新相关的技术、管理和政策，为科技成果的供需双方提供有效的互动平台。建立和完善知

识产权保护体系，建立知识产权信息服务平台。

建立科技服务平台共享网站。建立"科技服务平台共享协作网"，实时、动态地向社会发布信息，规范资源申请、服务、管理、绩效评估和运营补贴等工作流程，统计资源使用效率、服务时间、服务质量、用户意见等信息，通过协作网的有效运作，最大限度地利用园区科技资源。科技服务平台须加入协作网，已有的资源共享管理系统须与协作网实现对接，其依托单位须在协作网上发布开放管理机制、科技资源清单、技术服务内容、服务人员及资质、服务时间、服务流程、收费标准等必要相关信息。科技服务平台依托单位应配备专职实验技术人员，并加强专业技能培训，不断提高服务质量；开展共享服务时，应与用户签订书面合同，遵守有关知识产权保护的规定，为用户保守技术秘密。

5. 建立天然气经济决策知识共享体系

重组信息资源。决策以信息为依据和前提，信息是提高企业效益的保证，是企业生存和发展的重要资源。运用先进的计算机通信和多媒体技术建立经济决策信息网络，逐步把经济决策研究和管理机构、咨询机构、决策机构及广大用户联接起来。同时，应加快油气技术经济数据库、模型库、知识库、管理最佳实践数据库和信息网络硬件设施建设，应充分利用公共信息网络资源，以利于经济决策研究中心建立起有效的研究和决策信息支持系统。同时，使管理层和执行层能够及时获得生产作业现场技术、经济管理信息。

采取院校联合、院企联合和国外信息资料交流等方式共享信息资源。中国石油经济决策研发机构由于受身处企业，与外部环境信息交流不够等因素的限制，容易造成研究课题的行业局限及理论深度不够，故应充分利用社会资源来促进经济决策研究。同时，应建立有效激励机制，有助于保证电子商务、期刊杂志、电子刊物、信息产品、科技情报的收集、筛选、整理、分析、交流和共享。

二、智库建设

天然气产业科技创新体系建设必须全面准确把握科技创新的发展规律和战略动向，着力服务创新驱动发展，提升科技战略、规划和政策制定的能力。为充分广泛联系科技工作者的独特优势，集成天然气产业各资源，加强顶层设计和资源整合，把学科门类齐全、领域交叉、智力资源密集的资源优势转化为决策咨询的战略优势，各级专家学者将作为智库发展的第一战略资源。

（一）智库建设的必要性及意义

1. 国家政策高度支持专家智库建设

2015年，为落实中共中央办公厅、国务院办公厅年初印发的《关于加强中国特色新型智库建设的意见》，中国科协下发《中国科协关于建设高水平科技创新智库的意见》，以全球视野和中国视角谋划智库建设，旨在为"四个全面"战略布局，围绕准确把握科技和创新趋势、重点方向做文章。围绕全面深化科技体制改革，集成科技工作者专业智慧、加强预判评估，力争到"十三五"末，打造国内一流的科技智库。

2. 经济新常态，天然气产业大发展形势下智库建设势在必行

在当前经济新常态下，经济结构调整和产业升级步伐加快，在完善管理体制和运行机制、规范生产经营行为、维护队伍和谐稳定等方面还有大量工作要做。如何充分有效凝聚科技工作者智慧，积极参与推动完善天然气产业各项科技决策咨询制度建设，进行重大选题、组织策划、咨询，建立一支专兼职结合的专家队伍，即专家智库，为国家科技创新战略和重大决策发挥有力支撑，在科技创新

领域中拥有较大话语权。

3. 智库建设是天然气产业科技创新建设的坚固基石

天然气产业创新的最大特点是管理创新和技术创新，把人才的地位和作用提高到了一个空前的新高度。智库建设，其核心就是支持建设一批骨干业务力量，凝聚一批高端领军人才，发现培养一批年轻科研人员。在天然气产业科技创新这个平台上，发挥好在重大选题、学术交流、科技咨询、项目认证、奖励评审、科学普及、教育培训等方面的核心引领作用和在决策咨询理论、方法、数据和平台建设中的关键支撑作用，为天然气产业经济发展战略提供决策支撑。

（二）智库建设目标

在天然气产业科技创新这个大环境下，组建以领军人物为核心的"金字塔"型研究团队。全面准确把握科技创新发展规律和战略动向，不断提升科技战略、规划和政策制定能力，推进科技创新驱动发展之步伐，建设一支掌握公司核心技术、创新能力强、技术水平在国内处于领先地位、在国际具有竞争能力的高素质专家智库。

（三）智库建设原则及重点

集中管理天然气行业科技专家的优势资源、加强服务社会经济发展是建设科技智库的基本原则。通过智库建设与应用的协调发展，充分利用行业特点和科技人才储备，以科技决策、咨询专家、信息资源的利用，促进天然气产业科技人才队伍建设，发挥优势，更好地为党和国家的科学决策服务，为社会经济发展和科技创新、技术进步服务。

建设重点：①问题导向型研究是智库建设的主要方式，决定了智库人才队伍建设必然是围绕核心科研人员组建项目小组开展专题性研究；②智库在科研组织上一般采取项目小组的方式，与政府机构、大学以及其他社会组织建立密切的联系，通过与政府机构和大学之间的人员交流，聘请在大学、政府机构等工作的兼职研究员（教职研究员、顾问研究员、客座研究员），充实完善智库资源；③强化科技人才队伍建设，培养一批国内一流的专家并建立"首席专家责任制；④智库的类别：按照天然气行业特殊性，拟设置地质、工程、物探、测井、炼油化工、海洋石油、储运、天然气、经济、科技装备、物资、腐蚀与防护、质量可靠性、管材、储量、非常规油气、石油通信、安全、环保、信息、销售、物流等专业；⑤扎实开展第三方评估；⑥完善智库管理治理方式。

（四）智库建设保障措施

整合战略研究资源。建设由德高望重的知名老专家组成的创新评估指导委员会，聘请具有丰富领导经验、学术造诣精湛、德高望重的战略领导人担任委员会领导，从高层次、广视角指导创新评估工作。对智库建设重大事项提供咨询建议，集成各渠道智慧，实现共建共享。

加强组织领导。各级领导班子要把智库建设作为新时期提升科技创新驱动发展的战略举措，把智库建设提上议事日程，明确智库建设牵头部门，建立健全工作落实和监督检查制度，配齐配强配优干部，着力打造一支政治强、业务精、作风硬、敢负责的智库队伍。

加大投入力度。设立智库试点专项，稳定支持信息数据采集分析、智库试点单位经费保障，使稳定支持经费比例能够达到合理。形成以稳定支持为主，竞争性配置为辅的经费投入机制。

加强人才队伍建设。依据天然气行业特殊性，面向社会公开遴选智库人才，采取全职或兼职等合作方式，择优引进。建立智库人才职称评定制度和业绩评价机制，制定实施有利于调动智库人才积极性、主动性、创造性的政策措施，实施智库高端人才培训资助计划，定期举办决策咨询培训班，搞好博士后流动站。

加强决策咨询理论和方法研究。充分发挥天然气行业独特的学科组织优势，定期组织学术交流研讨会，积极探讨学科交叉领域融合的新思维，创新研究视角、研究理念和方法，促进天然气行业的专业理论创新。

搭建民间智库交流平台。多渠道多层次加强与国际组织、知名智库、名牌高校和权威专家之间的联系，建立伙伴关系和合作交流机制，拓宽智库成果对外传播渠道，不断提升对外传播能力和话语权。坚持引进来与走出去相结合，加强与国外知名智库的人才流动，推荐智库专家到国际组织任职，开展合作研究。围绕国际科技创新对话，加强与相关友好国家智库的交流合作，积极参与高端智库平台对话。

三、知识共享文化建设

建立起有助于信息分享的企业文化。构筑良好的企业文化环境，营造知识共享的企业文化氛围，鼓励团队精神，确定绩效考核指标，推动信息共享，为信息分享的实现建立沟通和运作的基础。

知识共享需要文化建设的引导，向学习型组织转变。创建有利于知识共享的企业文化是有效实现知识共享的关键，知识共享的实现需要企业文化的引导。开展经常性的培训、团队交流学习等活动，将学习内化为经常性行为。

第四节 天然气科技激励机制创新

一、科技人才双序列制度探索

建立专业技术序列是专业技术和行政管理"双序列"改革的一项重要内容[①]。目的是为专业技术人员提供独立、畅通、稳定的职业

---

① 专业技术人员是指专职从事科学研究、技术开发、技术支持等专业技术工作，且无经营（行政）管理职级的员工。

发展通道，使终身从事专业技术工作人员与经营管理人员共同享有事业发展空间和相应薪酬福利待遇。力图通过建立专业技术序列，最大程度稳定专业技术人才骨干队伍，持续激励其扎根科研一线、刻苦开展科技攻关的积极性和创造性，为中国石油科技创新做出更大贡献。

（一）工作思路与原则

1. 思路

以岗位管理为基础，拓展专业技术人员发展通道，构建科学合理的职位等级（简称：职级）、岗位等级（简称：岗级）体系，明确界定专业技术岗位权责，推行体现专业技术人员能力水平和岗位价值的薪酬制度，推进符合专业技术工作特性和专业技术人员特点的考核评价体系的建立和持续完善。

2. 工作原则

坚持按需设岗。各单位应根据科研和生产技术的实际情况和需要，设置专业技术岗位、明确职数，不得因人设岗。

坚持责权统一。明确界定专业技术岗位责权，保障每一个专业技术岗位拥有的权力与其承担的责任相称。

坚持动态管理。对专业技术岗位人员实行任期考核和年度考核，考核结果与岗位等级变动挂钩，实行动态运行。

坚持待遇从优。在工资增幅总体可控的前提下，提高专业技术人员基本待遇，工资额度增量主要向科研领军人才和科研骨干人员倾斜。

3. 试点范围

改革试点主要面向企业直属科研院所和部分所属企事业单位研发机构（简称：各单位）的科学研究、技术开发、技术支持类岗位。对于已试点单位可继续试点，条件成熟的可适度扩大改革试点范围。

(二)建立专业技术序列的主要内容

1. 职级、岗级设置

专业技术序列职级是专业技术人员能力水平的体现。由高到低划分为集团资深高级技术专家、集团高级技术专家、企业一级技术专家、企业二级技术专家、一级工程师、二级工程师、三级工程师、四级工程师、五级工程师等职级和相应岗级。

2. 管理权限

集团资深高级技术专家和集团高级技术专家,由中国石油管理,各单位配合做好日常管理。企业级技术专家由各单位管理,中国石油控制审批职数。各级工程师职数,由各单位自行管理。

3. 工作职责

专业技术序列的基本职责主要包括:参与制定本专业科技发展规划,承担科研生产项目研究、参与科研项目立项和审查,提供技术咨询、开展学术交流、培养青年人才、考核评价专业技术人员等。

(三)薪酬福利

1. 创新薪酬制度

按照市场经济条件下现代企业薪酬理论,以人才市场价位为参考,以岗位评估和业绩考核为基础,探索建立对内具有保障功能和激励作用、对外具有较强竞争力的薪酬制度,体现基本保障、能力水平、岗位价值、业绩水平等要素。

2. 薪酬构成

专业技术人员薪酬由职级工资、岗位绩效两部分组成,岗位绩效的比例一般不低于薪酬的40%。职级工资体现基本保障、学历资历、能力水平等，执行统一标准。岗位绩效体现岗位价值、工作业绩和地区差异，具体由各单位制定细则。

3. 其他福利待遇

集团及企业级技术专家的差旅费、住（租）房标准等福利待遇，根据管理权限由中国石油及各单位按待遇从优的原则，出台相关政策；集团及企业级技术专家在达到国家法定退休年龄前，不实行提前退出工作岗位制度。

（四）职数控制

对于企业级技术专家职数，各单位可根据实际需要，结合企业规模、行业特点、生产能力、专业技术人才队伍素质和经济效益、工资总额等情况，自行提出适用于本单位的设置方案，报中国石油核准审批。一级工程师及以下职数，由各单位按科学合理的比例结构自行控制。

职级是专业技术人员竞聘上岗、兑现薪酬待遇的基础，各单位可通过选聘方式，将具备一定职级的人员匹配到合适专业技术岗位上工作。各单位应根据科研、生产实际需要，在岗位调查、分析、评价的基础上，科学设置专业技术岗位。制定以岗位设置目的、工作内容、岗位职责、工作权限等为主要内容的《岗位说明书》。

（五）运行管理

1. 选聘方式与程序

集团高级技术专家的选聘采取评审方式，按照公布岗位、申报推荐、资格审查、评审选拔、结果公示、党组审批、履行聘任手续等程序进行。

企业级技术专家及各级工程师的选聘采取考核选拔方式，按照专家委员会考核、考核结果公示、提出聘任方案、领导班子审批、选聘结果公示、履行聘任手续等程序进行。

2. 考核

考核方式。集团级专家实行任期考核，由中国石油统一组织，中国石油专家委员会实施考核评价；企业级技术专家实行年度考核，由各单位组织，各单位专家委员会负责考核评价环节工作；各级工程师实行年度考核，由各单位组织或授权所属单位组织，单位专家和行政领导实施考核。具体由中国石油和各单位按管理权限分别制定管理办法并根据实际情况组织实施。

考核要素。应以岗位职责、工作目标和任务为基础，突出能力水平和工作业绩。各单位可结合项目长负责制，积极探索完善科学可行的考核要素，建立完善符合专业技术人员特点的考核评价体系。

考核结果。年度考核与任期考核结果由高到低分为A、B、C、D四个档次，考核结果为A的控制在同职级人数的10%以内；考核结果为B的控制在同职级人数的30%以内；考核结果为C和D的控制在同职级人数的60%以上（C、D档比例由各单位确定）。

3. 选聘晋升规则

一级工程师及以下职级。原则上，依据年度考核结果选拔晋升，最高可升至一级工程师最高岗级，允许跨职级晋升，但须考虑职数和工资总额限制。考核结果为A的，可晋升2级岗级；考核结果为B的，可晋升1级岗级；考核结果为C的，可在本岗级继续履职，如连续3年考核结果为C，可从第四年起晋升1级岗级；考核结果为D的，组织部门进行提醒并帮助改进工作，如连续3年考核结果为D，可从第四年起降1级岗级。

企业级技术专家职级。一级工程师晋升企业二级技术专家，各单位通过评审选拔方式产生人选，人选数量须控制在中国石油核定的职数范围之内。评审通过人员进入企业二级技术专家最低岗级，企业级技术专家职级内的晋升方式与工程师级相同。

集团高级技术专家及以上职级。集团高级技术专家从企业一级技术专家中选聘产生，每届任期3年，动态管理。任期考核结果是集团高级技术专家续聘和调整的重要依据，考核结果比例与年度考核结果比例相同。任期考核结果为A或B的，可直接续聘，并在本职级内晋升1级岗级；任期考核结果为C或D的，须与考核结果为A或B的企业一级技术专家重新竞聘本职级。竞聘成功的集团高级技术专家原岗级不变，落聘的进入企业一级技术专家的最高岗级；竞聘成功的企业一级技术专家进入集团高级技术专家最低岗级，落聘的原岗级不变。

连续任职满三届的集团高级技术专家晋升为集团资深高级技术专家，依据年度考核结果晋升岗级。

4. 序列转换

在满足岗位任职条件的前提下，专业技术人员和经营管理人员可以在两个岗位序列间相互转换。从专业技术序列向经营管理序列转换的，按照中国石油和各单位干部选拔任用有关规定执行，其专业技术职级经历与对应经营管理职级经历同等对待。从经营管理序列向专业技术序列转换的，须达到专业技术岗位任职条件，按程序参加岗位选聘。副处级及以上人员转入专业技术序列，须在相应职级的最低岗级上工作满5年后，从第6年起可按规定晋升；科级及以下人员，须在相应职级的最低岗级上工作满2年后，从第3年起可按规定晋升。

5. 建立专家委员会

各单位应通过建立专家委员会，将专家意见纳入各单位管理活动和管理决策程序中，为专家发挥作用提供平台。原则上，企业一级、二级技术专家均进入专家委员会，根据工作需要可吸纳部分一级工程师职级人员进入专家委员会。

(六)组织实施

成立由主要领导负责的改革试点工作领导小组及办公室,明确分工,落实责任,加强对工作人员的业务培训;制定改革整体方案、相关制度及办法,主要包括职数设置、选聘标准及程序、薪酬及考核,并对人员的首次导入进行模拟测算,重点分析选聘标准设置与工资总额变化;将改革试点方案及相关材料上报中国石油,中国石油审核批复后组织运行;改革试点实施之后,应加强后期动态管理,梳理关键环节,总结分析问题,完善管理办法,不断深化改革试点工作;组织相关人员认真学习领会《指导意见》,引导广大专业技术人员积极参与改革试点,并做好解释工作。

二、完全项目管理制度试点

为进一步推动开放式科技创新体系建设,持续提高科技创新水平和自主创新能力,以项目经理负责制为核心,加强科技投入和规范运行,进一步激发科技团队的创新活力,探索推进科技完全项目制管理。

(一)试点指导思想与原则

1. 指导思想

依据"十八大"对创新驱动发展的精神,围绕天然气产业创新发展需求,创新科技管理体制机制,健全完善开放式创新体系,以能力、创新、创效、激励为导向,加强技术创新和领军人才培养,探索完全项目制管理机制,大幅度提高科技研发水平和科技管理效率,推动天然气产业发展。

2. 主要原则

科技项目试行完全项目制管理工作遵循"突出特色,试点先行,持续改进，分步推广"的原则。

（二）试点基础与制约因素

开放式天然气科技研发体系形成；优势特色平台建设基础实力雄厚；科技成果推广应用体系成果丰硕；科技创新支撑体系促进持续发展。

项目承担单位与项目经理责权利界面划分难度较大；项目管理"一院两制"，项目组成员激励制度保障缺失；科技创新成果转化应用协调与绩效考评激励障碍多。

（三）试点项目条件与选择

选择勘探开发研发能力强的机构作为试点承担单位。试点项目选择应考虑"具有基础性、超前性、独立性的重大专项的研究项目"，如天然气地质勘探技术——页岩气；采气工艺与储层改造技术。

（四）试点任务与主要目标

实施完全项目制管理试点的重点任务是：一是完全项目制管理体制机制探索与运行；二是完全项目制管理的关键业务流程建立与运行；三是完全项目制管理绩效评估、激励与表彰相关制度建立与实践。

主要目标。科技完全项目制管理水平位列行业前茅；推进试点项目科技考核指标全面完成、成效显著。

进度安排。项目试点准备阶段，项目启动与宣传、项目组织实施，项目攻关，过程激励、监督检查等。

（五）试点项目组的组建与管理

1. 项目组的组建

项目经理责权利与选聘。项目经理代表项目承担单位，全权负责项目的研发和组织工作；项目经理公开选聘，项目组成员双向选择；赋予项目经理与项目组充分的自主权，充分发挥项目经理在项目研发中的主导作用；探索科研人员最佳组合的途径，实行以能力和激励为导向、以创新和创效为目标的管理模式，大幅度提高科技研发水平和管理效率。项目经理是项目的第一责任人，代表项目承担单位负责项目全过程的技术研发与合规管理。项目经理实行任期制，任期与项目研究周期同步。

项目组成员资质及条件、选聘程序。结合企业实际，确定项目经理和项目组成员的资质及条件、选聘程序。项目中间停止或验收结束后，项目组停止运行，项目组成员返回原工作岗位，或由原单位安排工作。

2. 项目财务全成本管理

科技完全项目制遵照西南油气田和承担单位相关财务管理规定，实行统一的全成本管理。采取项目下达单位、承担单位、项目组三级分级授权管理模式。一是项目下达单位财务处负责科研经费的总体协调，并根据工作需要和进度，核拨项目研究使用经费；二是项目承担单位负责科研核拨经费的管理、监督，项目经费实行独立核算和审计，并与项目承担单位财务报表合并报送项目下达单位；三是项目组负责科研核拨经费的使用和成本控制。

3. 项目薪酬确定与管理

项目人员薪酬按技能付酬、按劳付酬和按绩效付酬结合。项目组成员遵守项目下达单位劳动纪律管理制度、员工休假管理制度和项目下达单位员工奖惩办法。项目成员薪酬包括3个部分。

基本工资和津补贴。项目经理参照科级到处级岗位（技）工资和津补贴发放，项目组成员视项目难易程度和工作量大小、项目级别和项目中的角色情况，由项目经理执行。各种保险、年金和住房公积金执行上级企业相关规定，在原单位管理。适度增加科研津贴月支付标准，按照院级专家到上级企业专家津贴发放，项目中列支的基本工资和科研津贴的增量部分，上级企业在项目预算中统一考虑。

绩效奖金。项目经理参照科级到处级岗位（技）绩效奖金发放。项目组成员的绩效奖金在项目经费中单独列支，实行季度考核、月预支，年度汇总考核兑现。项目中列支的绩效奖金的增量部分，项目下达单位在项目预算中统一考虑。

单独奖励。一是项目取得创新的激励。二是承担单位获得的单项奖与项目组成员有关的，项目组成员享受该单项奖。三是项目形成的技术发明、专利、专有技术成果或获得科技进步奖励，按上级企业相关奖励政策。对"对外转让技术成果"获得上级企业知识产权管理部门批准的前提下，可从对外技术转让所得净收入中，提取不低于20%的费用作为一次性奖励，或连续3~5年从年净收入中提取不低于5%的奖励费用。其中，在研究开发和成果转化中做出主要贡献的科技人才所得奖金不低于奖金总额的50%。

4. 项目创新绩效与考核

科技绩效评估本着客观公正、鼓励创新、激励先进、促进发展的原则，激发科技创新的积极性，提高科技创新能力，促进企业科技创新可持续发展。

加强过程考核。项目组绩效考核实行季度考核、月预支，年度汇总考核兑现。形成季度、年度考核指标（计划与实际对比）过程考核管理制度。

项目考核以项目设计与合同（计划任务书）为依据，构建项目经理和项目成员科技创新考核指标体系，着重考核计划任务完成情况、生产应用效果、成果研究水平、自主创新程度。建立科研成果评价监督制度，强化责任。上级企业设立综合评审委员会，对试点项目的履职尽责情况和绩效等统一组织评价和监督检查，并按照不同内容和层次，从物质和精神两个方面绩效激励。

(六)试点项目领导与保障

1. 加强完全项目制管理试点的组织领导

成立试点领导小组。高度重视科技项目实施完全项目制管理工作，由科技主管部门牵头，人事、劳资、财务、规划计划、企管法规、物资管理部等相关部门联合组成试点工作领导(协调)小组，负责组织完善适应完全项目制管理的相关规章制度，协调解决实施过程中出现的问题，保障实施完全项目制管理的合法合规性。

领导小组下设办公室，由相关处室人员组成，办公室设在科技主管部门。办公室主要负责组织完全项目制管理的相关规章制度的宣贯，组织审查各试点单位的实施细则，指导试点单位的具体工作，督促检查试点单位的相关工作，协调解决实施过程中出现的相关问题等。

试点承担单位成立试点支撑组。试行完全项目制管理的项目试点单位要高度重视，切实加强组织领导，成立由分管领导任组长的试点工作组，明确相关责任，做好改革试点的各项配套工作，并根据试点工作的有关要求，制定本单位试行完全项目制管理的实施细则，报上级企业完全项目制管理试行工作领导小组审批后组织实施。

强化试点项目科技配套服务，促进试点项目的顺利实施。试点项目中提取10%~15%作为承担单位的管理费。

2. 建立相关配套实施细则

完全项目制项目组成员试行"双序列制"。探索建立科研人才双序列制，实施科研人员职务职级"双序列"制度，推行专业技术序列与管理序列薪酬福利待遇横向对等管理模式，发挥好试点项目职务与职级两个杠杆的激励作用。此外，加强智库建设，筛选建立企业专家库，制定专家选聘任用制度。充分调动各专业方向的人力资源，形成一支高水平的专家队伍，为专家库提供灵活的资金使用机制。智库专家实施年度考核任命制度，将专家的业绩考核与项目评审验收、顶层设计、重大事项确定等挂钩，完善专家进出机制。

实行完全项目制的绩效考核制度。一是项目组成员实施按技能付酬、按劳付酬和按绩效付酬结合的绩效考核。如基本工资和津补贴：项目经理参照科级到处级岗位（技）工资和津补贴发放；绩效奖金：项目经理参照科级到处级岗位（技）绩效奖金发放。二是单独奖励：项目验收通过并取得重大突破和创新的，择优给予项目经理和其他成员奖励，奖金列入西南油气田总经理奖励基金。三是进一步修改完善《西南油气田公司科技知识产权管理实施细则》等，将专利、技术秘密申报数量作为项目绩效考核指标，规范知识产权申报、考核和保护的措施。同等条件下，对取得知识产权的项目和个人予优先表彰奖励。授权专利等同于不同级别的科技进步奖励，作为个人考核、晋升和岗位聘任的重要依据。

建立完全项目制的成本管理。一是财务授权管理模式，采取西南油气田、承担单位、项目组三级分级授权管理模式，项目经费管理实施项目经理负责制；二是项目经费独立核算方式，并与项目承担单位财务报表合并报送西南油气田，西南油气田财务处负责科研经费的总体协调，并根据工作需要和进度，核拨项目研究使用经费；三是项目承担单位负责科研核拨经费的监督；四是项目经费实行独立审计，项目经理承担经济责任，项目单位承担监督。

加强完全项目制的过程管理。建立和完善完全项目制的过程管理制度，内容包括：一是加强对项目采购与招标等重要环节的管理，项目涉及科研设备和物资采购与招标的，按上级企业和项目承担单位相关管理制度履行程序；二是加强项目中试及现场工艺试验等阶段的管理，其发生的成本费用在项目中列支；三是加强对项目的过程监督与管理，项目承担单位和科技主管部门分别对项目各个阶段进行检查、评估等；四是应用科技管理信息系统，对完全项目制管理的科技计划（专项、基金等）的需求征集、指南发布、项目申报、立项和预算安排、监督检查、结题验收等全过程进行信息管理。

主要参考文献

白兰君，姜子昂，何润民. 2003. 石油科技成果企业价值评估新论——从财务恒等式出发，反求石油科技成果企业经济效益极值［J］. 管理现代化，（1）：31-35.

陈劲，阳银娟. 2012. 协同创新的理论基础与内涵［J］. 科学学研究，30(2)：163-164.

刁顺. 2007. 中国石油集团着力建设技术创新体系国际［J］. 国际石油经济，15（9）：19-22.

段言志. 2014. 出台页岩气和煤层气产业政策，助推非常规气健康发展［J］. 国际石油经济，(Z1)：24-26.

范建华. 2010. 低碳经济的理论内涵及体系构建研究［J］. 当代经济，（2）：122-123.

范黎波，鲍㫚. 2012. 从企业视角看创新驱动发展战略［J］. 企业文明，（4）：24-27.

方明. 2011. 集群中小企业协同创新模式研究［D］. 大连：大连理工大学.

方永恒，梁倩. 2011. 基于产业集群的区域创新系统研究［J］. 科技进步与对策，28(15)：61-63.

傅诚德. 2010. 石油科学技术发展对策与思考［M］. 北京：石油工业出版社.

高芸，廖阔，胡奥林. 2014. 2014年中国天然气市场发展综述及2015展望［J］. 天然气技术与经济，9(2)：1-4.

郭淑芬. 2009. 产业创新系统国内外研究进展评述［J］. 科技管理研究，（12）：361-362.

何春蕾，肖学兰. 2012. 中国天然气行业政策研究进展及框架构建［J］. 天然气工业，32(6)：85-88.

何润民，何春蕾. 2012. 天然气按能量计价研究进展与实施建议［J］. 工业计量，（1）：51-53.

胡奥林. 2014. 如何构建中国天然气交易市场［J］. 天然气工业，34(9)：11-16.

胡奥林，何春蕾. 2010. 我国地下储气库价格机制研究［J］. 天然气工业，30(9)：91-96.

胡奥林，余楠. 2014. 国外天然气战略储备及其启示与建议［J］. 天然气技术与经济，9(1)：1-5.

胡勇，胡奥林. 2009. 天然气企业知识产权战略浅析［J］. 天然气技术，增刊：5-7.

黄南霞，谢辉，王学东. 2013. 大数据环境下的网络协同创新平台及其应用研究［J］. 现代情报，（10）：75-79.

黄宁燕. 2013. 实施创新驱动发展战略的制度设计思考［J］. 中国软科学，（4）：60-68.

贾承造. 2014. 中国天然气工业发展前景与挑战［J］. 天然气工业，34(2)：1-11.

姜子昂. 2006. 构筑天然气文化体系的战略思考［J］. 管理世界，(9)：141-142.

姜子昂. 2012. 对中国天然气工业基地建设重大问题的思考［J］. 天然气技术与经济，7(1)：8-13.

姜子昂，奉兰. 2012. 科技战略绩效管理的探索与实践——以天然气经济研究所为例［J］. 天然气技术与经济，(S1)：4-7.

姜子昂，胡奥林. 2010. 中国石油适应我国低碳经济发展的思考［J］. 管理现代化，(6)：44-46.

姜子昂，姜尔加. 2006. 要素组合创新增值机制与天然气产业增长方式的转变［J］. 管理现代化，(6)：54-56.

姜子昂，任先尚. 2011. 天然气企业管理创新与技术创新协同发展模式［J］. 天然气技术与经济，5(1)：50-53.

姜子昂，王良锦，杨蕾，等. 2010. 对天然气战略大气区建设的思考——以西南战略大气区建设为例［J］. 国际石油经济，18(6)：52-56.

姜子昂，肖学兰. 2011. 面向绿色发展的中国天然气产业科学体系构建［J］. 天然气工业，31(9)：7-11.

姜子昂，肖学兰. 2012. 试论中国天然气产业体系构建与实现途径［J］. 国际石油经济，20(6)：28-32.

姜子昂，杨建坤. 2010. 创建中国一流天然气工业基地的思考［J］. 天然气工业，30(10)：91-94.

姜子昂，张华林. 2011. 天然气利用对低碳经济发展的贡献分析［J］. 管理世界，(1)：168-169.

康力平，赵丑民. 2010. 科技项目后评价管理的创新［J］. 石油科技论坛，29(4)：24-26.

李春艳，刘力绫. 2007. 产业创新系统生成机理与结构模型［J］. 科学学与科学技术管理，(1)：50-55.

李鹭光，周志斌. 2012. 中国天然气主要用途使用经济价值计算——以2009年天然气使用经济价值为例［J］. 天然气工业，32(3)：1-5.

梁中. 2010. 低碳产业创新系统的构建及运行机制分析［J］. 经济问题探索，(7)：141-145.

刘进. 2014. 中国石油天然气集团科技创新体系的经验与启示［J］. 环境与可持续发展，39(6)：196-199.

刘鸿渊，赵厚川. 2013. 中国非常规油气资源产业化发展研究［J］. 石油科技论坛，32(5)：1-5.

刘运成. 2009. 科技创新与石油天然气能源业的科学可持续发展［J］. 观察与思考：9-12.

刘振武，孙星云. 2006. 中国石油集团公司技术创新案例［M］. 北京：石油工业出版社.

罗珊. 2009. 国外科技基础条件平台建设的经验启示与借鉴［J］. 科技管理研究，（8）：75-78.

潘涛. 2014. 石油企业实施创新驱动发展战略思考［J］. 石油科技论坛，33(2)：4-8.

任福兵，吴青芳，郭强. 2010. 低碳社会的评价指标体系构建［J］. 科技与经济，(23)：68-72.

任姝艳，黄国飞. 2014. 天然气期货与现货的市场关系研究［J］. 能源与节能，(1)：4-5.

石磊. 2014. 科技创新中的知识产权问题与对策研究［J］. 高等建筑教育，(23)：15-20.

史杨. 2009. 科研平台建设构成要素分析［J］. 合肥工业大学学报：社会科学版，23(2)：55-57.

谭晨. 2011. 基于层次分析法的低碳经济评价指标体系构建［J］. 科技向导，(14)：68-69.

王明明，党志刚，钱坤，等. 2009. 产业创新系统模型的构建研究［J］. 科学学研究，27(2)：295-301.

王禹钦. 2014. 管输企业科技创新管理体系建设［J］. 石油科技论坛，33(1)：21-30.

王玉君. 2013. 大数据时代信息资源利用研究［J］. 科技情报开发与经济，23：124-126.

吴金希. 2011. 理解创新文化的一个综合性框架及其政策涵义［J］. 中国软科学，(5)：65-73.

谢丽云. 2009. 科技成果转化评价研究［D］. 长沙：湖南大学

徐平. 2009. 中石油集团自主创新机制及能力评价研究［D］. 哈尔滨：哈尔滨工程大学.

胥珩. 2010. 关于构建产业集群创新系统的思考［J］. 商业时代，(10)：102-103.

易显飞，李兆友，张扬. 2009. 论技术创新的文化驱动［J］. 科技管理研究，(7)：470-472.

袁磊，杨虹. 2011. BP 公司创新战略及技术获取策略分析［J］. 石油科技论坛，30(6)：37-42.

张玉志，康力平. 2012. 管输企业科技成果管理体系研究［J］. 石油科技论坛，31(4)：24-26.

张涛. 2012. 科技创新、可持续发展与绩效评价［J］. 会计之友，(9)：12-16.

赵厚川. 2012. 油气田专业人才培养机制研究［J］. 天然气工业，32(4)：108-111.

赵厚川，钟琳，樊英，等. 2014. 天然气产业高级人才 SUPPORT 模式研究与实践——以建设中国天然气工业基地为例［J］. 天然气工业，34(11)：148-151.

赵杨. 2011. 创新环境下的信息资源配置研究进展与热点问题［J］. 情报理论与实践，34(2)：124-128.

周志斌. 2014. 中国天然气战略储备研究［M］. 北京：科学出版社.

Adam S. 2007. The inquiry in to the nature and causes of the wealth of nations［M］. Beijing：the ommercial Press.

Allan K A M. 2002. New ways out for venture capital investors in China [J]. The China Business Review, 29(3): 30.

Cooke P. 2003. Regional systems of innovation: an evolution ary perspective [J]. Environment and planning, (30): 156-158.

David E. 2009. The evolving technology landscape of BP, 5.

Dobni B C. 2008. Measuring innovation culture in organizations: the development of a generalized innovation culture construct using explorat or fact or analysis [J]. European Journal of Innovation Management, 11(4): 539-559.

Guo Ru, Cao Xiaojing, Yang Xinyu, et al. 2010. The strategy of energy-related car bone mission reduction in Shanghai [J]. Energy Policy, (38): 633-638.

Harmon R L. 2003. Patents and the federal circuit [M]. Bureau of National Affairs.

Horwitch M, Mulloth B. 2010. The interlinking of entrepreneurs, grassroots movements, public policy and hubs of innovation: the rise of cleantech in New York City [J]. Journal of High Technology Management Research, (21): 23-30.

Jackie Mutschler. 2009. Technology making a difference to the business [R].

Kammerer D. 2009. The effects of customer benefit and regulation on environmental product Innovation: empirical evidence from appliance manufacturers in germany [J]. Ecological Economics, 68(8): 2285-2295.

Konstantin S, Hairong K, Sanjay R, et al. 2010. The hadoop distributed file system [C]. Mass Storage Systemsand Technologies(MSST), Incline Village, NV, May

Li Xiaoyu, Xu Qiang, Zhao Minghua, et al. 2012. Resear chon pricing for mulation method for long distance natural gas pipelinenet work transporting [R]. IPC2012, Canada.

Lundvall B A. 2003. National system of innovation: towardsa theory of innovation and interactive learning [M]. London: Printer Publisher.

Malecki E J. 2006. Technology & Economic development: the dynamic of local, regional and national competitiveness [M]. London: Longman Pub Group.

Matthew F. 2010. Job Hopping, Earnings dynamics, and industrial agglomeration in the software publishing industry [J]. Journal of Urban Economics, 64(3): 590-600.

Potts T. 2010. The natural advantage of regions: linking sustainability, innovation and regional development in Australia [J]. Journal of Cleaner Production, (18): 713-725.

Richard R N, Katherine N. 2002. Technology, institutions, and innovation systems [J]. Research Policy, (31): 265-272.

Steven W, Gao Jian, Zhang Wei. 2004. Antecedents and institution alization of China's venture capital system.

Tomas Hellstrom. 2007. Dimensions of environment ally sustainable innovation: the structure of eco-innovation concepts [J]. Sustainable Development, (15): 148-159.

UK Government. 2004. Energy white paper: our energy future-creatinga low carbon economy, 2003.

Van Caneghem J, Block C. 2010. Improving co-efficiency in the steel industry: the arcelor mittal gentcase [J]. Journal of Cleaner Production, (18): 807-814.

Wang Buxua. Heat transfer science and technology [M]. Bei Jing: Higher Education Pro.

Wolfgang G. 2003. Regional innovation systems and sustainability-selected examples of international discussion [J]. Technovation, 23: 749-758.